Heft 98
HERBERT MARCUSE
April 1988

INHALT

HEINZ JANSOHN

Philosophische Begründung und der Absolutheitsanspruch
in Marcuses Gesellschaftskritik   3

STEFAN BREUER / HELMUT KÖNIG

Realismus und Revolte. Zur Ambivalenz von Herbert Marcuses
Version der Kritischen Theorie   21

BERNARD GÖRLICH

Im Streit um das Freudsche Erbe. Marcuse, Fromm und die
Aktualität der psychoanalytischen Kulturismus-Debatte   44

GUNZELIN SCHMID NOERR

Der politische Eros. Ist Herbert Marcuses
Utopie der libidinösen Vernunft veraltet?   62

VOLKER LILIENTHAL

Das Glückliche Bewußtsein
Zur Medienkritik bei Herbert Marcuse   74

KARL-HEINZ SAHMEL

Vita Herbert Marcuse 93

RENÉ GÖRTZEN

Auswahlbibliographie zu Herbert Marcuse 97

Notizen 121

Heinz Jansohn

Philosophische Begründung und der Absolutheitsanspruch in Marcuses Gesellschaftskritik

I Kritische Theorie und Philosophie

Aus den Tatsachen als solchen geht nichts hervor; sie antworten nur auf adäquate theoretische Fragen.[1] Die in dieser These aus »Vernunft und Revolution« ausgesprochene Skepsis gegenüber dem bloßen Faktum ist ein Wesensmerkmal der Kritischen Theorie.[2] Ihr Sichaufbäumen *gegen die Realitätsgerechtigkeit*[3], das als solches die Kritischen Rationalisten, Gegner Marcuses, nicht weniger auszeichnet, wird in der Intention aber erst deutlich, wenn man sich vergegenwärtigt, was unter ›adäquaten theoretischen Fragen‹ zu verstehen ist. Der die Tatsachen als solche erst ermöglichende theoretische Bezugsrahmen ist nämlich nach Marcuse d i e K r i t i k. Läßt sich bezüglich des angesprochenen Verhältnisses aus der Sicht unseres Autors von Marx behaupten, daß die grundlegenden Beziehungen seiner Kategorien *nur einer Theorie als Tatsachen sich darstellen, die sie von vornherein im Hinblick auf ihre Negation betrachtet*[4] (so daß z.B. *die entfremdete Arbeit nur im Lichte ihrer Abschaffung als Tatsache erscheint*[5]) – , so darf das Selbstverständnis Marcuses in diesem Punkte mit seiner Grundaussage wiedergegeben werden: *In der Gesellschaftstheorie ist die Anerkennung der Tatsachen die Kritik der Tatsachen.*[6] Gemeint ist eine Kritik, die nicht nur, wie bei Hegel, weiß, daß sich Vernunft in der gesellschaftlich-politischen Ordnung zu verwirklichen hat, sondern die solches auch unternimmt.[7] Inhaltlich ist der theoretische Vorgriff bei Marcuse in der Annahme zu sehen, daß das menschliche Leben – und das ist das eigentlich Materialistische der Theorie – *lebenswert gemacht werden kann oder sollte. – Dieses Urteil,* genauer, dieses Werturteil, *liegt aller geistigen Anstrengung zu Grunde; es ist das A p r i o r i der Gesellschaftstheorie, und seine Ablehnung (die durchaus logisch ist) lehnt die Theorie selbst ab (...).*[8]

Nun mag zwar einleuchten, daß es ohne irgendeinen theoretischen Grundentwurf überhaupt keine Tatsachen gibt.[9] Und es mag auch nachvollziehbar erscheinen, was Marcuse über die nach seiner Auffassung positivistischen Sozialwissenschaften sagt: *Das Bedenkliche ist, daß die Statistiken, Messungen und Feldstudien der empirischen Soziologie und politischen Wissenschaft nicht rational genug sind.*[10] Es gibt nämlich, so Marcuse, nichts Ideologischeres, Mystifizierenderes als angeblich mit einem Minimum an Voraussetzungen arbeitende und operationalisierte Begriffe zu Grunde legende Erhebungen, bei denen die Kriterien zur Beurteilung eines gegebenen Zustandes keine anderen sind als *die vom gegebenen Zustand angebotenen (...). Aufgrund dieses Bezugsrahmens bewegt sich die Untersuchung im Kreise und bestätigt sich selbst.*[11]

Wieso aber der Gesamtentwurf bei Marcuse auf K r i t i k der Tatsachen lauten muß, ist damit noch keineswegs ausgemacht, zumal er aus Fakten schon insofern nicht zu rechtfertigen ist, als er erklärtermaßen die Bedingung der Möglichkeit der Empirie darstellt. Daß dieser Entwurf, selbst wenn er im Lichte einer unreflektiert hingenommenen vermeintlichen Faktizität als irreal, mythologisch oder spekulativ erscheinen sollte[12], durch Fakten auch nicht zu widerlegen ist, versteht sich danach von selbst. Besonders zugespitzt erscheint die Problematik, wenn man bedenkt, daß die Tatsachen schaffende Theorie immer zugleich schon als Abschilderung dieser Tatsachen verstanden werden muß, wenn anders sie sich nicht den Vorwurf gefallen lassen will, daß sie, allein, um kritisch zu sein, einen Popanz bekämpft.[13] Im Kreise, wenn auch beileibe nicht im gleichen wie der bekämpfte Positivismus, bewegt sich also auch die Kritische Theorie Marcuses. Daß sie sich daher, um dem circulus vitiosus zu entgehen, zur Rechtfertigung ihrer kritischen Absicht, auf die Philosophie verwiesen sieht, ist die These der nachstehenden Ausführungen. Kritische Theorie setzt, wie es 1937 fast programmatisch von den philosophischen Begriffen und Problemen heißt, voraus, *daß Wahrheit wirklich in ihnen enthalten ist*[14], und diese sich letztlich in der Idee der Vernunft manifestierende Wahrheit gilt als Kriterium, das allein die kritische Gesamtintention der Theorie zu rechtfertigen vermag. Im folgenden ist dieser Sachverhalt in einem darstellenden Teil, in dem nach Möglichkeit Bewertungen vermieden werden sollen, zu erläutern. In einem zweiten Teil soll dann mit Blick auf die Konsequenzen der philosophischen Grundannahmen nach der Berechtigung des Marcuseschen Vorgehens gefragt werden. Was die erste Aufgabe, die Darstellung der Bedeutung der Philosophie für die Fundierung der Kritischen Theorie betrifft, bedarf es zunächst einer kurzen Erörterung des Marcuseschen Philosophieverständnisses im allgemeinen.

II Die andere Dimension der Philosophie

Philosophie verdient nach Marcuse nur dann ihren Namen, wenn sie sich mit dem *Eigensinn, der aus dem Festhalten an der Wahrheit gegen allen Augenschein kommt*[15], gegen alle Gleichschaltungs- und Funktionalisierungsversuche von seiten des etablierten Systems zur Wehr setzt. Sie gilt als Statthalterin derjenigen transzendierenden Wahrheit, die in der Realisierung der Utopie die einzige Chance der Freiheit sieht. Zwar werden utopische Alternativen *nur aus den vorhandenen Tendenzen des gesellschaftlichen Prozesses*[16] gewonnen, und sie sind, so gesehen, nur ›provisorisch‹ unrealisierbar[17], aber da sich die bestehende Gesellschaft so total gegen ihre eigenen positiven Möglichkeiten mobilisiert hat, daß das qualitativ Andere *durch die Macht der etablierten Gesellschaft daran gehindert wird, zustande zu kommen*[18], kann sogar behauptet werden, daß *der Kontrast dieser Utopie mit der Wirklichkeit kaum größer vorgestellt werden kann, als er jetzt ist*[19].

Von hier aus leuchtet ein, daß Philosophie auch keineswegs direkte gesellschaftliche Wirksamkeit intendieren, sich nicht als unmittelbare Therapie im Sinne gesellschaftspolitischer Handlungsanweisung verstehen darf. *Das Festhalten an der Abstraktheit in der Philosophie ist der Sachlage entsprechender und kommt der Wahrheit näher als jene pseudo-philosophische Konkretheit, die sich von oben zu den gesellschaftlichen Kämpfen herabläßt.*[20] Besonders illustratives Beispiel für die Angemessenheit abstraktesten Denkens ist Platon, der, statt wie Aristoteles, die Idee in die Nähe der Faktizität zu rücken und ihr so den Stachel zu nehmen, nach Marcuse Gesellschaftskritiker sein konnte, weil er sein Ideenreich der Wirklichkeit so radikal entgegensetzte.[21]

Da Abstraktheit durchgehendes Charakteristikum allen Denkens ist, wird natürlich philosophische Abstraktion eine ganz spezifische sein müssen. Sie wird, um es zunächst negativ zu umschreiben, nicht, wie die wissenschaftliche, von den besonderen und wechselnden Formen der Dinge absehen, um *deren allgemeine und bleibende Charaktere* zu fixieren.[22] Philosophische Abstraktion ist kein verstecktes Anerkennen des Gegebenen, kein Versuch, durch das Wandelbare hindurch im interesselosen Konstatieren das Bleibende am Tatsächlichen herauszuheben, kein Bemühen, letzteres von bestehenden Widersprüchen zu reinigen.[23] Sie läuft weder auf ein Arrangement mit dem Bestehenden im Sinne der Eindimensionalität hinaus, noch gar auf ein moralisierendes Einwirken auf die Individuen, das diese in den etablierten Ordnungen, Obrigkeits- oder Glaubensverhältnissen gefügig zu machen bestrebt ist[24], philosophische Abstraktion ist Negation. *Die Sätze, welche die Wahrheit bestimmen, behaupten etwas als wahr, das n i c h t (unmittelbar) der Fall ist; damit widersprechen sie dem, was der Fall ist und leugnen dessen Wahrheit.*[25]

Alles Negierende, Abstrakte, Utopische philosophischer Wahrheiten aber darf nicht darüber hinwegtäuschen, daß Philosophie dennoch mit der Realität verwurzelt ist. Sie geht *aus einer bestimmten Situation menschlichen Lebens als dessen Not und Bedürfnis*[26] hervor, und sie darf sich niemals, auch wenn ihr eigentliches Eingehen auf diese Situation negierende Abstraktion ist, dazu verleiten lassen, ihre Wahrheit *unversehrt über die geschichtliche Wirklichkeit*[27] zu erheben, sei es, daß sie ihrer *Tendenz zur Verinnerlichung*[28] nachgäbe und zur privaten Spekulation verkümmerte, sei es, daß sie sich für einen vermeintlich autonomen Bereich ewiger Geltungen zuständig wähnte, für ein System vermeintlicher Wesensaussagen, deren Authentizität durch radikale Uninteressiertheit an der Welt der Erscheinungen, der Realität oder der Alltagserfahrung garantiert würde. Philosophie bewegt sich in einer a n d e r e n Dimension als der der Realität[29], aber zugleich in einer anderen Dimension d i e s e r R e a l i t ä t, so daß sie den *Heimsuchungen des menschlichen Daseins* gegenüber nie gleichgültig werden, nie Gefahr laufen kann, *ein Reich der Vernunft zu konstituieren, das von empirischer Kontingenz gereinigt ist*[30] oder Vorstellungen von einer *ewig besseren, wertvolleren Welt*[31] zu entwerfen, die für die tatsächliche ewiges Gegenüber bleibt. Und Philosophie unternimmt diesen Versuch, im Dienste der Wirklichkeit gegen diese Wirklichkeit anzugehen, mit ihren Aussagen sich in die Realitäten *einzumischen*[32], nicht etwa unter Berufung auf Subjektivität, Emotion oder existentielle Betroffenheit, sondern mit dem Anspruch, objektive Wahrheit zu vertreten.[33] Schließlich folgt, daß so verstandene Philosophie, gerade indem sie abstrakt bleibt, Richtschnur für die Praxis wird, *von sich aus zu einer aufhebenden Verwirklichung bzw. verwirklichenden Aufhebung hindrängt*[34]. Ihr Widerspruch ist nicht dazu da, um als ontologischer hypostasiert, sondern um in der Geschichte aufgehoben zu werden, er lebt aus dem Interesse, *die Praxis nach den erkannten Wahrheiten zu gestalten*[35].

III Erscheinende und authentische Wahrheit

Fundamental für das Marcusesche Philosophieverständnis im einzelnen ist der Wahrheitsbegriff. Das Blochsche Wort: ›*Das was ist, kann nicht wahr sein*‹[36] kann hier als Leitmotiv gelten. Zunächst ist damit, einer alten philosophischen Tradition gemäß, die Unterscheidung von Faktizität und Wahrheit, von sinnlicher Gewißheit und Wahrheit, von erscheinender und authentischer Wahrheit getroffen.[37] *Die Wahrheit kann nicht von den Fakten abgelesen werden*[38], sie ist niemals in dem Sinne ›adaequatio rei et intellectus‹, daß das Denken sich an eine als feststehend angesetzte Realität anzuschmiegen hätte. Tatsächliches kann nicht wahr sein, weil es im Vollsinne des Wortes überhaupt nicht › i s t ‹. ›*Was wirklich ist, das ist vernünftig*‹, mit anderen Worten: Nur dasjenige, was seinem wahren Begriff genügt, nur dasjenige, was v e r - n ü n f t i g ist, › i s t ‹ überhaupt. Auf Wahrheit kann das Tatsächliche solange keinen Anspruch geltend machen, wie Vernunft noch nicht in ihm konkretisiert, wie ihm durch Vernunft noch kein Sein verliehen ist. Sobald dies aber geschehen ist, gilt: *Vernunft = Wahrheit = Wirklichkeit*.[39]

Wahrheit hat also bei Marcuse mit der Wiedergabe sogenannter Tatsachen nicht das geringste zu tun, sie ist überhaupt nur sehr bedingt ein erkenntnistheoretischer, weit eher ein ontologischer Begriff. Nicht das Denken ist die Variable gegenüber der konkreten Realität, sondern das Denken gibt das Urbild, dem die Realität adäquat werden muß. *Im Lichte ihres Wesens und ihrer Idee beurteilt, existieren die Menschen und Dinge als etwas anderes als was sie sind; folglich widerspricht das Denken dem, was (gegeben) ist und setzt seine Wahrheit der der gegebenen Wirklichkeit entgegen*.[40]

Neben der ontologischen Komponente des Wahrheitsbegriffs steht die axiologische. Das alte Axiom ›ens et bonum convertuntur‹ feiert neue Urstünd.[41] Erkenntnistheorie und Ethik sind keine getrennten Disziplinen. Ein Hinweis auf die Urteilstheorie mag das erläutern: Gemäß der Hegelschen Konzeption ist der Begriff als Subjekt eines Satzes nicht ohne seine Prädikate, wie er andererseits auch nicht in diesen verschwindet. Zum einen nämlich ist er *ein Allgemeines, das der Satz, als in einem besonderen Zustand oder in einer Funktion befindlich, bestimmt. Das grammatische Subjekt besitzt so eine Bedeutung, die m e h r als die im Satz ausgedrückte enthält*. Zum anderen aber ist das, was die Substanz enthält, nur durch die Prädikate zu bestimmen – ohne

Prädikate bliebe sie absolut leer. Also *konstituiert sich das Subjekt in seinen Prädikaten*[42], d.h. es ist dasjenige, was es ist, nicht ohne Vermittlung, es muß dasjenige, was es ist, erst w e r d e n . Das Subjekt *entwickelt sich in seinen Prädikaten*[43]. Demgemäß gilt, daß das philosophische Urteil stets *ein einzelnes Seiendes auf sein Sein, eine Wirklichkeit auf ihren Begriff* hin entwirft, das *Daseiende an seinem Ansichsein*[44] mißt. Das Seiende muß über sich hinausgehen, um zu sich zu gelangen, um in der Fülle seines Seins zu stehen.[45] Dies aber bedeutet für Marcuse: *die Kopula ›ist‹ impliziert ein › S o l l e n ‹* . Nimmt man philosophiehistorisch relevante Sätze wie die, daß der Mensch frei oder der Staat die Wirklichkeit der Vernunft ist, so beinhalten sie keineswegs die Feststellung von Fakten, son- dern ihr ›Ist‹ meint *ein ›Sollen‹, ein Desiderat*, will sagen, daß das Subjekt-S n i c h t im Vollsinne S ist, aber S sein sollte. *S muß zu dem w e r d e n , was es ist. Die kategorische Feststellung verkehrt sich so in einen kategorischen I m p e r a t i v ; sie stellt keine Tatsachen fest, sondern die Notwendigkeit, eine Tatsache zu schaffen*.[46] Gewissermaßen ›nach getaner Tat‹ erst liegt nach Auffassung unseres Autors also Wahrheit vor, erst dann ist ein Zustand wahr, wenn er ist, wie er sein soll[47], wenn *alle seine objektiven Möglichkeiten verwirklicht*[48] sind.

Dies wiederum bedeutet, daß Wahrheit eine historische Aufgabe ist und diese nicht etwa nur nach sich zieht; sie engagiert und verpflichtet, ist ein Begriff der realen Praxis, betrifft das lebendige Subjekt und dessen gelebtes, realiter zu verbesserndes Leben.[49] Aber ihr Kriterium ist doch nicht das des Pragmatismus, sie kann *nicht e x p o s t durch den Erfolg erhärtet*[50] werden, sondern sie bleibt orientiert allein an Wesen, Idee und Begriff.

IV Wesen, Idee und Begriff

Daß Begriffe niemals eine bloße Wiedergabe von Realitäten sein können, ist eine altbekannte Tatsache. Nirgendwo existiert realiter ein Gebilde, das den Begriff Mensch oder Dreieck oder Stuhl usf. deckte. Begriffe sind immer *abstrakt und allgemein*, sie begreifen also stets mehr als Individualitäten - allgemeine Dinge, sogenannte ›universalia‹ aber ›gibt‹ es nicht. Dennoch wendet man auf konkrete Menschen, Dreiecke, Stühle die jeweiligen Begriffe an. Kurz, die Begriffsinhalte sind *identisch mit den realen Gegenständen der unmittelbaren Erfahrung und doch von diesen verschieden*[51]. Nun bedeutet die V e r s c h i e d e n h e i t des Begriffs vom Ding keineswegs eine Ungenauigkeit der Wiedergabe, denn das Allgemeine des Begriffs stellt nach Marcuse nichts anderes dar als eine *dem besonderen Ding wesentliche Beschaffenheit oder Beziehung, es unterscheidet, was das Ding i s t , von den zufälligen Funktionen des Dinges*. Begriffe sind kein unbrauchbares Werkzeug zum Erfassen des Konkreten, sie sind keine Kunstgriffe der Denkökonomie, keine Konventionen und keine bloßen ›nomina‹, denen in der Realität nichts korrespondierte, sondern sie zeigen vielmehr erst die Tatsachen als das, *was sie wirklich sind*[52].

Hieraus folgt zunächst, daß durch operationalisierte Begriffe, die von der Anpassung und nicht von der Transzendenz leben, streng genommen die sogenannten Tatsachen *nicht angemessen beschrieben* werden. Die Tatsachen begrifflich zu erfassen heißt sie transzendieren.[53] Deswegen läuft Marcuse Sturm gegen die in der operationellen Begriffstheorie stattfindende *Einschränkung des Denkens*, gegen die auf Stabilisierung von Bestehendem und Etabliertem hinauslaufende therapeutische *Behandlung der Allgemeinbegriffe*, die *positivistische Säuberung des Geistes*, die *Entzauberung transzendenter Begriffe*, die Definition der Begriffe *im Sinne der Mächte, die das jeweilige Universum der Rede modeln*.[54]

Wenn aber erst im Lichte des Begriffs die Dinge als das erscheinen, was sie s i n d , so heißt das doch, daß sie, als solche genommen, n i c h t das darstellen, was sie eigentlich sind. Infolgedessen gibt es keine unphilosophischere Einstellung als jene, die von dem Motto ausgeht: ›*Alles ist, was es ist und nichts anderes*‹.[55] Schon in seinem ersten Hegelbuch meint Marcuse interpretierend, daß *Seiendes nie einfach schon unmittelbar das ist, was es sein kann und soll, sondern sich in der Differenz von Ansichsein (...) und Dasein befindet und bewegt*[56]. Auf der anderen Seite gilt es festzuhalten, daß der B e g r i f f erst dasjenige zum Ausdruck bringt, was das Seiende sein soll. Mit anderen Worten, wenigstens die philosophisch relevanten Begriffe haben wesentlich nicht deskriptiven, sondern *normativen Charakter*[57]. Begriffe wie Mensch, Natur, Gerechtigkeit, Schönheit, Freiheit, Gleichheit, Individuum – um die Marcuseschen Beispiele zu verwenden – bezeichnen Denkinhalte, die *ihre besonderen Verwirklichungen als etwas transzendieren, was überboten, überwunden werden muß*. Die tatsächlichen Verwirklichungsformen sind beschränkt, bleiben hinter ihrem Begriff zurück, während dieser deren Vollkommenheit wiedergibt[58], wobei selbstverständlich keine subjektiven Maßstäbe an die Gegebenheiten herangetragen werden, *der richtige Begriff nicht eine bloß subjektive intellektuelle Form ist, sondern das Wesen der D i n g e* [59]. Die eigentliche Wirklichkeit ist also nicht im Augenscheinlichen, Handgreiflichen zu finden, real sind nicht eigentlich die Dinge, wie sie erscheinen; *der Begriff ist ihre wahre Wirklichkeit*[60].

Schließlich ergibt sich eine letzte Konsequenz: Entsprechend dem normativen Wahrheitsverständnis muß der normative Begriff zur P r a x i s überleiten, einen Vermittlungsprozeß provozieren, der die objektiven Möglichkeiten der Dinge verwirklicht, einen Prozeß, der dadurch charakterisiert ist, daß das Hegelsche Auf-den-Begriff-Bringen als real-geschichtliche Aufgabe übernommen wird.[61]

Von hier aus fällt nun auch Licht auf die Marcusesche Bewertung der Idee. Ganz traditionsgemäß bezeichnet dieser Terminus einen gedanklichen Inhalt, der nicht in der Erscheinung real ist, an dem diese aber dennoch gemessen wird, der dasjenige verkörpert, was die Dinge sein sollen.[62] Im Gegensatz zur Tradition wird die Idee aber nicht im Sinne des bisherigen Idealismus verstanden. Zwar wird mit Nachdruck betont, daß dieser als *ein Hort von Wahrheiten, die in der Geschichte der Menschheit noch nicht verwirklicht sind*[63], zu gelten habe und daß er insofern dem jedes Ideenreich leugnenden Positivismus bei weitem vorzuziehen sei.[64] Aber es wird ihm gleichzeitig vorgeworfen, daß er im resignativen Rückzug aus der unerträglichen Wirklichkeit, in der Konstituierung einer **isolierten** zweiten Dimension höherer Kultur *die Erde der bürgerlichen Gesellschaft überläßt* und somit *seine Ideen selbst unwirklich macht*[65]. Der Idealismus ist also in dem Sinne ›aufzuheben‹, daß man ihn ›verwirklicht‹, daß man Hegels *Protest gegen die Entwürdigung der Idee*[66] durch die Tat nachkommt. Es ist sogar nach Marcuse *die eigentliche idealistische Grundforderung, daß diese materielle Welt entsprechend den in der Erkenntnis der Ideen gewonnenen Wahrheiten verändert und verbessert werde*[67].

Zusammengefaßt erscheint der bisher geschilderte Sachverhalt der dynamischen Spannungen zwischen Begriff bzw. Idee einerseits und dem Tatsächlichen andererseits, zwischen Seinsollendem und Seiendem in Marcuses Interpretation des Verhältnisses von Wesen und Existenz. Es ist eines der Grundtheoreme unseres Autors, daß zwischen *Wesen und Erscheinung, zwischen ›Sein‹ und ›Sollen‹*[68], *Faktum und Faktor, Substanz und Attribut*[69], *Dasein und Ansichsein*[70] eine Spannung besteht, die nicht dadurch beseitigt werden kann, daß man das Wesen zum Hirngespinst und die Erscheinung zum einzig Realen erklärt. Dasjenige, was man Denken nennt, läßt sich geradezu von dieser Unterscheidung her definieren, als Tribunal nämlich, *das den erscheinenden Formen der Wirklichkeit im Namen ihres wahren Inhalts widerspricht*[71]. Nun kennt zwar auch die Naturwissenschaft die Unterscheidung von Erscheinung und Wirklichkeit. Dort aber, so führt Marcuse aus, handelt es sich um eine quantifizierbare Wirklichkeit, für das *aller anderen Qualitäten entkleidete, beobachtende, messende, kalkulierende, experimentierende Subjekt*[72], während hier eine qualitativ konkrete Idealgestalt einem qualitativ konkreten Subjekt gegenübersteht. Die von Marcuse intendierte Unterscheidung von Wesen und Erscheinung ist für die Wissenschaft und für die formale Logik *sinnlos*[73], da diese Disziplinen, trotz äußerster Abstraktheit, von einer *umstandslosen Einwilligung in die Tatsachen* leben. Philosophische Wesenserkenntnis dagegen geht davon aus, daß das einzige den Tatsachen Gerechtwerden ihre kritische Einschätzung ist. *Die Lehre vom Wesen entwickelt so die allgemeinen Gesetze des Denkens als Gesetze der Zerstörung, einer Zerstörung um der Wahrheit willen.*[74]

So sehr Marcuse bemüht ist, den Unterschied zwischen Wesen und Erscheinung einzuschärfen[75], so sehr geht es ihm doch darum, beide zu verklammern. Denn schließlich ist die Erscheinung kein Schein und kein Nichtsein, *sondern die Erscheinung des Wesens*[76]. Wesen und Faktizität sind *keine getrennten, voneinander unabhängigen Regionen*[77], sondern dergestalt dynamisch aufeinander bezogen, daß das Dasein der Dinge in sein Wesen zu überführen ist.[78] Für das Wesen des Menschen z.B. ist also die tatsächliche Existenz keine ›quantité négligeable‹, sondern *seine Existenz ist ein ›Mittel‹ zur Verwirklichung seines Wesen*, und der tatsächliche Zustand des Menschen ist weder dadurch zu verklären noch zu verniedlichen, daß man auf eine höhere menschliche Wesensnatur, an die die Miserabilität des Faktischen niemals heranzureichen vermöchte, hinweist. Die faktische Existenz des Menschen ist, wie es in der Marxinterpretation heißt, für Marcuse die *Katastrophe des menschlichen Wesens*[79]. Das Wesen ist, so gesehen, also keineswegs ›außerhalb‹ und ›jenseits‹

des Daseins, sondern nichts anderes als dasjenige, was aus dem jeweiligen Dasein geworden ist und zugleich dasjenige, was in sich zur eigenen Vollendung tendierende Potentialitäten birgt. Unvermittelt sind Wesen und Existenz weder identische noch inkompatible Größen, durch Vermittlung aber sind sie zur Identität zu bringen[80], und zwar durch eine Vermittlung, die der historischen Praxis als Aufgabe gestellt ist.[81]

V Die Vermittlung in der Vernunft

Wenn auch bisher Faktizität und Wahrheit, Ding und Begriff, Realität und Idee, Existenz und Wesen streng geschieden wurden, so erwies sich doch stets, daß sie eigentlich zur Einheit zu bringen sind, und zwar mit der Maßgabe, daß die Angleichung sich in Richtung auf das Soll zu vollziehen hat. Für die angestrebte E i n h e i t selbst steht bei Marcuse der Begriff der Vernunft.[82]

Nun findet sich auch bereits in der Transzendentalphilosophie das Theorem, daß die Welt als ganze vernünftig sei, daß Außervernünftiges undenkbar erscheine und also nicht die Vernunft vom Reiche des Empirischen abhänge, sondern umgekehrt dieses als durchgehend vernunftkonstituiert vorgestellt werden müsse. Aber in der Transzendentalphilosophie bleibt die Realität der Erscheinungswelt von der vernünftigen Konstitution insofern unberührt, als Vernunft nur erkenntnistheoretisch wirksam wird und infolgedessen (von der Ding-an-sich-Problematik ganz zu schweigen) die *Einschränkung der ›erzeugenden‹ Erkenntnis auf die transzendentale Sphäre*[83] nicht zu durchbrechen vermag. Aber es bleibt nicht nur die Welt des gelebten Lebens der Unvernünftigkeit überlassen, sondern Transzendentalphilosophie gedeiht auch i n dieser faktischen Welt der Unvernunft, mag sie selbige noch so sehr in der Theorie als widervernünftige für vernunftkonstituiert erklären. *Die Vernunft ist nur der Schein der Vernünftigkeit in einer vernunftlosen Welt.*[84] Die Welt bleibt entzweites und entfremdetes Gegenüber. Der Anspruch der Transzendentalphilosophie, Vernunft zur universalen Gestalterin zu machen, ist also nach Marcuse nur dann zu erfüllen, wenn über sie hinausgegangen, wenn das Programm der vernünftigen Weltkonstitution ernstgenommen und der Zirkel der Innerlichkeit zum Zwecke der Erstellung einer tatsächlichen vernünftigen Welt durchbrochen wird.[85] Dem versucht der Marcusesche Vernunftbegriff gerechtzuwerden.

Auszugehen ist von der Überzeugung, daß das Seiende *nicht unmittelbar schon vernünftig sei, sondern erst zur Vernunft gebracht werden müsse*, sowie von der, daß die Welt *ihrer Struktur nach der Vernunft zugänglich, auf sie angewiesen, von ihr beherrschbar* sei [86]. Und es gilt nun, den Zustand der Entfremdung, die Spaltung in Subjekt- und Objektsphäre, die *Isolierung der Menschen von den Dingen*[87] aufzuheben, nicht im Sinne der transzendentalen Logik und nicht gemäß dem idealistischen Vernunftbegriff, der zwar bekanntlich *ebenso das Sein des begreifenden wie des begriffenen Seienden*[88] befaßt, aber doch die Realitäten den *blinden Zwängen und Prozessen der herrschenden empirischen Ordnung des Lebens*[89] überläßt. D.h. die Verwirklichung der Vernunft muß r e a l i t e r aus der entfremdeten Welt eine menschliche machen, sie muß *auf die Schaffung einer gesellschaftlichen Organisation, in der die Individuen nach ihren Bedürfnissen gemeinsam ihr Leben regeln* [90], hinauslaufen. Vernunft ist somit kein subjektives Vermögen mehr, auch keine bloß innerliche Vereinigung von Subjekt und Objekt, sondern *die vernünftige Organisation der Menschheit*[91], ihre Realisierung ist nur *in den gegebenen sozialen und politischen Institutionen*[92] sinnvoll.

Da die faktische Situation der Welt n i c h t die der Vernunftwirklichkeit ist, muß Vernunft, solange sie nicht realisiert werden konnte, eine k r i t i s c h e Funktion behalten. *Vernunft ist in ihrem tiefsten Wesen Wider-Spruch, Opposition, Negation, solange die Vernunft noch nicht wirklich ist.*[93] Sie wird das bestehende System um der Idee willen zu vernichten trachten, wenn sie innerhalb desselben nicht zu verwirklichen ist.[94]

Damit nun zeichnet sich eine Antwort auf die eingangs gestellte Grundfrage ab. Die Unangemessenheit der Wirklichkeit an die Vernunft, den Begriff, die Idee ist es, die die k r i t i s c h e Gesamtintention der Marcuseschen Kritischen Theorie rechtfertigt. Von hier aus ist es auch zu verstehen, weshalb Marcuse die herrschende technologische Rationalität als unvernünftig bezeichnen muß. In ihr nämlich hat sich Vernunft mit dem Bestehenden arrangiert, statt dieses sich selbst, ihren Begriffen und Prinzipien anzugleichen.[95] *Die Idee der Vernunft geriet unter den Bann des technischen Fortschritts*[96]. Alles, was vorhanden ist, erscheint vernünftig - in Ost wie in West.[97] Wesen und Existenz werden de facto in unmittelbarer Identität gesehen, wo doch eigentlich gelten sollte, daß diese Identität *nur aus der dauernden Anstrengung der Vernunft resultieren*[98] kann, daß nicht alles Wirkliche vernünftig ist, sondern nur das V e r n ü n f t i g e wirklich i s t .

Trotz aller Akzentuierung der kritischen Gesamtintention darf aber nicht vergessen werden, daß nicht Widerspruch um jeden Preis gemeint ist, sondern Ausrichtung auf das Werturteil: Es geht um die wahre *Befriedung des Daseins*[99]. Ist diese erreicht, so hebt sich der Widerspruch auf, womit aber auch alle Philosophie an ihr Ende gelangt. Philosophie hat die Aufgabe, gegenüber der Allgewalt des Tatsächlichen die Daseinsberechtigung einer transzendierenden Wahrheit nachzuweisen und die Idee der Vernunft als Alternative des Bestehenden zu bewahren. Aber sie hat dies nur solange zu tun, wie die Wirklichkeit nicht mit der Vernunft, die Erscheinung nicht dergestalt mit dem Wesen übereinstimmt, daß l e t z t e r e s realisiert ist. *Wenn die Vernunft (...) verwirklicht worden ist, dann ist auch die Philosophie gegenstandslos.*[100] Die Verwirklichung der Philosophie ist ihre Aufhebung.

VI Essentialismus, Elitarismus und Dogmatismus

Wenn es einerseits, wie oben ausgeführt, das Apriori der Kritischen Theorie ist, daß das menschliche Leben lebenswert gemacht werden sollte, und wenn andererseits die Richtung der von Marcuse für notwendig erachteten gesellschaftlichen Veränderungen, wie ebenfalls dargelegt, nur im Rückgriff auf die

Philosophie festgelegt werden kann, so erhebt sich natürlich die Frage, warum die von den beabsichtigten Verbesserungen betroffenen Individuen nicht selbst über ihre Zukunft bestimmen dürfen und, wenn ihnen dies schon versagt werden müßte, ob der im Namen und Interesse der Individuen unternommene philosophische Begründungsversuch akzeptabel erscheint. Der erste Teil der Frage wird von Marcuse mit der bekannten These beantwortet, daß die natürlichen Bedürfnisse der Individuen gar nicht ihre eigenen seien, sondern die gesellschaftlichen, d.h. von einer repressiven Gesellschaft zu deren Selbsterhaltung und Stabilisierung künstlich erzeugten. Die tatsächlichen Bedürfnisse gelten daher nicht als *wahr*, sondern *falsch*, nicht als *autonom*, sondern *heteronom*, sie entspringen dem *unmittelbaren*, aber nicht dem *wirklichen Interesse* des Menschen, ihre Befriedigung ist zwar *für das Individuum höchst erfreulich*, aber nichtsdestoweniger *repressiv* und ebenfalls *heteronom*.[101] Sofern nun Glück und Freiheit die entscheidenden Merkmale eines erfüllten Lebens sind, erscheint es nur konsequent, die Individuen nicht über deren inhaltliche Ausgestaltung befinden zu lassen bzw. den zwar schon in der Antike sporadisch gepredigten, in der fortgeschrittenen Industriegesellschaft aber allseits praktizierten Hedonismus einer prinzipiellen Kritik zu unterwerfen, da er, unfähig, *zwischen wahrem und falschem Genuß unterscheiden zu können*[102], die in dieser Welt zufällig auftauchenden Lüste unbesehen für befriedigungswürdig hält.

Aber die Art, wie bei Marcuse Bedürfnisse und Genüsse als falsche dargestellt werden, setzt die Sicht der Kritischen Theorie einschließlich ihrer philosophischen Fundierung schon voraus, womit, zweiter Teil der Frage, die Legitimationsproblematik unabweisbar wird. Ganz konkret gefragt: Was berechtigt unseren Autor etwa, ein *Tribunal* zu fordern, das *befugt ist, individuelles Glück zu ›definieren‹*[103]? Woher nimmt er das Recht, zu einer veritablen *Unterdrückung der heteronomen Bedürfnisse* der Menschen und schließlich zu einer *Schaffung neuer Bedürfnisse*[104] aufzurufen? Natürlich legitimiert ihn nach seinem Selbstverständnis die Einsicht in die Struktur von Begriff, Idee, Wesen, Vernunft, sein philosophischer Essentialismus. Mit der Berufung auf angeblich vom subjektiven Dafürhalten unabhängige Entitäten wird der Eindruck erweckt, als ginge es bei den anstehenden Themen um ewige Wahrheiten, über deren Verbindlichkeit man nicht abstimmen könne und die in ihrer Gültigkeit nicht beeinträchtigt wären, falls das Bewußtsein der Menschen sie nicht oder nur verzerrt widerspiegelte. Der unterstellte Erkenntnisanspruch ist formal dem Platons gleich, der sich bekanntlich auf eine nur dem Philosophen mögliche Schau der im Kosmos noetos idealiter ansichseienden Ideen berief und der den in der Höhle gefesselten, in bloßer Doxa befangenen Nichtphilosophen diese Fähigkeit der Wahrheitsfindung absprach; und Marcuse bekennt sich konsequenterweise expressis verbis zu dieser Rechtfertigung, wenn er – bei aller Reserve gegenüber den Grausamkeiten der Platonischen Gesellschaftslehre – an Platon hervorhebt, daß nach ihm *ein gesunder Staat nur von denen regiert werden sollte, die gelernt haben, welche (...) Bedingungen erfüllt sein müssen, um die bestmögliche Entwicklung des Menschen in der Gesellschaft zu garantieren*[105]. Kurz, es verbirgt sich hinter dem philosophischen Begründungsversuch, hinter diesem gesellschaftskritischen Essentialismus, der nur den Anhängern der eigenen Überzeugung Wesenserkenntnis unterstellt, ein unverhohlen elitärer Erkenntnisanspruch. Schon Marx und Engels haben diesen exemplarisch an *Bruno Bauer und Consorten*, die man als *heilige Familie* apostrophierte, treffend ironisiert, wenn sie schreiben, die Kritik wisse sich hier *in einem geringen Häuflein auserwählter Männer (...) ausschließlich inkarniert*[106].

Nun ist natürlich, streng genommen, die Berechtigung eines solchen Anspruches nicht prinzipiell auszuschließen, aber als möglich anzusehen ist sie nur, wenn man sich mit dem sogenannten *Offenbarungsmodell der Erkenntnis* zufriedengibt, das nicht nur die *an einen bestimmten Kreis von Menschen gebundene einmalige übernatürliche Offenbarung* bezeichnet, sondern auch die als Letztinstanz einer zureichenden Begründung verstandene *individuelle Intuition oder (...) individuelle Wahrnehmung*[107]. Impliziert ist damit ein Dogmatismus, der die kritische Überprüfung der eigenen Einsichten ablehnt, und ein Fallibilismus, der nicht nur mit der Irrtumsmöglichkeit von allen und jedem rechnet (die eigene natürlich ausgeschlossen), sondern mit dem faktischen Irrtum. Wenn alles Bewußtsein von der repressiven Gesellschaft manipuliert erscheint, nur das eigene nicht, alles Denken eindimensional, nur das eigene nicht, so daß Kritische Theorie sich genötigt sieht, auf eine *Erklärung für ihre eigene Denkmöglichkeit* zu verzichten, wenn sie nicht ihre eigenen Aussagen über die Unentrinnbarkeit des Verblendungszusammenhangs revidieren will[108], dann erscheint schließlich der Vorwurf, daß letztlich das *nietzscheanisch Charismatische* die Marcuseschen Revolutionäre auszeichne, nicht weniger gerechtfertigt als der der *Nähe zu den ›Erlösten‹ und ›Vollkommenen‹ jener Sekten, mit denen es die frühe Christenheit zu tun hatte*[109]. Und mit aller wünschenswerten Klarheit erklärt Marcuse dann auch selbst, daß angesichts der angeblich nicht funktionsfähigen Demokratien die Alternative nur *Herrschaft einer Elite* heißen könne, was eben bedeute, *nur die gegenwärtig herrschende Elite durch eine andere ersetzen*[110] – ohne Kontrolle oder Abwahlmöglichkeit selbstverständlich, da niemand die erforderliche Kompetenz nachzuweisen vermöge.

VII Irrationalismus

Elitäres Selbstbewußtsein weist sich nach Marcuse natürlich vernünftig aus. Aber Marcuses Vernunftbegriff ist nur vor dem Hintergrund dieses elitären Selbstbewußtseins verständlich. Vernünftigkeit legitimiert sich bei ihm essentialistisch, und nicht etwa durch Bewährung angesichts von Einwänden oder Falsifikationsversuchen Andersdenkender. Diese werden vielmehr geistig entmündigt, indem man ihnen die Teilhabe an der Vernünftigkeit des repressiven Ganzen attestiert und zugleich die Teilhabe an der wahren Vernünftigkeit abspricht. Statt daß man – wie es schon im stoischen Humanitätsideal deutlich wird, wie es der Optimismus der Aufklärung aller Zeiten annimmt und wie es heutige Demokratien voraussetzen – das Konstituiertsein der Vernunft in wenigstens prinzipiell intersubjektiver Betreffbarkeit ihrer Momente unterstellt, gefällt man sich in der Attitüde des notwendigerweise von den Vielen Mißverstandenen: *Die Rationalität steht plötzlich auf seiten des Gegners, der rational nicht mehr zu kritisieren ist.*[111] Entsprechend deutlich ist die Skepsis gegenüber der formalen Logik, für die, wie man sich schmeichelt, der oben dargelegte Konflikt von Wesen und Erscheinung *sinnlos* wird, die angeblich aus *tatsächlicher Dissonanz theoretische Harmonie* macht, indem sie reale Widersprüche eliminiert und ein formal Vernünftiges konstituiert, das das Material nicht mehr begreift.[112] Unvernünftig-Erscheinen nach Kriterien etablierter Vernünftigkeit wird geradezu ›conditio sine qua non‹ (zum Teil sogar ›... per quam‹) der wahren, und der Revolutionär als der Vertreter der letzteren darf sich geradezu in dem Gefühl sonnen, *Frevler an dem, was in Grenzen immerhin bewährt ist*, zu sein.[113]

In der Konsequenz dieses Ansatzes, der auf so perfekte Selbstimmunisierung gegenüber möglicher Kritik von außen hinausläuft, wie sie je ein Glaubenssystem zu bieten vermochte, liegt es, daß Marcuse seine Gesellschaftskritik, um sie vor der Vereinnahmung durch das repressive System zu schützen und ihre Nutzbarmachung zu dessen Zwecken zu verhindern, bewußt als Ideologie verstanden wissen will[114], daß er die große oder absolute *Weigerung*[115] als Inbegriff derjenigen Verhaltensweisen anpreist, die *um so unvernünftiger erscheinen müssen, je mehr das bestehende System seine Produktivität entwickelt und die Last des Lebens erleichtert*[116], daß er der Kritischen Theorie *das Ausmalen einer zukünftigen Welt* verbietet und erklärt, die Gesellschaft der Zukunft bleibe, vorausgesetzt, man arbeite mit *Begriffen dieses Universums*, *jenseits von Definition und Bestimmung*. Andererseits ist das, was er, die Sprache des etablierten Universums vermeidend, als das *wahrhaft Positive*[117] zu beschreiben sucht, eine Zusammenstellung von Bildern, deren Unvernünftigkeit nach dem bestehenden Begriff von Rationalität geradezu Erkennungsmerkmal ihrer Authentizität ist.

Als Zusammenfassung dessen, worauf die Entwicklung hinauslaufen soll, kann die Formel von der *Entfaltung einer libidinösen Kultur* gelten[118], sofern nämlich die bisherige Kultur ihre Vernünftigkeit aus der Triebrepression bezog. Auf dem Weg in die neue Kultur erscheinen Perversionen (allerdings nicht zu verwechseln mit bestimmten Erscheinungsformen einer das System stabilisierenden Lockerung der Sexualmoral) als Symbol dessen, *was unterdrückt werden mußte, damit die Verdrängung siegen (...) konnte*[119]. Phantasie wird gepriesen als diejenige Instanz, die die geheimen Wünsche des Menschen nach Erfüllung vor der Verformung durch die repressive Vernunft schützt, Gedächtnis als Statthalter der verbotenen Bilder der Kindheit, deren Wahrheit *die Vernunft ableugnet*. Die ganze repressive Vernunft soll *einer neuen Vernünftigkeit der Befriedigung* weichen.[120] Entsprechend ist nach Marcuse der Freiheitsbegriff neu zu fassen, *Freiheit müßte in der Befreiung der Sinnlichkeit, nicht in der der Vernunft* gesehen werden, was zugleich bedeutet, daß die Sinnlichkeit dem *Diktat repressiver Vernunft* entzogen würde. Schließlich hätte sich *eine Koinzidenz der Kausalität aus Natur und der Kausalität aus Freiheit* zu ergeben, so daß Naturkausalität, statt mir entgegenzustehen oder nur durch Einsicht in die Notwendigkeit für meine Zwecke nutzbar zu sein, quasi zum Ausfluß meiner Freiheit würde.[121] Daß derartige Thesen den Begriffen etablierter Vernünftigkeit Hohn sprechen, nicht weniger die bezüglich eines neuen Realitätsprinzips, eines neuen Bewußtseins von Zeit, das diese *nicht mehr* (...) *als ewige Linie* (...), *sondern als Kreislauf, als Wiederkehr* empfindet oder die bezüglich der endzeitlich zu erwartenden erotischen Versöhnung von Mensch und Natur, der gemäß letztere wieder zum Garten Eden wird[122], ist von Marcuse bewußt so intendiert.

Nach Maßstäben etablierter Vernunft ganz und gar nicht so irrationalistisch wie die Marcuseschen Zielangaben muten auf den ersten Blick dagegen jene Aussagen zu den erforderlichen Mitteln an, in denen sich Marcuse von jeder *romantischen Regression hinter die Technik* distanziert und deren *befreienden Segnungen*[123] das Wort redet. Aber wenn er etwa die *Chancen einer künftigen Gesellschaft* (...) *im Hinblick auf menschlichen Fortschritt* in einem *historischen Kalkül* erfassen will, wenn er erklärt, die *Möglichkeiten und Inhalte der Freiheit* würden *zunehmend berechenbarer*, den *technischen und technologischen Kräften des fortgeschrittenen Kapitalismus und Sozialismus* wohnten *utopische Möglichkeiten inne*[124], dann muß man wissen, daß auch hier kein Technokrat spricht, sondern einer, der weiß, daß die von ihm ins Auge gefaßten angeblich realen Möglichkeiten nach Kriterien der etablierten Vernünftigkeit *ins Niemandsland der Utopie* verwiesen werden müssen, daß sie reale Möglichkeiten nur sind, wenn *Wissenschaft und Technologie ihre* (...) *gegenwärtigen Ziele ändern*. Ohne einen *Umschlag von Quantität in Qualität*[125], ohne eine radikale Umorientierung der technologischen Rationalität ist für Marcuse der angestrebte Zustand nicht erreichbar. Und wenn er mit den *intellectuellen und materiellen Ressourcen* rechnet, Wissenschaft und Technik als *die großen Vehikel der Befreiung* apostrophiert und diese Befreiung für so realistisch hält, *daß nichts mehr utopisch ist als der Anspruch, ihre Verwirklichung verhindern zu können*, dann ist nicht eine nach Begriffen etablierter Rationalität vorgenommene Einschätzung von Tatbeständen und Trends der Ausgangspunkt, sondern seine Sicht der Wirklichkeit im Lichte der Idee.[126]

Kurz, der stereotyp wiederholte Marcusesche Vorwurf, daß die *Irrationalität zur Form der gesellschaftlichen Vernunft*[127] geworden sei, läßt sich mit umgekehrtem Vorzeichen auf ihn selbst anwenden. Seine Vernünftigkeit muß immer dann unvernünftig genannt werden, wenn man ihren essentialistisch-elitären Anspruch zurückweist, gleich, ob man nun Vernunftkriterien utilitaristisch in der praktischen Bewährung oder kritisch-rationalistisch im Verfahren iterierender kritischer Überprüfung sieht, gleich, ob man mit Blick auf die immanente Zweckrationalität sekundärer Systeme argumentiert, unter Berufung auf die nach marxistischer Überzeugung treibenden Kräfte der Geschichte Marcuses Aufschrei: *Verrat an der Idee* als subjektivistische Unmutsäußerung ohne Erkenntniswert abtut[128], oder ob man Vernünftigkeit durch Konsens im herrschaftsfreien Diskurs einer idealen Kommunikationsgemeinschaft abgestützt wissen möchte.

VIII Totalitarismus

Letzte Konsequenz des Marcuseschen Philosophiebegriffes ist der Totalitarismus, verstanden als umfassender Verfügungsanspruch, aufgrund dessen jeder einzelne mit allen zur Verfügung stehenden Mitteln voll und ganz den Zwecksetzungen des Systems zu unterwerfen ist.[129] Denn solange noch Verhalten, Denken, Bedürfnisse (nach Marcuse bekanntlich Manipulationsprodukte des repressiven Ganzen) diesen Zwecksetzungen entgegenstehen, kann die neue Gesellschaft mit den oben angedeuteten Eigenschaften nicht funktionieren.

Nun scheint allerdings, wiederum auf den ersten Blick gesehen, Marcuses Kritische Theorie vor der Versuchung des Totalitarismus gefeit, geht es ihr doch darum, einen totalitär werdenden Produktionsapparat zu hinterfragen, und dies aus keinem anderen Motiv als *aus dem Interesse an dem Individuum*. Dessen Freiheit und dessen Glück sind, wie es immer wieder heißt, Intentum der Kritischen Theorie, und ein allgemeines Glück ist *getrennt von dem Glück der Individuen eine sinnlose Phrase*[130]. Da nun aber nach Marcuse die Individuen *an der Erkenntnis ihres wahren Interesses verhindert* sind und folglich *nicht Richter über ihr Glück sein können*, da sie eine ›luxuriöse Einrichtung des Gehäuses der Hörigkeit‹ vorfinden, da sich Entfremdung auf einer fortgeschrittenen Stufe ereignet, gemäß der die Menschen nicht etwa dem von ihnen erstellten Ding fremd gegenüberstehen, sondern *ihre Seele in ihrem Auto, ihrem Hi-Fi-Empfänger, ihrem Küchengerät* finden, kurz, da Sklaven befreit werden sollen, *die nicht einmal wissen, daß sie Sklaven sind*[131], erscheint es Marcuse unumgänglich, eine *erzieherische Diktatur freier Menschen* zu errichten.[132] Der von dieser Diktatur ausgehende *progressive Zwang*[133], der die Betroffenen gegen ihre erklärten Absichten zu Glück und Freiheit führen soll, muß, um wirksam zu werden, mindestens jener Gewalt, die vom etablierten System – nach Marcuse einem totalitären – ausgeht, entsprechen, wenn nicht diese Gewalt noch übertreffen.

Gerechtfertigt werden kann solcher Zwang nur vordergründig mit dem Hinweis, daß die befreiende Gewalt Gegengewalt, *Unterdrückung gegenrevolutionärer Tätigkeit* sei oder daß Terror nur *zur Verteidigung gegen die Unterdrücker* gerechtfertigt erscheine; und Marcuse selbst stellt die weiterführende kritische Rückfrage: (...) *wer erzieht die Erzieher und was beweist, daß sie im Besitz ›des Guten‹ sind*?[134] Wie vermag sich derjenige auszuweisen, so ließe sich auch fragen, der um eines zweifelhaften Glückes der Zukunft willen ein von ihm zwar illusionär genanntes, aber doch von den Betroffenen als real empfundenes Glück der Gegenwart, unter großen Opfern dazu, aufzugeben befiehlt? Hier nun scheut Marcuse vor der Konsequenz seiner Gedanken (gemäß der es eines solchen Nachweises nicht bedarf) zurück, oder er verschleiert bewußt, indem er erklärt, die Frage, was wahre und was falsche Bedürfnisse seien, müsse *von den Individuen selbst beantwortet werden, das heißt s o f e r n   u n d   w e n n   s i e   f r e i   s i n d*, oder wenn er ausführt, daß einzelne Individuen *mit keiner anderen Legitimation als ihrem Bewußtsein und Gewissen* zur Umwälzung aufgerufen seien und daß es sich dabei eben um solche Individuen zu handeln habe, die gelernt hätten, *rational und autonom zu denken*. Heißt es nicht, sich in die Tautologie flüchten, wenn betont wird, daß *w e n n die Menschen einigermaßen gelernt haben, zu denken und zu argumentieren (...), relativ leicht Übereinstimmung darüber zu erzielen ist, was destruktiv und was nicht destruktiv ist*[135]? Kurz, die Revolutionäre allein haben das Sagen, und die betroffenen Individuen erst von dem Augenblick an, wo sie geistig gleichgeschaltet sind. Muß man angesichts dieser Situation nicht Marcuses Frage: (...) *wie können die verwalteten Individuen (...) sich von sich selbst wie von ihren Herren befreien (...)*[136], an ihn und seine Gefolgsleute zurückgeben?

Von derartigen Bedenken wenig angekränkelt, kündigt Marcuse (dieselbe weidlich ausnützend) eine Toleranz auf, die er als ›abstrakt‹ und ›rein‹ bezeichnet, will er die *generelle durch eine selektive* ersetzt wissen, welch letztere Intoleranz gegenüber den Erhaltern des Systems, Einschränkung der verdummenden Pressefreiheit, Vorzensur usf. beinhalten würde[137], empfiehlt er inhaltlich die *radikale Aufklärung*, die bei den Ausgebeuteten das zur Revolution unabdingbare *Bewußtsein (und das Unbewußte)* entwickeln soll. Es ist der Mensch zu schaffen, *der die Revolution haben muß, weil er sonst zusammenbricht*. Letzten Endes heißt dies, daß die geforderten Veränderungen *in ›biologische‹ Dimensionen ›herabsinken‹ müssen, konkret, in Dimensionen, worin Neigungen, Verhaltensweisen und Wünsche vitale Bedürfnisse werden, die, würden sie nicht befriedigt, die Dysfunktion des Organismus verursachten*.[138]

Dieser neue Menschentyp, ausgezeichnet durch *andere Reaktionen des Körpers wie des Geistes*[139], darf dann nach Marcuse Richter über sein Glück sein. Glück ist *ein Teil der allgemeinen, objektiven Wahrheit, die für alle Individuen gilt, sofern ihrer aller Interesse darin aufgehoben ist*, wie umgekehrt die individuellen Bedürfnisse im Allgemeinen nur aufgehoben sind, wenn sie als wahre bezeichnet werden können und nicht etwa auf Demütigung, Folterung oder Totschlag des anderen gehen.[140] So harmonisch sich diese Bestimmung des Idealverhältnisses des neuen Menschen zur neuen Gesellschaft ausnehmen mag, so unverkennbar ist, daß das alte Problem: Einzelner – Allgemeines nur verschoben wurde. Es wird zwar fortwährend betont, daß Freiheit, Glück und Individualität an keiner Allgemeinheit eine Grenze haben dürfen, daß Allgemeinheit so sein müsse, daß sie vom Individuum nur noch als Bereicherung seiner Möglichkeiten empfunden wird, aber das Postulat der Verallgemeinerungsfähigkeit des Individuellen bleibt insofern erhalten, als eben nicht jede beliebige Spielform individueller Äußerungen als wahrhaft individuell anerkannt wird. Das Gesetz wird von außerhalb des Individuums in dieses hineinverlegt und derart zu einem Gesetz seiner Freiheit gemacht, daß diese selbst nur als unter der Norm stehende den Namen Freiheit verdient. Sehr im Unterschied zu Kant, bei dem sich formal ähnlich klingende Auffassungen finden, bei dem aber der Einzelne über die Verallgemeinerungsfähigkeit seiner Maximen zu befinden hat, entscheidet nach Marcuse der revolutionäre Erzieher, und sein Erziehungsziel ist der menschliche Automat, der, gleichgeschaltet bis in die Bedürfnisstruktur und geistig dem Belange der Idealgesellschaft gemäß zurechtgestutzt, nur noch das reproduziert, was ihm die revolutionäre Gegenmanipulation eingab.

Vielleicht hätte angesichts solcher Perspektiven Marcuses philosophischer Grundlegung jener Schuß Selbstironie gutgetan, zu dem Adorno findet, wenn er, die *Not der Philosophie*[141] reflektierend, vom kritischen Gedanken feststellt, daß er sich *der Clownerie* nähert, vielleicht wäre Marcuse, hätte er, wie Adorno, Ideologiekritik auf sich selbst angewendet, daran gehindert worden, sich zu *gebärden, als wäre er bereits ein Mensch von der Art, wie sie einst im Stande der Freiheit (...) vielleicht sich realisiert*[142], und vielleicht wäre dann bezüglich der praktischen Konsequenzen seiner Philosophie jener von Habermas[143] an Adorno gelobte *Zusatz von Milde* möglich geworden, der jedem Denker, der sich nicht als Sprachrohr des Weltgeistes versteht, selbstverständlich ist. So aber erscheint das mit jedem (notwendigerweise ungerechtfertigten) Absolutheitsanspruch mitgegebene theoretische Manko in Marcuses Philosophie durch nichts gemindert – auch nicht durch den unbestreitbaren politischen Erfolg derselben.

Die vorstehenden Ausführungen sind teils Übernahme, teils Zusammenfassung, teils Weiterführung von Gedanken, die von mir unter dem Titel »Herbert Marcuse. Philosophische Grundlagen seiner Gesellschaftskritik« (Bonn 1971, 2. Aufl. 1974) veröffentlicht wurden. Der dort unternommene Versuch der Darstellung des gesamten Inhalts und Umfangs des Marcuseschen Philosophiebegriffes soll allerdings hier nicht in Form einer Kurzfassung wiederholt werden. Vielmehr gilt es, unter Zugrundelegung der gleichen Interpretationsprinzipien, die Bedeutung der Philosophie durch die Darstellung einer ihrer entscheidenden Funktionen für das Marcusesche System zu verdeutlichen und die Problematik dieser philosophischen Grundlegung durch den Aufweis einiger praktischer Konsequenzen sichtbar werden zu lassen.

1 So Marcuse in seiner Hegelinterpretation: Marcuse: »Vernunft und Revolution. Hegel und die Entstehung der Gesellschaftstheorie«, Neuwied, Berlin ²1962 (1. Aufl. unter dem Titel: »Reason and Revolution. Hegel and the Rise of Social Theory«, New York 1941. 2. Aufl. mit einem Nachwort 1954), S. 201 (zit. als »Vern.«). – 2 Kritische Theorie weigert sich, *das gegebene Universum der Tatsachen als den endgültigen Zusammenhang hinzunehmen*. Marcuse: »Der eindimensionale Mensch. Studien zur Ideologie der fortgeschrittenen Industriegesellschaft«, Neuwied, Berlin ⁶1968 (1. Aufl. unter dem Titel: »One-Dimensional Man. Studies in the Ideology of Advanced Industrial Society«, Boston 1964), S. 13 (zit. als »Eindim.«). Marxistisch gesprochen, gilt es als Revisionismus, die Kritische Theorie *an den Maßstäben positivistischer Soziologie* zu prüfen (Vern., S. 352). Positivistische Philosophie *verleitet das Denken dazu, sich mit den Tatsachen abzufinden* (Vern., S. 35). *Niemals folgt schon aus der puren Existenz einer Tatsache oder Zwecksetzung die Notwendigkeit ihrer Anerkennung (...)* (Marcuse: »Kultur und Gesellschaft I.« Frankfurt/M. ⁸1968, (1. Aufl. Frankfurt/M. 1965, S. 28, zit als »Ges. I«). – 3 Ges. I, S. 111. – 4 Vern., S. 282; vgl. S. 232. – 5 Vern., S. 260. – 6 Eindim., S. 137. – 7 Vgl. z.B. Vern., S. 224. – 8 Eindim., S. 12; vgl. Ges. I, S. 103. – 9 Vgl. Eindim., S. 205 und Marcuse: »Aggressivität in der gegenwärtigen Industriegesellschaft«, in: »Aggression und Anpassung in der Industriegesellschaft«. Frankfurt/M. ⁴1969, S. 12 (zit. als

»Aggression«). – **10** Eindim., S. 204. – **11** Eindim., S. 134 und 135. – **12** Eindim., S. 202 f. – **13** *Aus der Beschaffenheit der ›fortgeschrittenen Industriegesellschaft‹ wird abgeleitet, wie die kritische Theorie beschaffen sein muß. Wie aber ist die fortgeschrittene Industriegesellschaft beschaffen? Die Antwort ist bereits die kritische Theorie* (...) (»Antworten auf Herbert Marcuse«. Hg. und eingeleitet von Jürgen Habermas. Mit Beiträgen von Alfred Schmidt, Wolfgang Fritz Haug, Claus Offe, Joachim Bergmann, Heide Berndt, Reimut Reiche und Paul Breines. Frank- furt/M. 1968, S. 50, zit. als »Antworten«). – **14** Ges. I, S. 116. – **15** Ges. I, S. 111. – **16** Ges. I, S. 111, Sperr. v. Verf. – **17** Marcuse: »Psychoanalyse und Politik«, Frankfurt/M. ^{3}1968 (1. Aufl. Frankfurt/M. 1968), S. 71 (zit. als »Psych.«). – **18** Marcuse: »Versuch über die Befreiung«. Frankfurt/M. 1969, S. 16 (zit. als »Befreiung«). – **19** Psych., S. 53. – **20** Ges. I, S. 115. – **21** Ges. I, S. 59 f. – **22** Vern., S. 144. Vgl. Eindim., S. 240. *Nicht in der Wissenschaft, wohl aber in der Philosophie hat die traditionelle Theorie die Begriffe ausgearbeitet, welche sich auf die Möglichkeiten des Menschen jenseits seines faktischen Status beziehen.* (Ges. I, S. 114) – **23** Vgl. Vern., S. 304. Marcuse: »An Introduction to Hegel's Philosophy«, in: »Studies in Philosophy and Social Science. VIII«, New York 1940, S. 406 (zit. als »Introduct. Hegel«). – **24** Vgl. Marcuse: »Ideen zu einer kritischen Theorie der Gesellschaft«, Frankfurt/M. 1969, S. 124, 116 (zit. als »Ideen«); Ges. I, S. 55, 94. – **25** Eindim., S. 148. Vgl. Marcuse: »The Ideology of Death«. In : »The Meaning of Death« (Hg. Herman Feifel), New York, Toronto, London 1959, S. 65 (zit. als »Death«). – **26** Marcuse: »Hegels Ontologie und die Theorie der Geschichtlichkeit«. Frankfurt/M. ^{2}1968 (1. Aufl. Frankfurt/M. 1932), S. 14 (zit. als »Ontol.«). Vgl. Ontol., S. 18; Introduct. Hegel, S. 394. – **27** Eindim., S. 145. – **28** Vern., S. 227. – **29** Vgl. Eindim., S. 141. – **30** Eindim., S. 151. – **31** Ges. I., S. 63. – **32** Eindim., S. 199; vgl. Eindim., S. 206; Vern. S. 144. – **33** Vgl. Marcuse: »Kultur und Gesellschaft II«. Frankfurt/M. ^{7}1968 (1. Aufl. Frankfurt/M. 1965), S. 149, 154 f., 162 f. (zit. als »Ges. II«). – **34** Marcuse: »Das Problem der geschichtlichen Wirklichkeit«, in: »Die Gesellschaft VIII«. 1931, S. 352; vgl. auch S. 355 (zit. als »Geschichtl. Wirkl.«). – **35** Ges. I, S. 57; vgl. S. 10. – **36** Eindim., S. 138 und 139. Vgl. Marcuse: »Some Social Implications of Modern Technology«, in: »Studies in Philosophy and Social Science IX«. 1941, S. 423 (zit. als »Modern Technology«). – **37** Vgl. Vern., S. 240, 356 f.; Eindim., S. 240; Marcuse: »Über konkrete Philosophie«, in: »Archiv für Sozialwissenschaft und Sozialpolitik«. Bd. LXII, I/1929, S. 128 (zit. als »Konkrete Phil.«). – **38** Vern., S. 143; vgl. Introduct. Hegel, S. 411; Marcuse: »Der Einfluß der deutschen Emigration auf das amerikanische Geistesleben: Philosophie und Soziologie«, in: »Jahrbuch für Amerikastudien«. X. Heidelberg 1965, S. 28 (zit. als »Emigration«). – **39** Eindim., S. 139; vgl. Introduct. Hegel, S. 400 und 396. – **40** Vgl. Vern., S. 43; Ontol. , S. 164. – **41** Vgl. Eindim., S. 141, 232, 161; Marcuse: »On Science and Phenomenology«, in: Robert S. Cohen und Marx W. Wartofsky (Hg.): »Boston Studies in the Philosophy of Science«, Bd. II, in: »Honor of Philipp Frank«, New York 1965, S. 284 (zit. als »Phenomenol.«). – **42** Eindim., S. 114. – **43** Vern., S. 97. – **44** Ontol., S. 143 f. – **45** Ontol., S. 61, 65. – **46** Eindim., S. 148 f. – **47** Vgl. Ontol., S. 164 f. – **48** Vern., S. 33; vgl. Vern., S. 68; Introduct. Hegel, S. 399. – **49** *Denn es gibt in letzter Instanz keine Wahrheit, die nicht das lebendige Subjekt w e s e n t l i c h b e t r i f f t* (...) (Vern., S. 107). – **50** Eindim., S. 235; vgl. Marcuse: »Die Gesellschaftslehre des sowjetischen Marxismus«, Neuwied, Berlin ^{2}1969 (1. Aufl. unter dem Titel: »Soviet Marxism: A Critical Analysis«,, New York 1958; 2. Aufl. mit einem neuen Vorwort 1961), S. 211 (zit. als »Sowj. Marx.«). – **51** Eindim., S. 124; vgl. Indtroduct. Hegel, S. 404 f. – **52** Eindim., S. 124, 114, 125; vgl. Marcuse: »Zum Begriff des Wesens«, in: »Zeitschrift für Sozialforschung«, V, 1. Leizig 1936, S. 3 (zit. als »Begr. Wesen«). – **53** Eindim., S. 138; vgl. Emigration, S. 28; Eindim., S. 104. – **54** Eindim., S. 126 (vgl. S. 105), 197, 185, 107. – **55** Eindim., S. 198. – **56** Ontol., S. 102; vgl. S. 53. – **57** Eindim., S. 226, Anm. 9. – **58** Eindim., S. 225 f. – **59** Vern., S. 94; vgl. Ges. II, S. 162 f. – **60** Ontol. S. 212; vgl. Vern., S. 117. – **61** Vgl. Vern., S. 33 f; Introduct. Hegel, S. 410; Begr. Wesen, S. 37. – **62** Vgl. Ontol., S. 166. – **63** Vern., S. 25. – **64** Ges. I, S. 67. – **65** Ges. I, S. 68. – **66** Ges. I, S. 67. – **67** Ges. I, S. 60. – **68** Eindim., S. 157; vgl. Begr. Wesen, S. 22. – **69** Vgl. Eindim., S. 104; vgl. S. 141; Ideen S. 16. – **70** Ontol., S. 57; Vern., S. 134. – **71** Vern., S. 137; Eindim., S. 148. – **72** Eindim., S. 199. – **73** Eindim., S. 153. – **74** Vern., S. 134 und 137. – **75** Vgl. Vern., S. 94; Sowj. Marx., S. 43; Ideen, S. 9. – **76** Vern., S. 104; vgl. Ontol. S. 82; Begr. Wesen. S. 21. – **77** Ideen, S. 33. – **78** Vgl. Ontol., S. 68. – **79** Ideen, S. 34. – **80** Vern., S. 51. – **81** Vgl. Eindim., S. 116; Sowj. Marx., S. 148; Begr. Wesen, S. 24 f. Marcuse: »Zur Geschichte der Dialektik«, in: »Sowjetsystem und demokratische Gesellschaft«, Bd. 1, Freiburg 1966, S. 1207 (zit. als »Gesch. Dial.«). – **82** *Vernunft hat die Aufgabe, die Gegensätze zu versöhnen und sie in einer wahren Einheit ›aufzuheben‹.* (Vern., S. 51) Vgl. Sowj. Marx., S. 138; Introduct. Hegel, S. 399. – **83** Ges. I, S. 119. – **84** Ges. I, S. 105. – **85** Ges. I, S. 117 ff.; vgl. Vern., S. 227. – **86** Ges. I, S. 103 f.; vgl. Vern., S. 143. – **87** Vern., S. 107. – **88** Ontol., S. 187; vgl. S. 212. – **89** Vern., S. 28. – **90** Ges. I, S. 109; vgl. Vern., S. 105; Gesch. Dial., S. 1201; Introduct. Hegel, S. 394 ff. – **91** Ges. I, S. 103. – **92** Vern., S. 227. – **93** Vern., S. 370; vgl. Ges. I, S. 28 f. – **94** Vgl. Vern., S. 181. – **95** Vgl. Vern., S. 370; Introduct. Hegel, S. 397. – **96** Vern., S. 227. – **97** Vgl. Vern., S. 370; Sowj. Marx., S. 91, 93. – **98** Vern., S. 51. – **99** Eindim., S. 232. – **100** Ges. I, S. 103; vgl. S. 110; Vern., S. 35; Ideen, S. 45; Sowj. Marx., S. 126, 30. – **101** Eindim., S. 16, 25, 27, 256; Ideen, S. 180; Agression, S. 18; Befreiung, S. 37. – **102** Ges. I, S. 136. **103** Ges. II, S. 131. – **104** Eindim., S. 256, 265. – **105** »Professoren als Staats-Regenten?« Spiegel-Gespräch mit dem Philosophen Professor Herbert Marcuse, in: »Der Spiegel«. XXI. Jg. Hamburg 1967, Nr. 35, S. 114. – **106** »Karl Marx und Friedrich Engels. Die heilige Familie«, in: Karl Marx: »Die Frühschriften« (Hg. Siegfried Landshut), Stuttgart 1953, S. 323. – **107** Hans Albert: »Traktat über kritische Vernunft«, Tübingen ²1969, S. 15, 16, 19. – **108** Vgl. Antworten, S. 86 f. – **109** Vgl. Antworten, S. 60 und Underberg, Irenäus, K.: »Absolute Verweigerung und absolute Utopie«, in: »Die neue Ordnung in Kirche, Staat, Gesellschaft und Kultur«, XXII. Jg., Paderborn 1968, Heft 4, S. 256. – **110** Befreiung, S. 105 f. – **111** Antworten, S. 59. – **112** Eindim., S. 152 f. – **113** Ges. I, S. 165. – **114** Eindim., S. 213, 229. – **115** Eindim., S. 83, 266; vgl. Marcuse : »Triebstruktur und Gesellschaft. Ein philosophischer Beitrag zu Sigmund Freud«, Frankfurt/M. 1968 (zit. als »Trieb.«), S. 149, 159, 168; Befreiung, S. 12. – **116** Eindim., S. 266. – **117** Ges. I, S. 123; Befreiung, S. 127; Marcuse: »Repressive Toleranz«, in: »Kritik der reinen Toleranz« (gemeinsam mit Robert Paul Wolff und Barrington Moore). Frankfurt/M. ⁶1968, S. 99 (zit. als »Toleranz«). **118** Psych., S. 30; vgl. Trieb., S. 205. – **119** Trieb., S. 96 und 54. – **120** Trieb., S. 159, 24, 220 f.; vgl. Befreiung, S. 40, 44. – **121** Trieb., S. 189; Befreiung, S. 52, 53, 41. – **122** Psych., S. 49, 50; Trieb., S. 174, 213; Agression, S. 27; vgl. Trieb., S. 147, 155. – **123** Psych., S. 76. – **124** Ges. II, S. 137, 143; Befreiung, S. 16. – **125** Trieb., S. 149; Befreiung, S. 37; Eindim., S. 242; vgl. Eindim., S. 228. – **126** Befreiung, S. 46, 27; Marcuse: »Zur Stellung des Denkens heute«, in: »Zeugnisse. Theodor W. Adorno zum sechzigsten Geburtstag« (Hg. Max Horkheimer), Frankfurt/M. 1963, S. 49; Begriff Wesen, S. 26; vgl. Befreiung, S. 21, 37; Eindim., S. 232; Ges. II, S. 138. – **127** Psych., S. 7 f. – **128** Robert Steigerwald: »Herbert Marcuses dritter Weg«, Köln 1969, S. 227. – **129** Vgl. Hans Buchheim: »Totalitäre Herrschaft. Wesen und Merkmale«, München ²1962. – **130** Eindim., S. 17; Ges. I, S. 126, 113, 135. – **131** Ges. I, S. 160; Ges. II, S. 126 ff.; Eindim., S. 29; Ges. II, S. 135. – **132** Toleranz, S. 117; »Der Spiegel« 1967, Nr. 35, S. 116, Sp. 1; vgl. Eindim., S. 60 f. – **133** Marcuse: »Über Revolte, Anarchismus und Einsamkeit. Ein Gespräch«, Zürich 1969, S. 15. – **134** Ges. II, S. 139, 134; Eindim., S. 60; vgl. Ges. II, S. 135. – **135** Eindim., S. 26; Befreiung, S. 106; Toleranz, S. 117; »Der Spiegel« 1967, Nr. 35, S. 112, Sp. 3. – **136** Eindim., S. 261. – **137** Toleranz, S. 97; »Der Spiegel« 1967, Nr. 35, S. 113, Sp. 3; Toleranz, S. 120 ff., 93. – **138** Befreiung, S. 87; Antworten, S. 61; Befreiung, S. 25 und S. 25 Anm. Nr. 1. – **139** Befreiung, S. 34; vgl. S. 40. – **140** Ges. I, S. 159, 158. – **141** Theodor W. Adorno: »Negative Dialektik«, Frankfurt/M. 1966, S. 21, 24. – **142** Theodor W. Adorno: »Stichworte«, Frankfurt/M. ²1969, S. 188. – **143** Jürgen Habermas: »Theodor W. Adorno wäre am 11. September 66 Jahre alt geworden«, in: »Theodor W. Adorno zum Gedächtnis. Eine Sammlung« (Hg. Hermann Schweppenhäuser), Frankfurt/M. 1971, S. 34.

Stefan Breuer / Helmut König

Realismus und Revolte
Zur Ambivalenz von Herbert Marcuses Version der Kritischen Theorie

> Habermas: *Herbert, lassen Sie es mich noch einmal auf eine andere Weise versuchen. Sie weichen immer aus.*
> Marcuse: *Natürlich, das ist mein Lebenstrieb.*
> (Gespräche 51)

Sah es noch vor fünfzehn Jahren so aus, als habe die Parole ›Von Marcuse zu Marx‹ ihre Wirkung getan, so wird man dieses Urteil heute revidieren müssen. Zumal im angloamerikanischen Sprachraum belegt eine dichte Folge von Dissertationen, Monographien und Artikeln, daß ein anhaltendes Interesse am Werk Herbert Marcuses besteht und daß dieses Interesse alles andere als antiquarisch-philologischer Natur ist.[1] Marcuses Werk, dies zeigt die anschwellende Sekundärliteratur wie die ungewöhnlich hohe Auflagenzahl seiner Bücher, hat den kurzfristigen Popularitätsrückgang seines Autors nach 1968 überlebt und entfaltet eine Anziehungskraft wie nur wenige theoretische Entwürfe in diesem Jahrhundert.

Welches sind die Gründe für diese Anziehungskraft? Uns scheint: Sie liegen in der höchst eigenartigen Verbindung, die Realismus und Voluntarismus in dieser spezifischen Variante der Kritischen Theorie eingegangen sind. Realismus: Denn wie kaum ein anderer materialistischer Theoretiker nach Marx hat Marcuse seine Begriffe für die Aufhebung jener fundamentalen Gegensätze geöffnet, die noch für Marx den transitorischen Charakter des Kapitalismus und die historische Möglichkeit des Sozialismus verbürgten – Bourgeoisie und Proletariat, Produktivkräfte und Produktionsverhältnisse, Ideologie und Realität. Und Voluntarismus: Denn auf ebenso einzigartige Weise hat sich Marcuse den Konsequenzen verweigert, die aus dieser Entwicklung zu ziehen sind, und statt dessen nach Substituten gesucht, die auch unter den Bedingungen der ›Eindimensionalität‹ die revolutionäre Transzendenz offen halten sollen. Das Zusammenspiel dieser beiden Tendenzen macht die Faszinationskraft von Marcuses Texten aus, aber auch ihre immanente Grenze. Denn obgleich der Voluntarismus Marcuse eine kritisch-distanzierte Sicht des Bestehenden ermöglicht hat, hat er ihn doch auch nicht selten von einer wirklichen Durchdringung der Realität abgehalten und damit die Kritische Theorie zu einem bloßen Erfüllungsgehilfen des ›wishful thinking‹ degradiert. Wir wollen versuchen, dies an einigen Knotenpunkten von Marcuses Denkweg deutlich zu machen.

I

Marcuses Auseinandersetzung mit dem Marxismus Ende der zwanziger und Anfang der dreißiger Jahre kreist um die Erfahrung, die für alle marxistischen Theoretiker dieser Zeit entscheidend war: das Scheitern der Revolution in Mitteleuropa. Aus der Niederlage der Arbeiterbewegung während und nach dem Ersten Weltkrieg hatten bereits Georg Lukács (1923) und Karl Korsch (1923) in ihren großen Neuinterpretationen des historischen Materialismus theoretische Konsequenzen zu ziehen versucht. Während jedoch Lukács und Korsch gegen den objektivistischen und deterministischen Marxismus der Zweiten Internationale auf das linkshegelianische Erbe in Marx zurückgreifen, um auf diese Weise den Marxismus als Theorie umwälzender Praxis neu zu begründen, geht Marcuse einen ganz anderen Weg. Zwar nimmt auch er philosophische Fragestellungen auf, um gegen Pragmatismus und Kompromißbereitschaft der Arbeiterbewegung geltend zu machen, daß der Marxismus mehr als politische Strategie und Taktik ist. Aber er bemüht nicht die hundert Jahre alte Vernunftphilosophie des deutschen Idealismus, sondern setzt alle Hoffnungen auf die zu seiner Zeit tonangebende Fundamentalontologie. Marcuse macht sich daran, die Marxsche Theorie auf der Folie von Heideggers »Sein und Zeit« (1927) neu zu interpretieren. Er darf damit für sich in Anspruch nehmen, der erste zu sein, der einen marxistischen Gebrauch der Fundamentalontologie vorgeschlagen hat. Später haben Sartre und Merleau-Ponty in Frankreich und die Theoretiker im Umfeld der jugoslawischen Praxis-Gruppe ähnliche Versuche unternommen. Nicht anders als seinen Nachfahren gelingt auch Marcuse selbst diese Kombination aus Marxismus und Ontologie nur um den Preis, daß sowohl Heidegger wie Marx bis zur Unkenntlichkeit entstellt werden.

Ganz gegen den geschichtsfernen und eher meditativen Zug, den man zu Recht der Husserlschen Phänomenologie und der darauf basierenden Ontologie Heideggers zuspricht, nimmt Marcuse sie für eine Umformulierung des Marxismus in Anspruch, in deren Zentrum die Begriffe der Revolution und der radikalen Tat stehen. Marcuse läßt nicht den geringsten Zweifel daran, daß der Marxismus eine *Theorie der Revolution* (EMI 83) ist. Die Marxsche Theorie interessiert ihn *nicht als wissenschaftliche Theorie, als System von Wahrheiten, deren Sinn allein in ihrer Richtigkeit als Erkenntnisse liegt, sondern als Theorie des gesellschaftlichen Handelns, der geschichtlichen Tat* (EMI 41).

Diese Akzentuierung mag gegen die neutralisierende Verwissenschaftlichung des Marxismus zur positiven politischen Ökonomie ihr gutes Recht haben. Aber indem sie die geschichtliche Tat von ihren geschichtlichen und gesellschaftlichen Vermittlungen isoliert, dreht sie den Spieß nur um. Das Problem von Marx, nämlich daß die Revolution auf Voraussetzungen angewiesen ist, die sie nicht selber geschaffen hat, ist dadurch einer Lösung keinen Schritt weitergebracht. Zwar rückt bei Marcuse die Revolution ins Zentrum der marxistischen Theorie, doch ist dieser Bedeutungsgewinn dadurch erkauft, daß das spezifisch Historische und Materialistische des Historischen Materialismus sich in reine Prozessualität verflüchtigt. Die Ontologie der Revolution, auf die Marcuse mit seiner Deutung hinauswill, ist mit der Entmächtigung der realen Geschichte verbunden. Aus der Geschichte, die für Marx der alleinige Ort der Wahrheit war, wird bei Marcuse die unwesentliche *Faktizität* (EMI 90) und der *materiale Bestand* (EMI 62). Nach dem Willen des Fundamentalphilosophen Marcuse muß man der Interpretation der realen Geschichte die ontologische Frage nach dem ›Sinn von Sein‹ diesseits alles Seienden vorordnen.

Die Entkoppelung der radikalen Tat von geschichtlichen Erfahrungen, die Marcuse fordert, ist keine ungewollte Konsequenz, sondern geschieht ganz absichtsvoll. Sie ist das Kernstück der angestrebten Vereinigung von Dialektik und Phänomenologie. Der Marxismus bedarf nach Marcuse gerade deswegen einer neuen Fundamentierung, weil er das Schicksal der Revolution und damit sein eigenes zu sehr mit der realen Geschichte verknüpft und deswegen Gefahr läuft, von ihr überrannt zu werden. Wo Marx davon überzeugt war, daß aus den Widersprüchen der kapitalistischen Produktionsweise die Kräfte entstehen, die sie in die Luft sprengen, da kündigt Marcuse schon vor allen konkreten Geschichtsanalysen den Glauben an die – wie immer noch verborgene – Vernunft in der Geschichte auf. Damit immunisiert Marcuse den Marxismus gegen die zentrale Erfahrung der gescheiterten Revolution, gegen die Erfahrung, daß die Geschichte doch nicht so fraglos kraft ihrer eigenen Logik die revolutionäre Negation aus sich heraustreibt. Auf die Tatsache, daß der Kapitalismus seine Widersprüche immer stärker selber in Regie nimmt, antwortet Marcuse mit der Behauptung, daß davon die Wurzeln der Revolution nicht betroffen sind. Denn diese Wurzeln liegen gar nicht in der Realgeschichte des Kapitalismus, sondern in der *Geschichtlichkeit* als der *primären Bestimmtheit menschlichen Daseins* (EMI 53). Heideggers *Aufweisung der eigentlichen Existenz als eigentlicher Geschichtlichkeit* (EMI 58) avanciert so zum großen metaphysischen Nothelfer der Revolution.

Schon der beschwörende Zug in der Diktion Marcuses weist darauf hin, daß es darum geht, einen Mangel zu kompensieren. Je weniger die gesellschaftlichen Verhältnisse in Bewegung sind, desto mehr muß davon die Rede sein, daß die *Grundbestimmtheit menschlichen Daseins* (EMI 42) die *Bewegtheit* (EMI 83) ist: *Dasein ist als geschichtliches seinem Sein nach stets schon ›bewegtes‹ und kann überhaupt nur in der geschichtlichen Bewegung existieren.* (EMI 80) Auf diesem Wege der Ontologisierung löst Marcuse die Frage nach den historischen Voraussetzungen und dem richtigen Zeitpunkt der Revolution in nichts auf. Der Weg von der Verfallenheit ans Dasein zur *Eigentlichkeit*, zum *eigentlichen Sein* (EMI 57) ist zauberhaft kurz. Die Revolution ist jederzeit aktuell. Alles hängt nur von der *Entschlosssenheit* und der *totbereiten Übernahme* (EMI 57) des Schicksals ab. Immer und für jeden ist es möglich, *sich aus der Verfallenheit uneigentlichen Existierens in die eigentliche Existenz* (EMI 58) zu bringen. Denn *in all dieser Verfallenheit bleibt (...) auf dem Grunde des Daseins ein – wenn auch noch so verdeck- tes – Verstehen seiner Eigentlichkeit. Immer doch geht es dem Dasein um sein eigenes Sein, und diese existenzial gefaßte ›Sorge‹ wird als das eigentliche Sein des Daseins angesprochen. In ihr liegt die Möglichkeit, trotz aller Geworfenheit und Verfallenheit das eigene Sein zu ergreifen, aus der uneigentlichen in die eigentliche Existenz durchzudringen.* (EMI 57)

Der Versuch, diese Ontologisierung als Interpretation der Texte von Marx und Engels auszugeben, kann nur gewaltsame Züge tragen. Marcuse bezieht sich ausschließlich auf solche Passagen, aus denen der geschichtliche Inhalt entschwunden ist. Er findet sie in jenen Schriften von Marx und Engels, die das feuerbachisch gedachte sinnlich-konkrete Wesen des Menschen gegen das aparte Geistsubjekt Hegels geltend machen. Wo dort vom Sein des Menschen und seiner Existenz die Rede ist, da schließt Marcuse ohne Bedenken von der Wortgleichheit darauf, daß auch Marx und Engels es im Grunde auf eine daseinsanalytische Bestimmung der Grundsituation des Menschen vor aller Geschichte abgesehen hätten. Noch Marcuses 1932 erschienener Kommentar zu den damals gerade publizierten »Ökonomisch-philosophischen Manuskripten« von Marx sucht in die Marxsche Theorie eine fundamentale *Grundlage, deren Festigkeit durch keine nur ökonomischen oder politischen Argumente erschüttert werden kann* (Ideen 34 f.), einzuführen.

Um sie marxistisch in Anspruch zu nehmen, muß Marcuse nun freilich auch die Fundamentalontologie Heideggers einer spezifischen Umdeutung unterziehen. Marcuse weiß, daß Heideggers Philosophie *sich um die ganz konkreten Kämpfe und Nöte* (EMI 103) des Daseins wenig kümmert. Als Bestimmung wahrer Philosophie gilt es Heidegger ja gerade, daß das Denken sich von allen Realerfahrungen unabhängig macht, indem es sich von den ›Sorgestrukturen des Daseins‹ trennt. Der Himmel der Eigentlichkeit winkt nur dem, der die irdische Realität zum Verschwinden bringt und erfahren hat, daß das einzig Haltbare nicht in der Wirklichkeit zu haben ist, sondern nur jenseits derselben. Aber Marcuse läßt sich von der Philosophie Husserls und Heideggers faszinieren, weil sie Konkretheit verspricht. Er sieht nicht, daß dort vom ›In-der-Welt-Sein‹ nur die Rede ist, um es hinwegzuzaubern. Die ›phänomenologische Reduktion‹, in der die Realität von Geschichte und Gesellschaft ausgeschaltet wird, begreift er als Versprechen auf die wahre Fülle des Lebens. *Wenn das Bewußtsein aus der natürlichen Einstellung in der Welt von Wirklichkeiten herausgeholt, jedes Urteil über sie ausgeschaltet, jede transzendente ›Setzung‹ vermieden wird, dann eröffnet sich der Forschung ein völlig neues Gebiet: der Strom des Bewußtseins mit der Fülle seiner Erlebnisse einerseits, und die von diesem Bewußtsein erlebten Gegenstände als Intentionalitäten andererseits.* (EMI 90 f.) Das Problem, das Marcuse mit der phänomenologischen Reduktion hat, besteht nur darin, daß sie auch in ihrer Heideggerschen Variante noch sich weigert, die in ihr liegenden Möglichkeiten voll auszuschöpfen. Er moniert, daß sie die Früchte, die sie verspricht, nicht pflückt und die Blicke, die sie frei gemacht hat, nicht wirft. Er klagt die Perspektive der Konkretion und der Praxis gegen das abstrakte, realitätsferne phänomenologische Philosophieren ein. Reinigung von aller Erfahrung, wie sie die Phänomenologie fordert, ist für Marcuse nicht Ziel und Endpunkt, sondern nur Voraussetzung für ein neues, praktisch umwälzendes Eingreifen in geschichtliche Prozesse. *Das notwendige Korrelat der phänomenologischen Reduktion ist das Geschichtlichwerden der Philosophie.* (EMI 91) Vor dieser Konkretion schrecke die Phänomenologie zurück. Sie sperre sich gegen die Analyse der Gegenwart, sie schließe die Philosophie erneut in das Reservat abstrakter Allgemeinheit ein. Damit aber verliert sie den existenziellen Sinn, den Marcuse mit ihr verbunden wissen will:

Was ist konkret eigentliche Existenz? Wie ist und ist überhaupt konkret eigentliche Existenz möglich? Diese Fragen sind, für das ›Dasein überhaupt‹ gestellt und beantwortet, leer, d.h. ohne Bekenntnis und ohne Verpflichtung, Charaktere, die ihnen als existenziale Fragen zukommen müssen. Die Hineinnahme des Heute und seiner Situation hätte gezeigt, daß die eigentliche Existenz (...) für das Heute nur als konkret verändernde Tat geschehen kann. (...) Heideggers Versuch, die entscheidende Entschlossenheit gerade an dieser Stelle auf das einsame Dasein zurückzuverweisen, anstatt sie zur Entschlossenheit der Tat vorzutreiben, muß widersprochen werden. (EMI 61)

Marcuse widerspricht, indem er das Programm einer ›konkreten Philosophie‹ entwirft. Dieses Programm besteht freilich im wesentlichen nur aus dem Appell an die Philosophen, endlich in die praktischen Kämpfe der Zeit einzugreifen, nach dem Vorbild von Sokrates, Plato und Kierkegaard auf die Straße zu gehen und damit den existenziellen Charakter ihres Denkens unter Beweis zu stellen.

Die Philosophie (...) kann nicht länger wie im luftleeren Raum in Allgemeinheiten ›ohne qualitativen Druck‹ philosophieren; sie wird, in der Aktualität existierend, eindeutig Stellung nehmen müssen, Entscheidungen treffen, ihren Standpunkt wählen, sichtbar und greifbar, zu jeder Bewährung bereit. Die konkrete Philosophie wird in der Öffentlichkeit existieren, weil sie nur so wirklich an die Existenz herankommen kann. (EMI 103 f.)

Es bleibt aber bei Marcuse völlig offen, wie denn die Konflikte aussehen, in die die Philosophen eingreifen sollen, und welchen gesellschaftlichen Kräften zu welchen Zwecken ihre Sympathie und ihre ›Entschlossenheit‹ dienen sollen. Mehr als die höchst vage Bestimmung, daß es um eine *Änderung der Weise des Existierens selbst* (EMI 105) gehen müsse, erfährt man nicht. Wie sein Vorbild »Sein und Zeit« trägt die Entschiedenheit, die Marcuse fordert, stark dezisionistische Züge. Was Marcuse davor bewahrt, dem Voluntarismus ganz auf den Leim zu gehen, ist die Tatsache, daß er die Existenzphilosophie nicht, wie Heidegger, als Gegenbewegung zum Vernunftbegriff des deutschen Idealismus versteht, sondern als den Versuch, die Vernunft *wieder in die geschichtliche Konkretion der Einzelexistenz hineinzuretten* (Bd. 3, 42). Mit dem Vernunftbegriff des Idealismus verfügt er über ein Korrektiv, das den puren Dezisionismus abfedert und ihn vor den politischen Konsequenzen bewahrt, die Heidegger bekanntlich aus der Fundamentalontologie gezogen hat.

II

Es sind diese politischen Konsequenzen, die Marcuse nach 1933 veranlassen, die vernunftphilosophischen Elemente seines Denkens stärker zu betonen, eine Akzentverlagerung, die entscheidend durch die Zusammenarbeit mit Max Horkheimer und den Kreis um das Institut für Sozialforschung vorangetrieben wird. Wie Horkheimer das Erbe von Kant und Hegel gegen Positivismus, Ontologie und Anthropologie verteidigen will und die theoretische Verbindung zu den sozialen Konflikten der Gegenwart sucht, so stellt auch Marcuse jetzt seine revolutionstheoretischen Absichten in den Kontext der vom deutschen Idealismus formulierten Ideen des Wahren, Guten und Schönen. Freilich gibt Marcuse dem eine Wendung, die stärker noch als Horkheimer das von Kant und Hegel formulierte idealistische Vernunftprinzip zum positiven Maßstab der Kritik erhebt. Marcuses Version der Kritischen Theorie ist nie ganz frei von der Suche nach Fundamenten und Allgemeinheiten, die nicht selber Geschichte sind, sondern Geschichte allererst begründen. Insofern führt Marcuse den Impuls weiter, der seine existentialphilosophische Phase so sehr bestimmt hatte. Bei aller prinzipiellen Öffnung zu realen Geschichtsprozessen hält er den ontologischen Gedanken einer vorfaktischen Allgemeinheit immer ein Stück weit fest.

Marcuse findet das ›Fundament‹ jedoch nun nicht mehr in Heideggers ›Geschichtlichkeit‹, sondern in der *Idee einer theoretischen und praktischen, positiven und negativen Kritik, (deren) Leitfaden (...) die gegebene Daseins-Situation des Menschen als eines vernünftigen Lebewesens* (Bd. 3, 18) ist. Diese Formulierung aus dem ersten Aufsatz Marcuses in der »Zeitschrift für Sozialforschung« läßt die Nähe zu Heidegger in den Begriffen noch deutlich genug erkennen. Aber auch den Unterschied. Für den im Banne seines Lehrers Heidegger stehenden Marcuse war es der *phänomenologische Befund, der allein als Leitfaden dienen darf* (EMI 90): *die Seinsweise des menschlichen Daseins als geschichtliche* (EMI 43). Jetzt ist es die Vernunft des Menschen, die der Idealismus in gültiger Allgemeinheit formuliert hat:

Daß der Mensch ein vernünftiges Wesen ist, daß dieses Wesen Freiheit fordert, daß Glückseligkeit sein höchstes Gut ist: all das sind Allgemeinheiten, die eben durch ihre Allgemeinheit eine vorwärtstreibende Kraft haben. Die Allgemeinheit gibt ihnen einen beinahe umstürzlerischen Anspruch: nicht nur dieser oder jener, sondern alle sollen vernünftig, frei, glücklich sein. In einer Gesellschaft, deren Wirklichkeit alle diese Allgemeinheiten Lügen straft, kann die Philosophie sie nicht konkretisieren. Das Festhalten an der Allgemeinheit ist unter solchen Umständen mehr als ihre philosophische Zerstörung. (Bd. 3, 243 f.)

Am deutlichsten wird diese fundamentalisierende Interpretation des deutschen Idealismus in »Reason and Revolution«. Marcuse verteidigt hier zunächst Hegel mit vielen richtigen Argumenten gegen den von positivistischer Seite vorgenommenen Versuch, eine Kontinuität zwischen der Hegelschen Dialektik und der nationalsozialistischen Volksgeist-Metaphysik zu konstruieren. Aber in der Polemik gegen Empirismus und Positivismus, die Marcuse als

Widerpart alles kritischen Denkens erscheinen, gerät die Dialektik unversehens schon in ihrer idealistischen Gestalt zum positiven Anknüpfungspunkt kritisch materialistischer Theorie. Dialektische Begriffe seien schon ihrer Natur nach deswegen kritisch, so behauptet Marcuse, weil sie einen bestehenden Zustand im Lichte seiner Aufhebung schildern. Mit diesem Gedanken unterschlägt er, daß die ›kritische Funktion‹ den Begriffen nach Marx nur deshalb zukommt, weil die begriffenen Verhältnisse selbst einen fundamentalen Widerspruch enthalten, der zur Veränderung und Aufhebung drängt. Nach Marcuse aber ist die idealistische Dialektik nicht deshalb zu tadeln, weil sie eine bloße Dialektik der Idee beschreibt und damit die unversöhnte Wirklichkeit idealisiert, wie Marx das in seiner Kritik an Hegel ausführte. Ihr Mangel bestehe vielmehr nur darin, daß sie die Realisierung der Idee nicht weit genug treibt. Ihr Fehler ist ihr Mangel an willensmäßiger Radikalität, nicht ihre Übersteigerung der Idee.

Marcuse denkt also immer noch darüber nach, wie man die Vernunftphilosophie des Idealismus konkretisieren, d.h. für die Existenz des Einzelnen bedeutsam machen könnte. Diesem Gedanken zufolge hat Hegel die Grundzüge der Dialektik entwickelt, sie dann jedoch verraten, indem er, als Angehöriger der saturierten Bürgerschicht, eine weitergehende Kritik des Bestehenden verhinderte. Wenn aber der Fehler des Idealismus allein in der unzureichenden Bereitschaft zur völligen Verwirklichung der Idee besteht, so ist der Sozialismus, der nach Marcuse die wahre Realisierung des kritischen Begriffs zur Aufgabe hat, der berufene Erbe und Vollender des Idealismus.

Was diese philosophiegeschichtlich wohl am ehesten dem Linkshegelianismus zuzurechnende Konzeption so problematisch macht, ist die unausweichlich mit ihr verbundene Preisgabe des materialistischen Motivs. In der Kritik der politischen Ökonomie bestand dieses materialistische Motiv darin, die durch den Kapitalismus zur Herrschaft gelangte abstrakte, ›reine‹ Vergesellschaftung – die ›Ökonomie der Zeit‹ – dem Maßstab einer anders gearteten, empirisch-produktiven Synthesis zu unterwerfen, die, wie sehr sie auch äußerlich durch das Kapitalverhältnis organisiert und fortentwickelt wurde, einer durchaus eigensinnigen Logik folgte: den Imperativen der konkret-nützlichen Arbeit. Reine Prozessualität hingegen, wie sie der idealistische Geistbegriff supponierte (und wie sie etwa auch dem Gesellschaftsbegriff von ›Geschichte und Klassenbewußtsein‹ zugrundeliegt), war nach Marx der typische Daseinsmodus des Werts, des Organisationsprinzips der abstrakten Vergesellschaftung. Der Marcuse von »Vernunft und Revolution« stellt diese Argumentation genau auf den Kopf und übernimmt die Diskursform der abstrakten Vergesellschaftung. Für ihn ist der Stein des Anstoßes nicht die abstrakte Allgemeinheit, die sich durch das Kapitalverhältnis zur negativen Totalität erweitert, sondern der Umstand, daß diese Allgemeinheit dingliche Form annimmt; nur gegen diese, nicht gegen den Universalisierungsanspruch als solchen, artikuliert er seinen Protest, damit gleichsam den absoluten gegen den objektiven Geist ausspielend. Das Absolute: Dies ist für ihn die menschliche Gattung, die *Selbstentwicklung der Menschheit* zur *Universalität* (VR 243), die ganz im Sinne des Idealismus als *Durchdringung der Welt durch die Vernunft* verstanden wird. *Die Verwirklichung des Begriffs*, so lobt Marcuse an Hegel, *würde dann die allseitige Beherrschung der Natur bedeuten, die von Menschen ausgeübt wird, die eine vernünftige gesellschaftliche Organisation haben; eine Welt, die man sich in der Tat als die Verwirklichung des Begriffs aller Dinge vorstellen könnte* (VR 147). Der Kapitalismus wird begrüßt, soweit er diese Zurückdrängung bzw. Aufhebung der Naturschranke leistet und die Konstituierung eines Systems reiner Vergesellschaftung fördert. Er verfällt der Kritik, soweit er hierbei auf halbem Wege stehen bleibt und die reine Prozessualität durch Objektivierung und ›Verdinglichung‹ trübt. Der Fehler des Kapitalismus ist damit letztlich sein – ›Materialismus‹, die von ihm betriebene Unterwerfung des als Bewußtsein gedachten universalen Gattungssubjekts unter die Bedingungen der materiellen Produktion. Die Kritik hat deshalb nur zu zeigen, *daß die herrschende Beziehung zwischen Bewußtsein und gesellschaftlichem Sein falsch ist und überwunden werden muß, ehe die wahre Beziehung zutage treten kann. Die Wahrheit der materialistischen Theorie soll sich so in ihrer Negation erfüllen* (VR 242). Daß er damit das genaue Gegenteil einer materialistischen Theorie formuliert, wird hier von Marcuse mit aller wünschenswerten Deutlichkeit gesagt. Die Differenz dieses Ansatzes zu einer um den Vorrang des Objekts zentrierten Kritischen Theorie hat Adorno später in der »Negativen Dialektik« festgehalten:

Leicht bildet Denken tröstlich sich ein, an der Auflösung der Verdinglichung, des Warencharakters, den Stein der Weisen zu besitzen. Aber Verdinglichung selbst ist die Reflexionsform der falschen Objektivität; die Theorie um sie, eine Gestalt des Bewußtseins, zu zentrieren, macht dem herrschenden Bewußtsein und dem kollektiven Unbewußten die kritische Theorie idealistisch akzeptabel (...) Wem das Dinghafte als radikal Böses gilt; wer alles, was ist, zur reinen Aktualität dynamisieren möchte, tendiert zur Feindschaft gegen das Andere, Fremde, dessen Name nicht umsonst in Entfremdung anklingt; jener Nichtidentität, zu der nicht allein das Bewußtsein sondern eine versöhnte Menschheit zu befreien wäre[2].

III

Bis jetzt war ausschließlich von Revolution die Rede, nicht aber vom Realismus, der doch Marcuses Denken eigen sein soll. Das ist kein Zufall. Denn in den Texten der zwanziger, dreißiger und vierziger Jahre sucht man vergeblich nach Passagen, in denen sich Marcuse ausführlicher mit den Veränderungen der bürgerlichen Gesellschaft seit Marx befaßt hätte. Bis hin zu »Vernunft und Revolution« (1941) argumentiert Marcuse ganz ungebrochen auf der Folie einer ›*Aktualität der Revolution*‹ (Lukács), die einen gründlicheren Blick auf den gegenwärtigen Stand kapitalistischer Vergesellschaftung als überflüssig erscheinen ließ. Der Kapitalismus, so schien es, hatte seinen Zenit überschritten, und es bedurfte nur noch der vereinigten Aktion von Philosophie und Proletariat, um endgültig die Vorgeschichte zu beschließen und jenen Sprung ins ›Reich der Freiheit‹ zu wagen, dem nichts mehr entgegenstand als das Bewußtsein der Individuen – eine Auffassung, die Horkheimer auf die Formel brachte: *Aber die materiellen Bedingungen sind erfüllt. Bei aller Notwendigkeit von Übergang, Diktatur, Terrorismus, Arbeit, Opfer hängt das andere einzig noch vom Willen der Menschen ab.*[3]

Diese Haltung, die Marcuses frühen Schriften einen so eigentümlich schwebenden und unwirklichen Charakter verleiht, ändert sich erst seit den fünfziger Jahren. In den drei großen Büchern über »Eros and Civilization« (1955), »Soviet Marxism« (1958) und »One-Dimensional Man« (1964) stößt Marcuse zu einer neuen, realitätsbezogeneren Perspektive vor, die über die bloße Ideologiekritik hinausdrängt und den Boden für eine umfassende Revision der marxistischen Theorie bereitet. Auch auf die Gefahr hin, erheblich zu vereinfachen, möchten wir drei Mythen herausstellen, gegen die sich diese Revision vor allem richtet: den Mythos vom untergehenden Kapitalismus (a); den Mythos vom revolutionären Proletariat (b); und den Mythos vom Sozialismus der Technik (c).

(a) Die erste systematische Reflexion auf die von Lenin zum Dogma erhobene These, daß der Kapitalismus im Zeitalter des Imperialismus in die Phase der Fäulnis und Stagnation eingetreten sei, findet sich im Nachwort, das Marcuse 1954 für die zweite Auflage von »Vernunft und Revolution« verfaßte. Das kapitalistische System, so heißt es hier, habe sich entgegen den Voraussagen der marxistischen Klassiker konsolidiert und seine eigene Negativität absorbiert; weit davon entfernt, zusammenzubrechen, habe es auf die Krise mit einer totalen Mobilisierung geantwortet, die es ihm ermöglicht habe, die Gefahrenzonen der Gesellschaft national und international unter Kontrolle zu bringen (VR 372 ff.). Bemerkenswerterweise entwickelt Marcuse diese These nicht durch einen Bruch mit den überlieferten Kategorien der marxistischen Orthodoxie, sondern auf dem Wege einer immanenten Fortentwicklung derselben. Die ökonomische Konzentration, so meint er ganz in Übereinstimmung mit den Imperialismustheoretikern der Zweiten und Dritten Internationale, sei im Spätkapitalismus so weit vorangeschritten, daß sich ökonomische Macht unmittelbar in politische verwandele, Monopole und Staat zu einem geschlossenen System zusammenwüchsen, das an Hilferdings »Generalkartell« erinnere. Diesem Theorem der Imperialismustheorie, in dem bereits die spätere Lehre vom ›staatsmonopolistischen Kapitalismus‹ angelegt ist, gibt Marcuse jedoch eine Wendung, die völlig konträr zu den Absichten steht, die seine Urheber mit ihm verbanden. Während nämlich Hilferding (und, ihm folgend, auch Lenin) von der Politisierung der kapitalistischen Ökonomie zugleich eine Politisierung der Klassenauseinandersetzungen erwartete, insofern die Usurpierung der politischen Macht durch die ökonomisch Privilegierten den Widerspruch der demokratischen Mehrheit hervorrufen sollte, arbeitet Marcuse die in der Politisierungsthese enthaltene entgegengesetzte Möglichkeit einer Stabilisierung des Kapitalismus heraus. Denn wenn, so seine Überlegung, die These zutrifft, daß der Kapitalismus im Zuge des Monopolisierungsprozesses wachsende Planungs- und Steuerungskapazitäten entfaltet, so ist schließlich nicht einzusehen, weshalb diese nicht von den Herrschenden g e g e n die Unterdrückten benutzt werden können, etwa im Aufbau eines militärisch-polizeilichen Gewaltapparates oder einer Wirtschaftsadministration, die durch zentralstaatliche Lenkung die Krisen- und Konjunkturzyklen unter Kontrolle bringt. Gerade das, was der Theorie des ›staatsmonopolistischen Kapitalismus‹ als Zeichen des kommenden Untergangs erscheint, präsentiert sich für Marcuse damit als Schritt zur Verewigung des Bestehenden: Die kapitalistische Welt, schreibt er in »Soviet Marxism«, sei dem Schreckgespenst eines ›allgemeinen Kartells‹ näher gekommen, das die Anarchie der kapitalistischen Produktion und Distribution durch eine ultraimperialistische Planung ersetzt habe (SM 53).

(b) Die Fähigkeit des Kapitalismus zur Absorption seiner Negativität erstreckt sich nach Marcuse auch auf die Kraft, in der sich der sozialistischen Doktrin zufolge jene Negativität am reinsten verkörperte: das Proletariat. Dessen Integration vollzieht sich gleich in mehreren Dimensionen. Einmal wird durch die wachsende Arbeitsproduktivität der Lebensstandard in den Metropolen so sehr erhöht, daß nicht mehr nur eine kleine ›Arbeiteraristokratie‹ am gesellschaftlichen Reichtum partizipiert, sondern die arbeitende Klasse als ganze: Dies ist Marcuses Version der alten Bestechungstheorie, mit der bereits die Klassiker des Marxismus den Mangel an revolutionärem Bewußtsein in den hochkapitalistischen Ländern zu erklären versucht hatten (vgl. VR 372; EM 68 f.).

Eine zweite Dimension der Integration leitet sich aus den manipulativen Kapazitäten der kapitalistischen Kulturindustrie ab. Die totale Durchdringung des Alltags durch die Medien beseitigt die kritisch-transzendierenden Elemente der Sprache und des Denkens und zerstört damit jene Kraft zur Totalisierung, die das Proletariat nach Marx in seinem Kampf gegen die kapitalistische Ordnung entwickeln sollte. Funktionale Kommunikation und verdinglichtes Denken produzieren ein ›glückliches Bewußtsein‹, das sich mit den herrschenden Standards identifiziert und zu weitergehenden Reflexionsprozessen außerstande ist. *Die gesellschaftliche Determination des Bewußtseins ist bei der totalen kapitalistischen Verwaltung und Introjektion nahezu vollständig und unmittelbar; diese werden jenem direkt eingeimpft.* (Bd. 8, 285)

Die dritte und wohl folgenreichste Dimension der Integration ergibt sich daraus, daß der Kapitalismus nicht nur die Bedürfnisse seiner Arbeitsbevölkerung befriedigt, sondern diese Bedürfnisse selbst zunehmend umwandelt: in ›falsche Bedürfnisse‹, die das herrschende System der Unterdrückung und Ausbeutung verewigen (EM 25). Dieser zuletzt genannte Begriff ist sicher nicht sehr glücklich gewählt, da sich nur vom Standpunkt ethisch-moralischer Maßstäbe zwischen ›wahren‹ und ›falschen‹ Bedürfnissen unterscheiden läßt; und ethisch-moralische Maßstäbe sind der Kritik der politischen Ökonomie fremd. Ersetzt man ihn indes durch den neutraleren Ausdruck ›kapitaladäquate Bedürfnisse‹, so wird klar, worauf Marcuse abzielt: auf die Ausdifferenzierung einer breiten Palette von Konsumbedürfnissen, die allererst durch die Strukturen des industriekapitalistischen Systems erzeugt werden und zu ihrer Befriedigung eben dieses System voraussetzen. Die Bindung der Menschen an dieses System erfolgt somit nicht mehr nur über die traditionellen Medien sozialer Kontrolle – Recht, Moral, politische Gewalt, Geld – , sondern sedimentiert sich gleichsam in der Trieb- und Bedürfnisstruktur, der anthropologischen Ausstattung (vgl. Bd. 8, 251). Die Konzeption eines revolutionären Subjekts, das in seinen Bedürfnissen, seiner Triebstruktur und seinem Bewußtsein quer zum kapitalistischen Verdinglichungsprozeß steht, wird damit obsolet, das Proletariat im Sinne des »Kommunistischen Manifests« zu einem ›mythologischen Begriff‹ (EM 203). Marcuses Fazit kann daher nicht überraschen: *Kraft ihrer Stellung im Produktionsprozeß, aufgrund ihres zahlenmäßigen Gewichts und des Umfangs der Ausbeutung ist die Arbeiterklasse noch immer der geschichtliche Träger der Revolution; durch ihre Teilhabe an den stabilisierenden Bedürfnissen des Systems ist sie eine konservative, ja konterrevolutionäre Kraft geworden.* (Bd. 8, 255)

(c) Kapitalistisch bestimmt sind nach Marcuse indes nicht allein die Bedürfnisse. Auch die Mittel zu ihrer Befriedigung sind durch die gesellschaftliche Organisation geprägt. Mit dieser These attackiert Marcuse den vielleicht hartnäckigsten Mythos der marxistischen Tradition, der diese als direkten Erben des bürgerlichen Fortschrittsoptimismus ausweist: die Vorstellung, daß der Kapitalismus nur ein äußerer Rahmen sei, der vermöge der Konkurrenz eine progressive Entfaltung der gesellschaftlichen Produktivkräfte und damit des gesellschaftlichen Reichtums fördere. Daß diese Produktivkräfte, d.h. der gesamte wissenschaftliche, technische und organisatorische Apparat, durch das Kapital bestimmt seien, ist nach dieser Auffassung nur ein Schein. In Wahrheit steht die Technik nicht zum Kapital in innerer Beziehung, sondern zur konkreten Arbeit, d.h. zum produktiven Stoffwechsel der Gesellschaft mit der Natur; und die Revolution tut demgemäß nichts anderes, als diesem ›Sozialismus der Technik‹ zum Durchbruch gegenüber den kapitalistischen Eigentumsverhältnissen zu verhelfen, welche im Zeitalter des Imperialismus endgültig zu Fesseln der Produktiv-kraftentwicklung werden.

Marcuse lehnt diese Ansicht ab. Nach seinem Verständnis, das er ausführlicher zum erstenmal in »Triebstruktur und Gesellschaft« begründet (TG 88; 110 ff.), ist die Technik kein unüberholbares Projekt *der Menschengattung insgesamt* (Habermas), das nur aus seiner Indienstnahme für kapitalistische Zwecke zu befreien wäre; vielmehr ist sie ein Projekt, das auch in seinen Binnenaspekten, d.h. in Aufbau und Struktur der wissenschaftlichen Kategorien, auf eine historische (und damit überholbare) Konfiguration verweist. Noch *vor aller Anwendung und Nutzbarmachung* (EM 174), so führt Marcuse im Anschluß an Nietzsche, Scheler und Heidegger aus, seien Wissenschaft und Technik durch einen bestimmten, a priori wirksamen Weltbezug gekennzeichnet, der die Zerstörung aller konkreten Objekterfahrung und die Eliminierung alles Nichtidentischen und Unwiederholbaren impliziere. Die Logik der Technik sei die Logik der Herrschaft:

Der Begriff der technischen Vernunft ist vielleicht selbst Ideologie. Nicht erst ihre Verwendung, sondern schon die Technik ist Herrschaft (über die Natur und über den Menschen), methodische, wissenschaftliche, berechnete und berechnende

Herrschaft. Bestimmte Zwecke und Interessen der Herrschaft sind nicht erst ›nachträglich‹ und von außen der Technik oktroyiert – sie gehen schon in die Konstruktion des technischen Apparats selbst ein; die Technik ist jeweils ein geschichtlich-gesellschaftliches P r o j e k t ; in ihr ist projektiert, was eine Gesellschaft und die sie beherrschenden Interessen mit dem Menschen und mit den Dingen zu machen gedenken. (Bd. 8, 97)

Mit zunehmender Verwissenschaftlichung des Produktionsprozesses erweitert sich die technische Vernunft zur *Welt* (EM 169) und enthüllt dadurch endgültig ihren politischen Charakter. Indem sie, z.B. in Form der tayloristischen Arbeitsorganisation, der Kulturindustrie oder der Verwaltung, auch die sozialen Beziehungen steuert und strukturiert und die Individuen nötigt, sich nach den Prinzipien des Herrschafts- und Leistungswissens zu verhalten, wird sie zum entscheidenden Medium, vermittels dessen sich die soziale Kontrolle in der eindimensionalen Gesellschaft verwirklicht. Technik wird *zum großen Vehikel der V e r d i n g l i c h u n g (...) – der Verdinglichung in ihrer ausgebildetsten und wirksamsten Form* (EM 183). *Heute verewigt und erweitert sich die Herrschaft nicht nur vermittels der Technologie, sondern a l s Technologie, und diese liefert der expansiven politischen Macht, die alle Kulturbereiche in sich aufnimmt, die große Legitimation.* (EM 173) Eine wahrhaft sozialistische Gesellschaft, folgert Marcuse, schließt deshalb eine geradlinige Fortentwicklung der bestehenden Technik aus. Was sie gebieterisch erheischt, ist vielmehr der radikale Bruch mit dem Kontinuum der Herrschaft zuerst und vor allem auf der Ebene der technisch-wissenschaftlichen Rationalität, deren *katastrophische Umwandlung* (EM 239), wie Marcuse unterstreicht.

IV

Wir können im Rahmen dieser knappen Skizze nur kurz auf die Stärken und Schwächen dieser dreifachen Entmythologisierung eingehen. Die Stärke von Marcuses Revisionismus besteht ohne Zweifel darin, daß er die Fragwürdigkeit, ja Unhaltbarkeit der Argumente deutlich macht, mit denen der orthodoxe Marxismus den transitorischen Charakter des Kapitalismus begründet hatte. Indem Marcuse diese Unhaltbarkeit einräumt, ohne zugleich die Einwände gegen das kapitalistische System preiszugeben, stellt er den Realitätsbezug der Kritischen Theorie wieder her und schafft damit eine wichtige Voraussetzung für jene Wiederbelebung des kritisch-dialektischen Denkens, wie sie seit Ende der sechziger Jahre zu beobachten ist. Daß er darüber hinaus mit seinen Ausführungen über die Destruktivität der kapitalistischen Technologie sowie die Gefahren der Umweltzerstörung und der nuklearen Katastrophe wesentliche Argumente der Technikkritik der siebziger und achtziger Jahre vorwegnimmt, ist so evident, daß es keiner ausführlichen Belege bedarf.

Diese Leistung kann indes nicht darüber hinwegtäuschen, daß es den von Marcuse entwickelten Begründungen vielfach an Plausibilität mangelt. Die Ursachen hierfür sehen wir darin, daß sich Marcuse zu stark auf ein Paradigma stützt, das allzuschnell über Schwierigkeiten und Untiefen hinweggleitet und nur Scheinevidenzen erzeugt. Es handelt sich um das **Herrschaftsparadigma**, das dem Arsenal der spätbürgerlichen Kulturkritik entstammt und das vor allem über Horkheimer und Adorno Eingang in die Kritische Theorie gefunden hat. Im Mittelpunkt dieses Paradigmas steht die am eindrucksvollsten wohl von Nietzsche formulierte Annahme, daß alle Institutionen der (bürgerlichen) Gesellschaft sowie der in ihr dominierende Rationalitätstypus Manifestationen eines ›Willens zur Macht‹ seien, der die sozialen Beziehungen und das Verhältnis zur Natur dem Code der Herrschaft unterwirft.[4] Der Vorteil dieses Paradigmas ist, daß es die Kritik an der bürgerlichen Gesellschaft bzw. am zivilisatorischen Prozeß schlechthin weitaus tiefer anzusetzen gestattet, als dies dem historischen Materialismus mit seiner letztlich affirmativen Haltung gegenüber den evolutionären Errungenschaften der Moderne möglich ist; sein Nachteil aber besteht darin, daß es die bürgerliche Fortschrittsmetaphysik nur umkehrt und ihr damit verhaftet bleibt. Insofern wiederholt die Kritische Theorie nur den Fehler, der bereits Marx an einer vollen Entfaltung der in der Kritik der politischen Ökonomie gewonnenen Einsichten gehindert hatte. Genau nämlich wie jener die Kapitalismustheorie zugunsten einer höchst problematischen Arbeitsmetaphysik zurücknimmt, derzufolge sich gleichsam unterhalb aller gesellschaftlichen Formbestimmtheit ein geschichtliches Gattungssubjekt verwirklicht, rekurriert die Kritische Theorie auf eine formunspezifische Konstellation, bei welcher ein transzendentales Subjekt – die Menschheit – einem Objekt – der Natur – gegenübertritt; mit der einzigen Modifikation, daß dieses *poietische Subjekt* (Willms) anstelle des Geschäfts der Befreiung und Emanzipation das der Herrschaft und Zerstörung betreibt. Marx' Königsgedanke, daß mit dem Wert- bzw. Kapitalverhältnis ein grundlegend neues Organisationsprinzip in die Geschichte tritt und den Schlüssel zum Verständnis der modernen Institutionen sowie der in ihnen inkorporierten Rationalität enthält, wird dergestalt zugunsten einer abstrakten Geschichtsphilosophie revoziert, die sich nur in der Bewertung, nicht in der diskursiven Struktur vom bürgerlich-idealistischen Denken unterscheidet. Mit diesem Ansatz hat es die Kritische Theorie jenen Kritikern leicht gemacht, denen es nicht bloß um die Zurückweisung einzelner Argumente ging, sondern um die Desavouierung des Projekts einer Theorie der eindimensionalen Gesellschaft schlechthin.

Daß gleichwohl auch eine andere, plausiblere Begründung der Theorie der eindimensionalen Gesellschaft möglich ist, zeigt das Werk Theodor W. Adornos. Gewiß hat Adorno diese Begründung nicht immer mit der erforderlichen Konsequenz verfochten, da ihm erstens das Systemdenken im Sinne von Hegel und Marx suspekt war, und da er zweitens gegenüber einer nietzscheanischen Geschichtsphilosophie der Herrschaft durchaus nicht unempfänglich war. Dennoch ist Adorno der einzige Vertreter der Kritischen Theorie, der einen werttheoretischen Begriff der Verdinglichung hat und der in seinen Arbeiten immer wieder auf die Marxsche Wertformanalyse zurückgreift: am ausdrücklichsten in den musiksoziologischen Studien, aber auch in den Texten über Okkultismus, Fernsehen oder Erkenntnistheorie. In ihnen macht Adorno deutlich, daß die fortgeschrittene Industriegesellschaft längst das Stadium hinter sich gelassen hat, in dem sie noch sinnvoll als bloßer Herrschaftszusammenhang begriffen werden kann. Vielmehr scheint das Kapital auf dem Wege, sich vermöge der technischen Realisation des Wertes und einer *anwachsenden organischen Zusammensetzung des Menschen* zu einem geschlossenen Universum der Verdinglichung zu verdichten, in dem es wohl noch vielfältige Konflikte und Gegensätze, jedoch keinen antagonistischen Widerspruch mehr gibt. Eine Theorie der eindimensionalen Gesellschaft, die vorrangig auf die Dimension der politisch-administrativen Kontrolle abstellte und die verwaltete Welt als monolithischen Herrschaftszusammenhang konzipierte, griffe nach Adorno deshalb zu kurz. Nicht das Interesse eines herrschaftlichen Subjekts kann nach seinem Verständnis den Bezugspunkt der Analyse bilden, sondern allein die dominante Struktur des *Negativ Allgemeinen*, das sich in einem mittelpunktlosen, gleichwohl nicht eo ipso einheitslosen System objektiviert. Von der Theorie der Herrschaft zur negativen Ontologie und Anthropologie, die die Objektivationen des *Negativ Allgemeinen* analysiert – dies ist nach Adorno der Weg, den die Theorie der eindimensionalen Gesellschaft zu nehmen hat.[5]

Marcuse hat Adornos Anregungen nicht aufgegriffen. Mehr als das: Selbst seine eigenen Ansätze zu einer Theorie der negativen Vergesellschaftung hat er nicht weiterverfolgt und stattdessen die Kritische Theorie in eine Legitimationsphilosophie der Revolte verwandelt, deren regressiver Grundzug unübersehbar ist. Die Bausteine für eine solche Verwandlung finden sich bereits im »Eindimensionalen Menschen«, der nach Marcuses Eingeständnis zwischen zwei Hypothesen schwankt: *1. daß die fortgeschrittene Industriegesellschaft imstande ist, eine qualitative Änderung für die absehbare Zukunft zu unterbinden; 2. daß Kräfte und Tendenzen vorhanden sind, die diese Eindämmung durchbrechen und die Gesellschaft sprengen können* (EM 17). Aber während er in diesem Buch noch dazu neigt, die erste Hypothese zu favorisieren, vollzieht er schon wenig später unter dem Eindruck der wachsenden Protestbewegung in den westlichen Ländern ein totales Revirement. Die bedrohliche Homogenität, heißt es im Vorwort zum »Versuch über die Befreiung«, habe sich gelockert, eine Alternative sei in das repressive Kontinuum eingebrochen. Die Bewegung der Ghettobewohner und der Studenten, die Guerillakämpfe in Lateinamerika und die Ansätze zu einer nichtbürokratischen Revolution in Vietnam, Kuba und China seien Indizien für eine Erweiterung des Widerstands gegen die eindimensionale Gesellschaft, die eine Neuorientierung der Kritischen Theorie erforderlich machten: *Sie konfrontieren die kritische Theorie der Gesellschaft mit der Aufgabe, die Aussichten für eine von den existierenden Gesellschaften qualitativ verschiedene sozialistische Gesellschaft neu zu überprüfen, den Sozialismus und seine Vorbedingungen neu zu bestimmen.* (Bd. 8, 242)

Mit dieser Aufgabenstellung hat Marcuse die Kritische Theorie indessen nicht weiter entwickelt, sondern preisgegeben. Um nämlich die neuen normativen Vorgaben nicht als bloße Wunschvorstellung erscheinen zu lassen, sieht er sich genötigt, seine Hypothesen über die negative Vergesellschaftung auf allen Ebenen zurückzunehmen und den Realismus der Kritischen Theorie der

Romantik der Revolte zu opfern. Zurückgenommen wird die Behauptung einer Stabilisierung des Kapitalismus, indem Marcuse nun stärker die Widersprüche des Akkumulationsprozesses, die Tendenz zu Krise und Desintegration akzentuiert (vgl. ZM 30). Zurückgenommen wird, wenn auch nur implizit, die These von der Integration der Arbeiterklasse, indem Marcuse durchweg von einer *Erweiterung des potentiellen Trägers der Revolution* spricht (ebd. 46) – eine Formulierung, die das Proletariat ausdrücklich einschließt. Die Integrationsthese bezeichnet nunmehr bloß noch ein Oberflächenphänomen: Das Proletariat erscheint, nicht anders als im Leninismus, als schlafendes Dornröschen, zu dem der Prinz bereits unterwegs ist – freilich nicht mehr in Gestalt der Kaderpartei, sondern in Gestalt unterschiedlicher *Katalysatoren* der Revolte, von der Studentenbewegung bis hin zur Frauenbewegung. Im gleichen Zusammenhang wird auch die These von der repressiven Vergesellschaftung der Triebstruktur verabschiedet und durch den Hinweis auf eine *subgesellschaftliche Dimension* der Psyche ersetzt, die das *triebpsychologische Fundament für Solidarität unter den Menschen* enthalten soll (ebd. 41; Bd. 8, 250). Und zurückgenommen wird schließlich auch die Kritik am Mythos vom Sozialismus der Technik, indem Marcuse zwischen der Technik als solcher und den in sie eingegangenen partikularen Zwecken unterscheidet und eine von den letzteren befreite Technik als *das rationale Unternehmen des Menschen als Menschen* bezeichnet (EM 245).

Was einer oberflächlichen Betrachtungsweise als Fortschritt erscheinen mag, als Vorstoß der Kritischen Theorie zu einem neuen geschichtlichen Engagement, offenbart sich bei genauerem Hinsehen als Regression, als Rückzug auf allen Fronten. Sieht man einmal von der Revision der Ultrastabilitätsthese ab, die in ihrer simplen politizistischen Begründung in der Tat nicht haltbar ist, so springt an der Behandlung der beiden anderen Thesen vor allem der Rückzug auf metaphysische Positionen ins Auge. Während Adorno mit guten Gründen gerade den metaphysischen Charakter der reinen Vergesellschaftung herausstellt – die für die Verwissenschaftlichung konstitutive Formalisierung und Entsinnlichung der Erfahrung –, glaubt Marcuse, in der Metaphysik die wahre Einspruchsinstanz gegen die Verdinglichung zu besitzen – eine Kritikstrategie, deren Problematik wir bereits bei der Besprechung von »Vernunft und Revolution« herausgestellt haben. Nicht anders als in »Vernunft und Revolution« spricht im »Versuch über die Befreiung« oder in »Konterrevolution und Revolte« der Philosoph, der den Materialismus durchgängig der Metaphysik opfert. Die scheinbar materialistische Beschwörung der Sinnlichkeit erweist sich als Schein, wenn man liest, daß die Triebnatur letztlich nichts anderes sei als die organische Existenzweise der – Vernunft (Gespräche 32); die Kritik am szientifischen Denken als Pseudokritik, wenn von der Industriegesellschaft gleichzeitig verlangt wird, *das Metaphysische ins Physische zu überführen* (EM 245) – genau dies tut sie schon immer, und sie folgt dabei einer Logik, die eben das verwirklicht, was Marcuse zufolge erst im utopischen Zustand real wird: die *totale Automation*, die mit der *Eliminierung der Arbeit aus der Welt der menschlichen Möglichkeiten* einhergeht (TG 155,

106). Die Metaphysik, der der späte Marcuse so exzessiv huldigt, ist keine Alternative zur abstrakten Vergesellschaftung, sie ist deren innerstes Prinzip; auf sie positiv sich zu beziehen, läuft auf das Unterfangen hinaus, das Unverfügbare beim Verfügenden zu suchen, die Entfremdung zu überwinden, indem man sie vervollständigt. Daß der Speer, der die Wunde schlug, sie auch heilt, ist ein Mythos, den die Kritische Theorie den Wagnerianern überlassen sollte.

V

Die eigenartige Verbindung von Realismus und Ontologie, die Marcuses Version der Kritischen Theorie charakterisiert, drückt sich vielleicht nirgends deutlicher aus als in seinem Rekurs auf die Psychoanalyse aus. Auf der einen Seite werden für Marcuse die Begriffe Freuds deswegen wichtig, weil sich mit ihnen die spezifische Qualität der psychischen Vergesellschaftung im Spätkapitalismus beschreiben läßt. *Der gegenwärtige Kapitalismus reproduziert sich zunehmend über die Introjektion seiner Bedürfnisse und deren Befriedigungsmöglichkeiten durch die Individuen selber, die ihn zu ihrem eigenen Bedürfnis machen und die Gesellschaft, die sie unterdrückt, auf diese Weise reproduzieren.* (Gespräche 127) Auf der anderen Seite aber legt Marcuse eine Interpretation der Psychoanalyse vor, in der Freud gleichsam als ontologischer Ahnherr an die Stelle Heideggers tritt und für die vorgeschichtliche Basis von Vernunft und Revolution reklamiert wird. Das Fundament, das der bürgerlichen Gesellschaft opponiert, ist nun nicht mehr ›Geschichtlichkeit‹, sondern die Natur der menschlichen Triebe. Beide Seiten des Rekurses auf die Psychoanalyse stehen bei Marcuse unvermittelt nebeneinander. So mag es angemessen sein, daß wir sie im folgenden nacheinander behandeln, zunächst den herrschaftstheoretischen (1) und dann den ontologischen Aspekt (2).

(1) Die großartige Bedeutung Freuds für die Gesellschaftstheorie besteht nach Marcuse darin, daß er die *Mechanismen sozialer und politischer Kontrolle in der Tiefendimension der Triebregungen und -befriedigungen* (Bd. 8, 60) entdeckt hat. Die psychoanalytischen Kategorien tragen mithin in sich selber einen gesellschaftlichen und politischen Gehalt und bedürfen keiner äußeren Soziologisierung, wie sie von E. Fromm, K. Horney u.a. für notwendig gehalten wurde. In der konfliktreichen Dynamik von Kräfteverhältnissen, Prinzipien und Instanzen, auf die Freud im Innern der Subjekte stößt und die er bis in ihre feinsten Verästelungen hinein verfolgt, sieht Marcuse die innerpsychische Repräsentanz einer Form der Vergesellschaftung, wie sie für den Kapitalismus in seiner liberalen Phase charakteristisch ist. So wie die gesellschaftliche Synthesis sich durch zahllose Einzelspontaneitäten und Aktivitäten hindurch realisiert, so muß sie Prozessen Raum geben, in denen das Subjekt die ihm eigene Vermittlung zwischen inneren Wünschen und äußeren Anforderungen ausbilden kann. Der Ort dieser Individuierung ist die Familie. Auf ihrem Boden findet die primäre Vergesellschaftung des Einzelnen statt. Der Konflikt zwischen Individuum

und Gesellschaft wird hier als Konflikt mit dem Vater erfahren und ausgefochten.

Und es ist der Vater, der die Unterordnung des Lustprinzips unter das Realitätsprinzip durchsetzt; Rebellion und Erreichen der Reife sind Stufen im Kampf mit dem Vater. (...) Das ›Individuum‹ selber ist der lebendige Prozeß der Vermittlung, in dem alle Unterdrückung und alle Freiheit ›verinnerlicht‹, zum eigenen Tun und Lassen des Individuums werden. (Bd. 8, 62)

Im Idealfall erlangt das Kind (relative) *Autonomie in einer Welt der Heteronomie* (Bd. 8, 62). Es findet einen eigenständigen Weg zwischen Lust und Realität, zwischen den Ansprüchen der Außenwelt, den verinnerlichten elterlichen Prinzipien und den eigenen Triebwünschen.

Dieses Modell *psychischer Vergesellschaftung* (Bd. 8, 63), das die Psychoanalyse entziffert hat, ist nach Marcuse jedoch seit dem Untergang des liberalen Kapitalismus veraltet. Der Übergang der Industriegesellschaft zum organisierten Kapitalismus mit Massenproduktion und allgegenwärtigem staatlichen Verwaltungsapparat löst die Nischen für unreglementierte Erfahrungs- und Bildungsprozesse auf. An ihre Stelle tritt der direkte Zugriff der gesellschaftlichen Mächte auf den Einzelnen, der auch die innere psychische Struktur grundlegend umstrukturiert.

Die Vermittlung zwischen dem Selbst und dem anderen weicht unmittelbarer Identifikation. (...) In der psychischen Struktur schrumpft das Ich dermaßen, daß es nicht mehr imstande scheint, sich als ein Selbst, unterschieden von Es und Über-Ich, zu erhalten. (...) In dieser eindimensionalen Struktur besteht der Raum nicht mehr, in dem die von Freud beschriebenen psychischen Prozesse sich entwickeln können. (Bd. 8, 63 f. vgl. PP 20 ff.)

Mit diesen Überlegungen nimmt Marcuse Gedankengänge auf, die für die Kritische Theorie seit den großen Studien über »Autorität und Familie« (1936) bestimmend geworden waren. Das Theorem von der Liquidation der Zirkulation, mit dem Horkheimer erstmals in seinem Aufsatz »Die Juden und Europa« (1939) argumentiert, bezeichnet nicht nur einen ökonomischen Sachverhalt, sondern meint zugleich das Ende der Sphäre relativ autonomer Subjektivität, deren Substanz durch die neuen Entwicklungen bis in die innersten Strebungen hinein aufgezehrt wird. *Die gesellschaftliche Macht bedarf kaum mehr der vermittelnden Agenturen von Ich und Individualität.*[6] *Selbst das Unbewußte* (wird) *weitgehend für die Erhaltung des Bestehenden mobilisiert* (ZM 40).

Ohne vermittelnde Umwege werden die Triebenergien dem gesellschaftlichen Machtapparat angeschlossen und seinem Funktionieren dienstbar gemacht. Die destruktiven Energien fließen in die besinnungslose Ausbeutung der Natur und die selbstmörderische Aufrüstung der Gesellschaften. Davon abgespalten wird den libidinösen Energien eine neue Welt schneller und scheinbar grenzloser Befriedigungen angewiesen, in die die alten puritanischen Skrupel nur noch wie Relikte einer anderen Zeit hineinreichen.

Zweifellos trägt die hier angedeutete Argumentation, in der die Hauptvertreter der Kritischen Theorie übereinstimmen, leicht vergangenheitsromantisierende Züge. Denn erstens traf die Möglichkeit autonomer Subjektivität stets nur auf einen Teil der bürgerlichen Gesellschaft zu, und sie galt zweitens auch keineswegs für alle regionalen Varianten derselben. In Deutschland mindestens war die bürgerliche Gesellschaft von Anbeginn so stark obrigkeitsstaatlich überformt, daß Liberalismus, Freiheit und Autonomie des Einzelnen nur rudimentär zur Entfaltung kamen. Dennoch haben jene Unterscheidungen und Zuordnungen, mit denen Adorno, Horkheimer und Marcuse die Strukturveränderungen in der Geschichte der bürgerlichen Gesellschaft benennen, ihre Bedeutung und Aussagekraft. Ihr Blick auf die frühe bürgerliche Gesellschaft kann sich mindestens auf die Auslegungen und Leitbilder beziehen, in denen diese Gesellschaft sich über sich selbst zu verständigen suchte. Aber die entscheidende Substanz des Arguments hängt auch gar nicht an der Frage, ob in ihm die Vergangenheit des liberalen Kapitalismus und die Hochphase der bürgerlichen Gesellschaft in allzu leuchtenden Farben gemalt werden. Entscheidend ist vielmehr ihre Ansicht von den anthropologischen Strukturen des spätbürgerlichen Zeitalters und von den Konsequenzen, die sich aus dem *Schrumpfen des Ich* und der *Schwächung der ›kritischen‹ Seelenvermögen: Bewußtsein und Gewissen* (Bd. 8, 66) für die Frage nach der Veränderung dieser Gesellschaft ergeben.

Marcuse schwankt zwischen zwei Antworten. Die eine Antwort ist ganz traditionell und am Modell des Individuums orientiert, wie es der Freudschen Theorie zugrundeliegt. Hier sieht Marcuse gerade in dem Veralten der Psychoanalyse ihre Stärke, und er macht aus ihr ein Programm für die Zukunft. Er insistiert mit der Psychoanalyse auf den *individuellen Bedürfnissen und Möglichkeiten, die von der gesellschaftlichen und politischen Entwicklung überholt worden sind* (Bd. 8, 77). Damit knüpft Marcuse an das klassische Aufklärungs- und Therapieprogramm der Freudschen Theorie an: *Wenn die fortschreitende Industriegesellschaft und ihre Politik das Freudsche Modell des Individuums und seiner Beziehung zur Gesellschaft haben hinfällig werden lassen, wenn sie die Kraft des Individuums, sich von den anderen abzulösen, ein Selbst zu werden und zu bleiben, untergraben haben, dann beschwören die Freudschen Begriffe nicht nur eine hinter uns liegende Vergangenheit, sondern auch eine neu zu gewinnende Zukunft.* (Bd. 8, 77 f.)

Bestimmender für Marcuses Denken ist jedoch seine andere Antwort geworden. In ihr entwirft Marcuse ein äußerst spekulatives Modell des Subjekts, das die Sphäre bürgerlicher Subjektivität unterläuft und einen *neuen Menschen* (Gespräche 26) anvisiert. Zwar entwickelt Marcuse diese *Idee einer neuen Anthropologie* (PP 70) noch in Form einer Auslegung der Freudschen Texte, aber er entfernt sich dabei – wie wir im folgenden zeigen – weit von der tatsächlichen Dynamik psychischer Vergesellschaftung im Spätkapitalismus und begibt sich zurück in die geschichtsfernen Sphären der Ontologie.

(2) Marcuse macht keinen Hehl daraus, daß es ihm darum geht, der Freudschen Theorie *einen allgemein ontologischen Sinn zu geben* (TG 124). Die Psychoanalyse sei eben nicht nur eine Theorie von Krankheit und Gesundheit, Verdrängung, Sexualität und Unbewußtem, sondern sie enthalte *gewisse*

Annahmen in bezug auf die Struktur der Hauptmodalitäten des Daseins: sie enthält ontologische Schlußfolgerungen (TG 108). Und die entscheidende Aussage der *Philosophie der Psychoanalyse* (TG 13) lautet: *Dasein ist dem Wesen nach das Streben nach Lust.* (TG 124)

Marcuse stützt seine ontologische Deutung der Psychoanalyse, indem er auf die Freudsche Metapsychologie zurückgeht und sich vor allem auf die zweite Triebtheorie bezieht, in der Freud an Stelle der Unterscheidung zwischen Selbsterhaltungs- und Sexualtrieben den Dualismus von Eros und Thanatos einführte. Freud selber nennt die Lehre von den Trieben *unsere Mythologie*[7] und weist damit auf den ungesicherten, hypothetischen Status seiner Überlegungen hin, ohne sie jedoch von den Problemen des klinischen Materials zu trennen. Marcuse löst die Triebtheorie zunächst aus den stofflichen Zusammenhängen, die sie bei Freud motiviert hatten, und erhöht sie zur Wesensaussage über das Sein. Damit ignoriert er ohne Bedenken den Anspruch Freuds, auch die entferntesten Spekulationen noch auf die empirisch greifbaren Realkonflikte zu beziehen. Aber darüber hinaus unterwirft Marcuse die Eros-Thanatos-Konstruktion einer folgenschweren inhaltlichen Umdeutung. Stets hatte Freud darauf bestanden, daß sich die Strukturen des Lebens nicht monistisch auf e i n e n Urtrieb zurückführen lassen, sondern die Annahme grundlegend antagonistischer Bestrebungen im Menschen nahelegen. Diesen Dualismus der Freudschen Triebtheorie gibt Marcuse auf. Für ihn ist es nicht das Gegeneinander von Todestrieb und Eros, sondern der Eros allein, der die psychologische Dynamik speist. Marcuse glaubt nachweisen zu können, daß der Todestrieb, wie Freud ihn konzipiert, im Grunde der bessere Lebenstrieb ist. Eros und Todestrieb seien *letztlich identisch* (TG 55), das Nirwana sei das *Urbild des Lustprinzips* (TG 119), es strebe nach *Rezeptivität, Kontemplation, Freude* (TG 130), *nach jenem Zustand ›dauernder Befriedigung‹, wo keine Spannung mehr besteht – nach einem Zustand ohne allen Mangel.* Der Todestrieb erstrebe mithin nicht die *Beendigung des Lebens, sondern das Ende des Leides* (TG 231).

Nun kann sich Marcuse mit dieser Interpretation zwar auf einige Spekulationen aus Freuds »Jenseits des Lustprinzips« stützen, in denen in der Tat der Eros als Ausdruck des *allgemeinsten Strebens alles Lebenden, zur Ruhe der anorganischen Welt zurückzukehren,*[8] begriffen wird. Aber gerade damit stellt sich Freud in die Tradition von zutiefst fragwürdigen kulturpessimistischen Theorien des 19. Jahrhunderts. Für diese (z.B. Fechner, Schopenhauer, Wagner, E.v.Hartmann) ist der Gedanke zentral, daß die höchste Lust darin besteht, von den störenden Erregungen und Spannungen der Wirklichkeit endlich frei zu sein. Die Realität selber gilt als unlustbereitend, und die volle Befriedigung gelingt nur dort, wo der Mensch die Last der Existenz abschüttelt. Glück ist gleich Entspannung, Schlaf und Tod. Obwohl Freud einige Voraussetzungen mit diesem Denken teilt, ist die Lösung, die er vorschlägt, eine ganz andere. Er begreift das Verlassen des Ursprungs nicht als die tragische Katastrophe und Verdammnis des Lebens, sondern als die Voraussetzung für neue Vereinigungen.[9] Marcuse hingegen erliegt dem Glücksversprechen der

Nirwana-Metaphysik. Zwar geht es ihm in »Triebstruktur und Gesellschaft« zunächst nur darum, jene Attribute der Lustverneinung, die Freud auf das Konto des ungesellschaftlich gedachten Realitätsprinzips setzte, zu historisieren und dem für die bürgerliche Gesellschaft typischen Leistungsprinzip zuzurechnen. Doch schafft Marcuse am Ende mit dem Leistungs- auch das Realitätsprinzip und mit ihm sämtliche Objektbeziehungen ab. Seine Utopie einer *verdrängungsfreien Kultur* (TG 135), einer *nicht-verdrängenden Libidoentwicklung* (TG 138) schlägt um in die regressive Sehnsucht nach dem *Fehlen von Spannung* (TG 231) und der *Erlösung vom Ich* (TG 130), nach *Stille, Schlaf, Nacht, Paradies* (TG 163). Nur der Ursprung, in dem alles noch *in unmittelbarer, natürlicher Einheit* (TG 78) war, scheint Marcuse glückversprechend. Was danach folgt, ist nur noch unbefriedigender Ersatz, gegen den einzig die *Erinnerung an das Urbild der unmittelbaren Einheit zwischen dem Allgemeinen und dem Gesonderten unter der Herrschaft des Lustprinzips* (TG 142) hilft.

So sehr die Vernunft, um deren *naturalistische Begründung* (Gespräche 30) es Marcuse in seinem Rekurs auf die Psychoanalyse zu tun ist, idealistische Züge trägt, so sehr stattet Marcuse die Triebe, in denen diese Vernunft stecken soll (vgl. Gespräche 32), mit todesnahen Entspannungssehnsüchten aus. Die Vereinigung von Arbeit und Spiel, Vernunft und Sinnlichkeit, Lust und Leistung, Eros und Thanatos, die Marcuse in so hellen Farben ausmalt, steht immer in der Gefahr, nicht die gesellschaftliche Realität von den sie charakterisierenden Zügen der Repression und der Zerissenheit befreien zu wollen, sondern die gesellschaftliche Realität schlechthin für die Zerreißung zu halten, die man zur Erfahrung des wahren Glücks hinter sich lassen muß. Es ist erstaunlich, mit welcher Leichtigkeit Marcuse sich über die *letzten Entwicklungen des industriellen Zeitalters* (TG 79) hinwegsetzt, wenn es darum geht, Kräfte der Transformation und der Befreiung auszumachen. Nicht nur, daß die Realität des Spätkapitalismus, für die Marcuse doch sonst einen so präzisen Blick hat, kaum mehr vorkommt, nicht nur, daß die Triebnatur zu konfliktloser Reinheit idyllisiert wird – Marcuse scheut sich nicht, *Urbilder* der Befreiung zu supponieren, die *im wesentlichen vom Realitätsprinzip verschont* (TG 139) geblieben sind. Um sie zu finden, muß Marcuse freilich auf die phylogenetischen und ontogenetischen Uranfänge zurückgreifen, auf Orpheus und Narziß einerseits, auf den primären Narzißmus andererseits.

Orpheus und Narziß sind für Marcuse die Helden der Antizivilisation und die Vertreter einer ganz anderen Welt. Dieser Interpretation stehen aber die Überlieferungen z.B. der Orpheus-Mythologie in vielfacher Weise entgegen. Sie lassen nämlich Orpheus durchaus nicht aller Geschichte vorangehen, sondern verbinden sein Schicksal mit dem der Zivilisation. Von diesen Schichten befreit Marcuse die Gestalt des Orpheus, um sie desto reiner erstrahlen zu lassen. So schlägt er Orpheus auf die Seite des Gottes Dionysos, des Antagonisten der apollinischen Vernunftherrschaft, obwohl er doch in der Überlieferung immer als Sohn des Apollo galt und von diesem seine Leier erhielt. *Zum einen Gott gehörte Orpheus nicht weniger als zum anderen*[10] – woraus folgt, daß sein Schicksal eher für den Versuch der V e r m i t t l u n g des Apollinischen und Dionysischen steht. Damit aber bewegt Orpheus sich nicht im Jenseits der Geschichte, wie Marcuse möchte, sondern mitten in ihr. Auch das Sonett von Rilke, das Marcuse zitiert, kann die Stilisierung des Orpheus zum Helden einer von allem Begehren freien Welt nur so lange stützen, wie man nicht die letzten zweieinhalb Zeilen, die Marcuse wegläßt, mit heranzieht. Am Ende des Gedichts bricht nämlich die Sehnsucht nach Spannungslosigkeit in sich zusammen.[11]

Nicht weniger problematisch ist der Rekurs Marcuses auf den Freudschen Begriff des primären Narzißmus, in dem er *eine gewisse Unterstützung* (TG 166) für seine Argumentation zu finden hofft. Der primäre Narzißmus ist in Marcuses Augen *der Archetypus einer anderen existenziellen Beziehung zur Realität* (TG 166). Er steht für das ›ozeanische Gefühl‹ unbegrenzter Verbundenheit der Menschen mit dem All (vgl. TG 167), für eine *fundamentale Bezogenheit zur Realität, die eine umfassende existenzielle Ordnung schaffen könnte* (TG 167). – Die Psychoanalyse kann Marcuse für diese Überlegung nicht in Anspruch nehmen. Das ›ozeanische Gefühl‹, in dem Romain Rolland die Quellen der Religion sehen wollte, wird von Freud mit vielen Fragezeichen versehen. Er bringt es in Verbindung mit einem sehr frühen Stadium der ontogenetischen Entwicklung, in dem innen und außen, Ich und Welt noch in ungeschiedener Einheit existierten. Zwar schließt Freud nicht aus, daß sich dieses Gefühl der grenzenlosen Verbundenheit mit der Welt auch beim Erwachsenen als eine Schicht erhält. Aber wenn es die Struktur der Persönlichkeit bestimmt, ist es als eine Reaktionsbildung zu begreifen, als ein *Weg zur Ableugnung der Gefahr, die das Ich als von der Außenwelt drohend erkennt*[12]. Das narzißtische Einssein mit dem All kann schon deswegen nicht als Vorbild für ein befriedigendes Verhältnis zur Realität zitiert werden, weil es v o r jedem Bezug zur Wirklichkeit liegt. Seine Nähe zum vorgeburtlichen Zustand macht es als Modell einer gelingenden Beziehung zu den Objekten untauglich. Das übersieht Marcuse. Er verleiht dem ›neuen Menschen‹ die Züge des narzißtischen und allmächtigen Lust-Ich der frühen Kindheit, das alles zum Material der eigenen Wünsche macht und mit sich und der Welt deswegen in vollendeter Harmonie leben kann, weil es die Existenz eines Draußen noch gar nicht erfahren hat, weder als Quelle der Lust noch als Quelle der Unlust.[13]

Marcuses Versuch, *ein triebpsychologisches Fundament* (Bd. 8, 250) für Vernunft und Revolution beizubringen und den Eros, der *immer größere Einheiten des Lebens zu schaffen und zu erhalten* (ebd.) suche, als ›triebmäßige‹ Basis für die (...) Freiheit (Bd. 8, 245) zu beanspruchen, endet nicht weniger enttäuschend als die Ontologie der Geschichtlichkeit. Er verläuft sich im Niemandsland der Spekulation über ein Nirwana des Sozialismus, das mit Geschichte, Gesellschaft und Realität nichts mehr zu tun hat. Oder doch nur in einer Weise zu tun hat, die dem bei Marcuse gemeinten Sinn widerspricht. Denn paradoxerweise haben die narzißtischen Urbilder, die Marcuse als Befreiungsbilder beschwört, eine viel größere Realität als Marcuse glaubt. Sie besitzen eine fatale Ähnlichkeit zu jenen neuen anthropologischen Strukturen, die Marcuse selber der Spätphase des bürgerlichen Zeitalters zurechnet. Sie korrespondieren der Erosion des Ich, dem zentralen sozialpsychologischen Phänomen der Gegenwart. Was Marcuse als das Einssein mit dem All gegen die eindimensional gewordene Gesellschaft aufbietet, ist in der archaischen Bruchlosigkeit, mit der heute die Menschen wieder in der vorgegebenen und allgegenwärtigen Apparatur der Gesellschaft aufgehen, realisiert. Die Urbilder der Befreiung erweisen sich als Urbilder der spätbürgerlichen Herrschaft. Aus dem Dilemma, daß die gegenwärtige Industriegesellschaft Befriedigungen in einer Weise anbietet, *die Unterwerfung hervorbringt und die Rationalität des Protestes schwächt* (EM 95), weist Marcuses Triebontologie keinen Ausweg. Unfreiwillig belegt sie vielmehr, daß der Kapitalismus sich auch noch jenes triebmäßige Fundament eingegliedert hat, das Marcuse für die uneinholbare Basis der Revolution und der neuen Gesellschaft gehalten hatte. Die Ontologie, sowohl die der Geschichtlichkeit wie die der Triebnatur, führt nicht aus der Immanenz totaler Vergesellschaftung hinaus, sondern nur tiefer in sie hinein.

1 Vgl. zuletzt: A.P. Brown: »Herbert Marcuse: The Path of His Thought«, Ann Arbor/Michigan 1979; M. Schoolman: »The Imaginary Witness«, New York 1980; M. Lowy: »Marcuse and Benjamin: The Romantic Dimensions«, in: »Telos« 44/1980, S. 25–34; V. Geoghegan: »Reason and Eros: The Social Theory of Herbert Marcuse«, London 1981; B.M. Katz: »Herbert Marcuse and the Art of Liberation«, London 1982; D. Kellner: »Herbert Marcuse and the Crisis of Marxism«, Basingstoke 1984; P. Lind: »Marcuse and Freedom«, Beckenham/Kent 1985; R. Roth: »Rebellische Subjektivität. Herbert Marcuse und die neuen Protestbewegungen«, Frankfurt/M., New York 1985. – **2** Th.W. Adorno: »Negative Dialektik«, Frankfurt/M. 1966, S. 189. – **3** M. Horkheimer: »Die Juden und Europa«, in: ders.: »Kritische Theorie«, Bd. III, o. O. 1968, S. 30. – **4** Über Gemeinsamkeiten und Differenzen der Philosophie Nietzsches und der Kritischen Theorie vgl. P. Pütz: »Nietzsche and Critical Theory«, in: »Telos« 50/1981/82, S. 103–114. – **5** Vgl. ausführlicher: S. Breuer: »Aspekte totaler Vergesellschaftung«, Freiburg 1985, S. 15 ff., 34 ff. – **6** Th. W. Adorno: »Soziologische Schriften I«, in: ders.: »Gesammelte Schriften«, Bd. 8, Frankfurt/M. 1972, S. 83. – **7** S. Freud: »Gesammelte Werke«, Bd. XV, Frankfurt/M. ^{6}1973, S. 101. – **8** Ebd., Bd. XIII, Frankfurt/M. 1972, S. 68. – **9** K. Heinrich: »Versuch über die Schwierigkeit nein zu sagen«, Frankfurt/M. 1964, S. 149 ff. – **10** K. Kerényi: »Die Mythologie der Griechen«, 2 Bde., München 1979, Bd. II, S. 223. – **11** Marcuses Rilke-Zitat lautet (TG 161):

> *Und fast ein Mädchen wars und ging hervor*
> *aus diesem einigen Glück von Sang und Leier*
> *und glänzte klar durch ihre Frühlingsschleier*
> *und machte sich ein Bett in meinem Ohr.*
> *Und schlief in mir. Und alles war ihr Schlaf.*
> *Die Bäume, die ich je bewundert, diese*
> *fühlbare Ferne, die gefühlte Wiese*
> *und jedes Staunen, das mich selbst betraf.*
> *Sie schlief die Welt. Singender Gott, wie hast*
> *du sie vollendet, daß sie nicht begehrte,*
> *erst wach zu sein? Sieh, sie erstand und schlief.*
> *Wo ist ihr Tod?*

Bei Rilke geht das Gedicht weiter:

> *O, wirst du dies Motiv*
> *erfinden noch, eh sich dein Lied verzehrte? –*
> *Wo sinkt sie hin aus mir? ... Ein Mädchen fast ...*

R. M. Rilke: »Werke in 6 Bänden«, Frankfurt/M. 1974; Bd. 2, S. 488). – **12** S. Freud:

»Gesammelte Werke«, Bd. XIV, Frankfurt/M. ^{5}1972, S. 430. – **13** Vgl. ähnlich auch N.J. Chodorow: »Beyond Drive Theory: Object Relations and the Limits of Radical Individualism«, in: »Theory and Society«, 14/1985, S. 271–320.

Bei den abgekürzt zitierten Arbeiten Herbert Marcuses handelt es sich um folgende Texte:

Bd. 3	»Schriften Bd. 3. Aufsätze aus der ›Zeitschrift für Sozialforschung‹ 1934–41«, Frankfurt/M. 1979.
Bd. 8	»Schriften Bd. 8. Aufsätze und Vorlesungen 1948–69. Versuch über Befreiung«, Frankfurt/M. 1984.
EM	»Der eindimensionale Mensch«, Neuwied, Berlin ^{3}1968.
EMI	Herbert Marcuse, Alfred Schmidt: »Existenzialistische Marx-Interpretation«, Frankfurt/M. 1973.
Gespräche	Jürgen Habermas, Silvia Bovenschen, u.a.: »Gespräche mit Herbert Marcuse«, Frankfurt/M. 1978.
Ideen	»Ideen zu einer kritischen Theorie der Gesellschaft«, Frankfurt/M. ^{2}1969.
PP	»Psychoanalyse und Politik«, Frankfurt/M. ^{6}1980.
SM	»Die Gesellschaftslehre des sowjetischen Marxismus«, Neuwied, Berlin 1964.
TG	»Triebstruktur und Gesellschaft«, Frankfurt/M. 1965.
VR	»Vernunft und Revolution«, Neuwied, Berlin ^{3}1970.
ZM	»Zeit-Messungen«, Frankfurt/M. 1975.

Bernard Görlich

Im Streit um das Freudsche Erbe
Marcuse, Fromm und die Aktualität der psychoanalytischen Kulturismus-Debatte

I Die Ausgangsposition

Der Begriff des Menschen, wie er sich aus der Theorie Freuds ergibt – betont Marcuse gleich zu Beginn seiner berühmten philosophischen Freud-Interpretation »Eros und Civilisation« – *ist wohl die unwiderleglichste Anklage gegen die westliche Kultur – und zur gleichen Zeit die unangreifbarste Verteidigung eben dieser Kultur.*[1]

Es ist der erste Satz im ersten Kapitel, der den Leser gleich auf eine gezielt doppelbödige Interpretationslinie einstimmt. Sie wird sich durch das gesamte Werk hindurchziehen und entsteht durch die Spannung zwischen einer provokativ betonten Freud-Loyalität auf der einen Seite und der Arbeit an einem gesellschaftskritisch und geschichtsphilosophisch fundierten Entwurf auf der anderen. Eine Ausgangsposition mit etwa der folgenden Konsequenz: Einerseits ist Marcuse bereit, auch die geschichtsfern entwickelten und nicht auf Gesellschaft bezogenen Freudschen Grundannahmen in ihrer Erkenntnisfunktion zu respektieren; andererseits kann er nicht umhin, dabei den inneren Kern der Freudschen Theoreme umzuformen und nach dem Maßstab der geschichtsmaterialistischen Orientierung neu zu strukturieren. Dieser Balanceakt ist nicht nur den marxistischen Ökonomisten suspekt geblieben. Ihnen hat nie recht eingeleuchtet, warum ausgerechnet die Freudsche Position, das vermeintliche Paradestück bürgerlicher Weltauffassung, zum tragenden Pfeiler der Analyse aktueller gesellschaftlicher Wirklichkeit avancieren sollte.[2] Und auch ausgewiesene Vertreter auf dem Gebiet der Freud-Exegese haben ihren Einspruch geltend gemacht, verwundert darüber, wie leicht Marcuse sich dabei tut, einzelne Begriffe aus dem Gesamt des psychoanalytischen Theoriezusammenhangs herauszulösen, und wie rasch sein Urteil gefällt scheint über das doch schwierige und differenziertere Betrachtung erfordernde Verhältnis zwischen psychoanalytischer Theorie und Praxis.

Nun wird man Marcuse kaum gerecht, wenn man ihn auf eine wissenschaftlich gründlich abgesicherte und in den einzelnen Schritten detailliert begründete Freud-Rekonstruktion verpflichten will. Man verfehlt den Impuls seiner Anstrengung, wenn man nicht gerade in der Freud-Interpretation zuallererst die Provokation eines geschichtsmaterialistischen Philosophen wahrnimmt, der den Wert von Theorie – den Begründern des historischen Materialismus folgend – ausschließlich danach bemißt, wieweit sie dazu taugt, das ›Wesen‹ gesellschaftlicher Verhältnisse zu erfassen; und d.h., wie weit sie in der Lage ist, Chancen zu erkunden für die Entwicklung emanzipatorischer Praxis und

Gründe zu benennen, wenn deren Verhinderung zur Debatte steht. Die Berufung auf Freud führt denn genau in diesem Sinne zu Fragen und Korrekturen an tradierten Konzepten. Noch in seinem Spätwerk kritisiert Marcuse z.B. die im Marxismus aufscheinende *Tendenz, die Rolle der naturalen Basis im sozialen Wandel herabzusetzen* (...) *der marxistische Nachdruck auf der Entwicklung des politischen Bewußtseins zeigt geringes Interesse für die individuellen Grundlagen der Befreiung, das heißt, für jene Wurzeln der gesellschaftlichen Verhältnisse, kraft derer die Individuen unmittelbar und tiefreichend ihre Welt und sich selbst erfahren: in ihrer Sinnlichkeit, in ihren Trieben.*[4]

Daß von der Freudschen Perspektive her diesem Defizit zu begegnen ist, ist die Marcusesche Option. Wie sich von ihr aus eine *klare innere Beziehung zur Marxschen Theorie* entfalten ließe, das hat er retrospektiv in einer aufschlußreichen Gesprächssequenz so entwickelt: (...) *es war Freud und Freud allein, der enthüllte, in welchem Ausmaß die repressive Gesellschaft von den Individuen selbst unbewußt introjiziert und reproduziert wird. Dies ist ein Sachverhalt, der von Marx und Engels überhaupt nicht wahrgenommen und untersucht worden ist; heute erkennen wir, daß er vielleicht der wichtigste ist. Denn der gegenwärtige Kapitalismus reproduziert sich zunehmend über die Introjektion seiner Bedürfnisse und deren Befriedigungsmöglichkeiten durch die Individuen selber, die ihn zu ihrem eigenen Bedürfnis machen und die Gesellschaft, die sie unterdrückt, auf diese Weise reproduzieren. Eben auf diese Erkenntnis stieß ich in Freuds Werk, und vor allem ihretwegen halte ich dafür, daß die Freudsche Theorie eine hochgradig politische und radikale Theorie ist und als eine solche auch wirkt, solange man nicht ihre radikalsten Begriffe – etwa den der beiden Grundtriebe Eros und Thanatos – entschärft.*[5]

Man sieht, Marcuse geht davon aus, daß die Freudsche Theorie das Erkenntnisinstrument bereitstellt, mit dessen Hilfe die Frage nach dem Schicksal des Subjekts untersucht werden kann. Auch wenn Freud als Person zeitlebens dem traditionellen Bürgertum verhaftet geblieben ist, hält sich Marcuse nicht bei diesem vordergründigen Sachverhalt, der der Erscheinungsebene angehört, auf, sondern will zeigen, daß Freud von der konkreten gesellschaftlichen Realität, und d.h. von den Widersprüchen des bürgerlichen Subjekts mehr erfaßt hat, als sich die offiziell-beflissenen Kritiker des Bürgertums je träumen ließen. Wo Marcuse Freud kritisiert, ist er fast ängstlich darauf bedacht, den Boden der Freudschen Theorie nicht zu verlassen. Diese Haltung, die sich auch in den Bezügen auf Marx und in der schon vernommenen Marx-›Kritik‹ wiederfindet, verweist auf einen tieferliegenden Sinn des gesamten Marcuseschen Projekts: Nicht die Marx- und Freud-Texte stehen eigentlich zur Diskussion. Untersucht wird vielmehr das aktuelle Schicksal, in das die Freudschen und Marxschen emanzipatorischen Entwürfe in der Situation gegenwärtiger Auseinandersetzung geraten sind. Die Beziehung, die sich zwischen den emanzipatorischen Texten und der aktuellen Rezeption eingespielt hat, ist das Thema. Und diese Verhältnisbestimmung, die Marcuse im Auge hat, führt insofern ein erschreckendes Resultat vor Augen, als deutlich wird, wie gut die bestehende ›fortgeschrittene‹ Gesellschaft sich in der Lage zeigt, auch die fortgeschrittensten kritischen Entwürfe zu vereinnahmen, zu immunisieren und vor den Karren der eigenen Ideologie zu spannen. Es ist diese Einsicht, die Marcuse aufrührt, die ihn affektiv bewegt und z.B. – zum Feldzug gegen die revisionistische Freud-Interpretation der psychoanalytischen *Kulturisten* motiviert.

II Zur Vorgeschichte der Kontroverse

Über eine merkwürdige Kontroverse, die sich in den fünfziger Jahren auf amerikanischem Boden entzündet, ist zu berichten. Sie ist merkwürdig schon deshalb, weil mit Marcuse auf der einen und mit Erich Fromm auf der anderen Seite Persönlichkeiten aufeinanderstoßen, die wenige Jahre zuvor noch in enger Kooperation standen, herausragende Mitarbeiter am Frankfurter »Institut für Sozialforschung« waren, und z.B. als Autoren der berühmten Studie »Autorität und Familie« gemeinsame Forschungsziele verfolgten. Marcuse genießt in der Kontroverse der fünfziger Jahre die Rückendeckung durch die Häupter der Frankfurter Schule, durch Horkheimer und Adorno. Für die Frankfurter wird Fromm nämlich spätestens von dem Zeitpunkt an Objekt gemeinsamer Kritik, zu dem er Wortführer jener Gruppierung wird, die sich selber den Namen einer *kulturellen Schule der Psychoanalyse*[6] gegeben hat. Karen Horney, Harry S. Sullivan und Fromm werden in wissenschaftshistorischen Darstellungen als die wichtigsten Vertreter unter der eben genannten Bezeichnung behandelt. Für sie ist auch der Begriff *Neo-Freudianismus* reserviert worden. Im Begriff *Kulturismus* scheint dann die von Marcuse anvisierte Richtung der Kritik bereits auf, die uns ausführlich beschäftigen wird.

Man kann das gemeinsame Programm der Vertreter einer *kulturellen Schule der Psychoanalyse* in folgender Weise umreißen: Angestrebt wird eine Freud-Rekonstruktion, in deren Verlauf die zeitverhafteten und revisionsbedürftigen Aussagen von den grundsätzlichen, allgemeingültigen Positionen unterschieden werden sollen. Zur erstgenannten Gruppierung Freudscher Annahmen wird die Trieb- und Sexualtheorie gerechnet. Die Neo-Freudianer sehen in ihr ein Relikt alter mechanistisch-physikalischer Modelle und versuchen, die triebtheoretischen Elemente durch zeitgemäße Entwürfe einer psychosozialen Charakterologie zu ersetzen. Im Zuge dieser Neuorientierung bildet die Deutung aktueller Beziehungskonflikte den Schwerpunkt der Analyse; sie drängt die Aufgabenstellung einer Rekonstruktion der frühinfantilen Persönlichkeitsdramatik wieder in die zweite Linie. Neurotisches Leiden wird aufgefaßt als Störung in der Anpassung des Individuums an die soziale Umwelt. Eine Form der Sozialkritik entsteht, die in existential-anthropologischen und normativ-ethischen Wertsetzungen Orientierung sucht.[7]

Es ist recht aufschlußreich, wie Paul Roazen in seiner Studie »Politik und Gesellschaft bei Sigmund Freud« das Atmosphärische in den Konzepten der kulturellen Schule beschrieben hat: *Die revisionistische Tendenz ist ihrem geistigen Gehalt nach durchaus sympathisch. Der Literatur nach Freud fehlt das*

Beunruhigende seiner eigenen Schriften. Der Revisionismus hat etwas Besänftigendes. An die Stelle der Komplexität, mit der Freud erfaßt, in welcher Weise Kultur die menschlichen Bedürfnisse sowohl zur Strecke als auch zur Entfaltung bringt, setzt der Revisionist eine weniger tragische Betrachtungsweise der Beziehung des Menschen zur Gesellschaft. Ändert die moderne Zivilisation, so fordern sie, und der Mensch wird imstande sein, seine harmonische Natur zu entfalten. Die Vorstellung, daß die Neurose seelische Ursachen habe, tritt in den Hintergrund; es ist die Umwelt, die verändert werden muß.[8]

Diese von Roazen beschriebenen Befriedungsappelle waren Marcuse von vornherein ein Dorn im Auge. Je deutlicher sich abzeichnet, wie gut die Formeln des psychoanalytischen Kulturismus mit den Popularisierungstendenzen der amerikanischen Psychoanalyse-Rezeption zusammenpassen, um so schärfer formulieren die Frankfurter ihre Gegenpositionen. Horkheimer etwa macht sich in seiner Gedenkrede auf Ernst Simmel dafür stark, den originären Freud zu restituieren, um ihn gegen die *modischen Anpassungen der Psychoanalyse an die Bedürfnisse der heutigen organisierten Massenkultur* und gegen eine soziofunktional zugerichtete Psychoanalyse, die *auf eine mehr oder weniger gewitzte Art von Psychotechnik heruntergebracht* worden sei, ins Feld zu führen. *Was einmal als eine Wahrheit gedacht wurde, die dabei helfen würde, die Welt zu verändern*, schreibt Horkheimer, *wird zum Kunstgriff, Menschen in der Welt, wie sie ist, zufriedener und leistungsfähiger zu machen. In dieser Gefahr müssen wir uns des philosophischen Motivs der Psychoanalyse bewußt werden.*[9]

Das ist die Kampfansage gegen die kulturelle Schule der Psychoanalyse. Wie nach einem ausgeklügelten strategischen Plan gehen die Vertreter der Kritischen Theorie gegen den psychoanalytischen Kulturismus vor. Gleichsam arbeitsteilig befassen sie sich mit jeweils einem Repräsentanten der Richtung im Detail: Adorno entfaltet die Kritik in ersten Linie in der Auseinandersetzung mit Karen Horney[10]. Horkheimer beschäftigt sich mit der Position von Sullivan[11], so daß das Terrain, auf dem Marcuse dann die Kontroverse in der Auseinandersetzung mit seinem früheren Institutskollegen Fromm zum Höhepunkt und vorläufigen Abschluß bringt, gut vorbereitet ist. Übrigens hat ein praktizierender Psychoanalytiker die Kritikposition der Philosophen auf seine Weise bekräftigt: Otto Fenichel hat in seinem brillanten Essay »Psychoanalytische Bemerkungen zu Fromms Buch ›Die Furcht vor der Freiheit‹«[12] bereits wesentliche Elemente der Marcuseschen Kulturismus-Kritik vorzuformulieren gewußt.

Die Auseinandersetzung mit Fromm hat Marcuse in einem Aufsatz der amerikanischen Zeitschrift »Dissent«[13] eröffnet. Dieser Beitrag ist dann wieder abgedruckt worden als »Epilog« in »Triebstruktur und Gesellschaft«. Fromm hat auf die Angriffe in einer ausführlichen Stellungnahme der folgenden Nummer derselben Zeitschrift reagiert, und beide Autoren standen sich auch im nächsten »Dissent« noch einmal mit Rede und Gegenrede gegenüber.[14] Etliche Jahre später nahm Fromm die Fährte in einer Kritik des Marcuseschen Ansatzes noch einmal neu auf. Marcuse sah von weiteren Stellungnahmen ab.

III »Dissent« – die Debatte zwischen Fromm und Marcuse

»The social implications of Freudian ›revisionism‹« – der Titel, mit dem Marcuse seinen ersten Beitrag überschreibt, verrät weit deutlicher als die verkürzte deutsche Übersetzung (»Kritik des Neo-Freudianischen Revisionismus«) die Stoßrichtung der Argumentation. Sie verkündet das ideologiekritische Motiv, das Marcuse zur Auseinandersetzung mit dem psychoanalytischen Kulturismus antreibt. Tatsächlich spricht Marcuse hier über weite Strecken mit dem Zungenschlag der »Dialektik der Aufklärung«, und man gewinnt fast den Eindruck, als baue er im Epilog mit den Mitteln des negativen Denkens ein Gegengewicht zu den im Hauptteil der Arbeit vorgestellten Überlegungen, die sich der Konstruktion utopischer Entwürfe ja keineswegs enthalten und dabei ein beträchtliches Stück vom Korrektiv ›negativer Dialektik‹ abrücken. In der Argumentation gegen Fromm erneuert Marcuse das strenge Verdikt der Unmöglichkeit, inmitten des repressiven Ganzen Werte und Normen zu formulieren. Gewiß nicht ohne Bedacht stimmt Marcuse bereits in der Einleitung von »Triebstruktur und Gesellschaft« den Leser auf die Kritikperspektive ein. Die Neo-Freudianische Richtung könne ihren eigenen, stolz behaupteten sozialkritischen Anspruch nicht einlösen: *Sie verfügt über keine begriffliche Grundlage außerhalb des herrschenden Systems; die meisten ihrer kritischen Ideen und Werte stammen aus diesem System selbst. Idealistische Moral und Religion feiern glückliche Wiederauferstehung: der Umstand, daß sie mit dem Vokabular eben jener Psychologie verschönt auftreten, die ursprünglich ihren Ansprüchen entgegentrat, kann ihre Identität mit den offiziell erwünschten und propagierten Haltungen nur schlecht verbergen.*[15]

Marcuse behält diesen ideologiekritischen Tenor auch in seinem zweiten Beitrag, einer Antwort auf Fromm, bei, und Fromm versucht, auf derselben Ebene zurückzuzahlen. Die Kriterien des von ihm beschriebenen *produktiven Charakters* stünden im *Gegensatz zur Marktorientierung* und müßten als *Orientierung* wahrgenommen werden, *die das herrschende Schema überschreitet*.[16] Die Untersuchungen der *Bedingungen für Glück und Liebe* – so Fromm in zunehmend schärferem Ton weiter – verraten noch nicht *das radikale Denken*, sondern tragen dazu bei, *die Ursachen für ihr Fehlen in der kapitalistischen Gesellschaft zu entdecken*. Insofern laufe die Aufforderung, diesen Tugenden zu entsprechen, auf den *lebendigsten Akt der Rebellion* hinaus. Gegen seinen Kontrahenten gewandt, heißt es: *In Marcuses Theorie muß offensichtlich die Humanisierung des Menschen ihre Vollendung erlangen und dann, erst dann, kann seine Befreiung stattfinden.* Fromm geht so weit, in diesem Zusammenhang an das Elend des Stalinismus zu erinnern, an *die Vernachlässigung des menschlichen Faktors*, und sieht in Marcuses Position *ein Beispiel für menschlichen Nihilismus, der als Radikalismus verkleidet ist*.[17] Marcuse seinerseits ›akzeptiert‹ diese Bezeichnung, insoweit sich in ihr die *Anklage inhumaner Bedingungen* wie die *Weigerung, Kompromisse mit dem schlechten ›Positiven‹ zu schließen*[18], Geltung verschafft.

Verblüfft über diesen polemisch-aggressiven Ton der Debatte, fragt sich der Leser, wie die hier um das bessere Konzept von Gesellschaftskritik buhlenden Positionen mit dem eigentlichen Gegenstand in Beziehung stehen, mit der Frage nach Recht oder Unrecht des Neo-Freudianismus.

Für Marcuse ist der Zusammenhang klar. Seine entscheidene These lautet: *Freuds ›Biologismus‹ ist Gesellschaftstheorie in einer Tiefendimension, die von den Neo-Freudianischen Schulen konsequent verflacht worden ist. Indem sie die Betonung vom Unbewußten auf Bewußtes, von den biologischen auf die kulturellen Faktoren verschieben, durchschneiden sie die Wurzeln der Gesellschaft in der Triebschicht und nehmen stattdessen die Gesellschaft auf der Ebene, auf der sie dem Individuum als eine konfektionierte ›Umgebung‹ entgegentritt, ohne nach deren Ursprung und Legitimität zu fragen.*[19]

Für Fromm ist eine solche Orientierung an der triebtheoretischen Dimension und zudem die Interpretation dieses Aspekts in Begriffen kritischer Gesellschaftstheorie nicht nachvollziehbar. Mit welchem Recht, so fragt er in der Entgegnung, kann eine Theorie *radikal* genannt werden, die den Inhalten des *bürgerlichen Materialismus aus dem 19. Jahrhundert* derart verhaftet geblieben sei wie Freuds Libidotheorie, in der menschliche Phänomene auf physikalisch-chemische Prozesse reduziert würden. Woher soll die Radikalität stammen, wenn die Kritikperspektive der Freudschen Theorie sich nicht auf die konkrete Gesellschaft, sondern auf Kultur an sich beziehe und allenfalls eine *überstrenge Sexualmoral* gegeißelt werde, die fundierenden gesellschaftlichen Verhältnisse, die *sozialökonomischen Strukturen*, aber außer Betracht blieben? Und schließlich sei die ehemals kritische Potenz der Sexualtheorie längst verpufft. Die Gegenwartskultur zeige überdeutlich, daß die Parole *größere Freiheit für den Sexualtrieb* von einer gegenläufigen, kontraemanzipatorischen Entwicklung eingeholt worden ist. Der Drang nach *unbegrenzter sexueller Befriedigung* stehe mit den Konsumnormen des modernen Kapitalismus längst in gutem Einklang. Das Problem des Menschen und seiner Befreiung müsse demnach woanders liegen und werde so lange unverstanden bleiben, wie die triebtheoretische Begründung der Persönlichkeitsstruktur die Argumentation beherrsche. Menschliche Grund- und Bedürfnissituationen seien libidotheoretisch gar nicht faßbar. Anthropologische Entwürfe und sozialcharakterologische Bestimmungen müßten an die Stelle der Triebtheorie treten.

Soweit Fromm, der die radikale Abkehr von Freuds Libidotheorie übrigens nicht von Anfang an vertreten hat. Es ist interessant, daß Marcuse in seinem Essay sehr nachdrücklich an den frühen Fromm erinnert. Er zitiert aus einer 1934 verfaßten Frommschen Schrift, in der die Sexualität als *eine der elementarsten und stärksten Befriedigungs- und Glücksmöglichkeiten* herausgestellt wird, deren *Ansprüche (...) zur Sprengung der bestehenden gesellschaftlichen Ordnung führen müßten.*[20] Marcuse sieht in diesen Überlegungen die Antizipation seines eigenen Programms, nur habe die aktuelle Frommsche Position mit diesen Einsichten nichts mehr gemein: *Dagegen muß die Schwächung der psychoanalytischen Konzeption und besonders der Sexualtheorie zu einer Schwä-*

chung der soziologischen Kritik und zu einer Verminderung der sozialen Substanz der Psychoanalyse führen. Entgegen allem Anschein ist es eben dies, was in den kulturellen Schulen stattgefunden hat.[21]

Tatsächlich ist Fromm seit seiner Studie »Die Furcht vor der Freiheit« dazu übergegangen, ein Modell des *Sozialcharakters* an die Stelle der Freudschen Persönlichkeitstheorie zu rücken.[22] Angelehnt an Ideen der Marxschen Frühschriften ermittelt er soziale Bedingungen, aus denen überindividuelle Merkmale, Persönlichkeitstendenzen, Charakterformationen erschlossen werden sollen. Fromm markiert den selber in Gang gebrachten Wechsel der Betrachtungsebenen nicht. Indem er nämlich mit seiner Charakterologie den Geltungsanspruch der libidotheoretischen Perspektive bekämpft, setzt er Sozialcharakter und Persönlichkeitsstruktur aus psychoanalytischer Perspektive gleich. Er vernachlässigt den Unterschied zwischen einer Bedingungsanalyse und der Strukturanalyse von Subjektivität, die einen anderen Forschungs- und Begründungsweg verlangt.

Marcuse hat diesen Ebenenwechsel durchaus gesehen *die Revisionisten haben aus der Schwächung der Freudschen Theorie eine neue Theorie entwickelt*[23] – und erklärt das Bedürfnis nach einer Neuorientierung vor allem durch die von den Revisionisten nicht ausgehaltene *Diskrepanz zwischen Theorie und Therapie*. Er vermutet, daß das ganze Revisionismus-Unternehmen zustande kam, weil *die erstere der letzteren angeglichen* werden sollte. Die Abtrennung von den *spekulativsten und ›metaphysischsten‹ Konzepten, die keinerlei klinischer Verifikation unterlagen (wie der Todestrieb, die Hypothese von der Urhorde, von der Tötung des Urvaters und ihren Konsequenzen)* sei ebenso unvermeidliche Folge dieser Angleichung, der Eliminierung theoretischer Reflexionen wie die begriffliche Umformulierung und Entschärfung der Spannungspole *Es und Ich, Funktion des Unbewußten, Umfang und Bedeutung der Sexualität* und die Aufhebung der *Tiefendimension des Konflikts zwischen dem Einzelnen und seiner Gesellschaft, zwischen der Triebstruktur und dem Bereich des Bewußtseins.*[24]

Marcuse konkretisiert diesen Trend am Beispiel der Frommschen Neufassung des Ödipuskomplexes, in der genau jene Inhalte beiseite geschafft sind, in denen die psychosexuelle Dramatik des Erlebniskonflikts als Triebkonflikt zur Debatte steht. Der Neo-Freudianismus kehre die *innere Richtung von Freuds Theorie um, indem sie die Betonung vom Organismus auf die Persönlichkeit, von den materiellen Grundlagen auf die ideellen Werte verlegen*[25].

IV Marcuses Gegenentwurf

In der Wendung gegen die Nivellierung der Tiefendimension Freudscher Erkenntnisperspektive gewinnt Marcuses Entwurf ein eigenes Profil. Sein Anliegen ist das Zur-Geltung-Bringen der – wie Freud selber formuliert – *revolutionären Vorstöße der unbequemen Psychoanalyse*[26]. Die anstößigen, vom common sense nicht integrierbaren Elemente der Freudschen Erkenntnis sollen in das Fundament einer gesellschafts- und kulturkritischen Haltung eingebaut werden. Deshalb geht Marcuse davon aus, *daß die konkretesten Einsichten in die historische Struktur der Kultur gerade in den Konzeptionen enthalten sind, die die Revisionisten verwerfen. Fast die gesamte Metapsychologie Freuds, seine späte Triebtheorie, seine Rekonstruktion der Vorgeschichte der Menschheit gehören hierzu*.[27] Zwei Argumentationslinien zeichnen sich in Marcuses Freud-Interpretation ab, die in ihrem jeweiligen Eigengewicht anzuerkennen sind. In der Perspektive der Freudschen Triebtheorie geht es zunächst um die kritische Diagnose der Unberrschtheit der Verhältnisse, deren Spuren im Gefüge subjektiver Struktur, *bis hinab zur tiefsten Triebstruktur*[28], verfolgt werden sollen. Gegen die Neo-Freudianische *Flucht aus der Analyse in internalisierte Ethik und Religion* ist diese Einsicht zu behaupten: *Wenn die ›Wunde‹ in der menschlichen Existenz sich nicht in der biologischen Konstitution des Menschen auswirkt, und wenn sie nicht gerade durch die Struktur der Gesellschaft verursacht und durch sie fortdauernd erneuert wird, dann geht die Psychoanalyse ihrer Tiefendimension verlustig, und der (ontogenetische und phylogenetische) Konflikt zwischen vorindividuellen und über-individuellen Kräften erscheint als ein Problem des vernünftigen oder unvernünftigen, des moralischen oder unmoralischen Verhaltens des bewußten Individuums. Die Substanz der psychoanalytischen Theorie liegt nicht einfach in der Entdeckung der Rolle des Unbewußten, sondern in der Beschreibung seiner spezifischen Triebdynamik, des Schicksals der zwei Primärtriebe. Nur die Geschichte dieser Schicksale verrät die ganze Tiefe der Bedrückung, die die Kultur dem Menschen auferlegt.*[29]

Das ist die eine Seite, die Marcuse nach vorne rückt und mit der der Freudsche Revisionismus mit Freud aus dem Feld geschlagen werden soll. Es gilt jene subjektive Basisschicht, *die weit unterhalb aller individuellen Erfahrung liegt, aufzudecken und eine primäre konstituierende Unterdrückung zu erkennen, die aller bewußt erfahrenen und ausgeübten Unterdrückung zugrundeliegt*[30]. Man sieht, der Marxsche Entfremdungsbegriff wird in der Perspektive einer Neuaufnahme der Freudschen Natur-Kultur-Entgegensetzung erhellt. Das Interesse gilt dabei der inneren Seite des ›Leistungsprinzips‹, dem Schicksal der Libido und dem Aufweis eines Deformationsprozesses, in dessen Verlauf unter dem Diktat des Leistungsprinzips, und d.h. durch die Struktur der Arbeitsorganisation selber und in der soziofunktionalen Einrichtung der wachsenden Freizeiträume *der Organismus an seinen eigentlichen Wurzeln für seine Entfremdung erzogen werden muß*[31].

Die andere Linie, um die es Marcuse geht, freilich weniger im Revisionismus-Kapitel, als vielmehr im Hauptteil der Arbeit entfaltet, verdeutlicht sich gleichermaßen im Blick auf die triebtheoretische Fassung von *Umfang und Dynamik des Unbewußten*[32]. Nun steht nicht mehr die Frage des Repressionsprozesses im Blickpunkt; thematisiert wird das widerspruchsvoll Andere, das noch nicht zur Entfaltung gekommene, aber zur Realisierung drängende Potential, das als Antriebsmoment der Wendung gegen die bedrückenden Verhältnisse wirksam werden kann. Auch diese Seite wird faßbar nur, weil Freud im Nachzeichnen der entscheidenden Konfliktdimension von der *Ver-*

geistigung der Not absieht und die Frage nach den Formierungsmöglichkeiten unbewußter Figuren zu stellen erlaubt. Es gibt keinen anderen Hoffnungsträger als die von unten drängenden Triebe, die Bedürfniswelt der Unterdrückten – so Marcuses Vorstellung, wenn es darum geht, jenes Widerstandsmoment zu benennen, das in der Lage sein soll, das repressive Korsett unerträglicher Verhältnisse aufzusprengen: *Den revisionistischen Schulmeinungen gegenübergestellt, gewinnt Freuds Theorie jetzt eine neue Bedeutung: mehr als je zuvor enthüllt sie die Tiefe ihrer kritischen Haltung und – vielleicht zum ersten Mal – die Tiefe jener ihrer Elemente, die die geltende Ordnung überschreiten und die Theorie der Unterdrückung mit der ihrer Abschaffung verketten.*[33]

Das ehrgeizige Projekt einer Historisierung psychoanalytischer Theoriebausteine kann hier nicht im Detail nachgezeichnet werden. Wir wissen, wie in der Durchführung des Versuchs *aus den historischen Triebschicksalen ›abzulesen‹, ob es eine Möglichkeit ihrer nicht-unterdrückenden Entwicklung gibt*[34], das Bild von einer möglichen anderen Orientierung des Subjekts zu Mitwelt und Umwelt entsteht, die *Vision einer Kultur ohne Unterdrückung und Verdrängung*[35]. Marcuse entwickelt sie, das psychoanalytische Terrain überschreitend, aus *Randgedanken der Mythologie und Philosophie*[36] und in Rückgriffen auf Dichtung und Ästhetik. Die Bedeutung des *Erinnerungsvermögens als entscheidender Modus des Erkennens*[37] war schon zu Beginn des ersten Teiles von »Triebstruktur und Gesellschaft« herausgestellt worden. Nun tritt die Erkenntnisfunktion hervor, die im *Spiel der Phantasie*[38] angelegt ist; ein Spiel, *das die Ansprüche des Menschen und der Natur auf vollständige Erfüllung gegen alle unterdrückende Vernunft bewahrt und schützt. Im Reich der Phantasie werden die unvernünftigen Urbilder der Freiheit vernunftvoll, und die ›niedrigen Abgründe‹ der Triebbefriedigung gewinnen eine neue Würde.*[38] Marcuses utopische Bilder orientieren sich dabei *an dem ›ordnungslosesten‹ aller Triebe – der Sexualität*[39]. Nur so sind nachzuvollziehen die Idee vom *Wiederaufleben der prägenitalen polymorphen Sexualität*, die Vorstellung vom *Körper als einem Instrument der Lust,* das Plädoyer für die *Erotisierung der Gesamtpersönlichkeit*[40] und das Modell einer Rehabilitierung auch infantiler Wunsch- und Bedürfnisfiguren: *Und die Reaktivierung prähistorischer und kindhafter Wünsche und Haltungen ist nicht notwendigerweise schon eine Regression, ein Rückschritt; sie kann durchaus das Gegenteil bedeuten – die Annäherung an ein Glück, das schon immer das verdrängte Versprechen einer besseren Zukunft war.*[41]

Die Frommsche Polemik gegen das Marcusesche Programm, formuliert zumeist beiläufig und verstreut in den verschiedensten Schriften, ist Beleg dafür, wie unversöhnlich-unverständig sich beide Kontrahenten gegenüberstehen. Noch in Passagen des Frommschen Alterswerkes findet die Debatte einen späten Nachhall, so, wenn Fromm in der Auseinandersetzung mit der Jugend- und Studentenbewegung das ›Ideal‹ zu demaskieren bestrebt ist, *wieder kleine Kinder zu werden,* und dabei notiert: *Autoren wie Herbert Marcuse steuerten die willkommene Ideologie bei, Rückkehr zur Kindheit – nicht Entwicklung zur Reife – sei das Endziel des Sozialismus und der Revolution.*[42]

Irrationale Momente mögen in der Kontroverse auf beiden Seiten eine Rolle gespielt haben, hält man sich nur vor Augen, daß zwischen beiden Positionen auch eine untergründige Verbindung aufweisbar war; wir erinnern uns, Marcuse konnte an Inhalten der frühen Frommschen Position anknüpfen. Er radikalisierte das Programm, das Fromm selber in den dreißiger Jahren begründet hat; wobei sich die Intentionen beider nicht nur im Bestreben der Historisierung und sozialpsychologischen Erweiterung Freudscher Theoreme trafen, sondern auch im Versuch, sozial-revolutionäre Entwürfe im Rekurs auf sinnliche Potentiale zu begründen. (Die Fromm-Idee einer *matrizentrischen* Gegenkultur lebt fort im Marcuseschen Entwurf *einer mütterlichen libidinösen Moral*.)

Übrigens, Fromm seinerseits baut in der einzigen ausführlichen Stellungnahme, in der er Marcuses Freud-Interpretation darlegt – polemisch vorgeführt als ein *gutes Beispiel für die spezielle Entstellung, die die ›Philosophie des Psychoanalyse‹ der psychoanalytischen Theorie zufügen kann*[43] – , das entscheidende Argument gegen Marcuse im Rückgriff auf den in Frommscher Sicht authentisch verstandenen Freud auf: Fromm, der Neo-Freudianer, versucht das letzte Wort zu behalten, indem er Marcuse vorhält, für eine Theorie zu stehen, *die in allen wichtigen Zügen das Gegenteil dessen darstellt, was für Freuds Denken wesentlich ist*.[44]

Wir werden bei Verlassen des alten Schauplatzes der Debatte das Gefühl nicht los, daß beide Kontrahenten in den Argumenten des Gegners den Restbestand einer Problematik verspüren, die im je eigenen Ansatz noch ungelöst und unaufgearbeitet stehengeblieben ist.

V Konsequenzen. Oder: Die Aktualität
der psychoanalytischen Kulturismus-Kritik

In einer bestimmten Hinsicht hat die Fromm-Marcuse-Kontroverse zu früh stattgefunden: Die Frage nach den gesellschaftlichen Implikationen der Freudschen Theorie bewegte die Kontrahenten zu einem Zeitpunkt, zu dem die interdisziplinäre Diskussion um den wissenschaftlichen Status der Psychoanalyse noch in den ersten Anfängen steckte, und metatheoretische Fragen zum Zusammenhang von Gegenstand und Verfahren der Psychoanalyse noch gar nicht auf der Tagesordnung standen. Es scheint deshalb einiges dafür zu sprechen, wenn in einem aktuellen Diskussionsbeitrag, in dem die »Freudrezeption der Kritschen Theorie« neu bedacht wird, die Klärung der in der Fromm-Marcuse-Kontroverse ungelöst gebliebenen Fragen versucht wird in der Richtung einer *epistemologischen Perzeption der Freudschen Theorie, wie sie sich in der Kontrastierung von Theorie und Therapie sowie in der Gegenüberstellung von ›philosophischer‹ und ›wissenschaftlicher‹ Lesart niederschlägt*[45]. Nach W. Bonß, von dem der Vorschlag stammt, *läßt sich auch eine Entwicklungsgeschichte aufzeigen, die über die Konzepte von Fromm bis Freud hinausreicht und zu jenen Interpretationen der Psychoanalyse überleitet, wie sie in der Fortführung der*

Kritischen Theorie insbesondere von Habermas (1968) vorgetragen worden sind [46].

Ich möchte in den folgenden Überlegungen zur Aktualität der Kulturismus-Debatte diese Anregung aufnehmen, dabei aber einen anderen, gegenläufigen Akzent setzen. In Betracht gezogen werden soll eine Notiz, in der sich Habermas selbst auf Marcuse bezieht und – mehr oder weniger unfreiwillig – verrät, warum er gerade nicht an Marcuse anknüpfen kann, warum er sich an einem ganz bestimmten Punkt von ihm verabschiedet und einen anderen Weg eingeschlagen hat. Wir werden sehen: Der Trennungsgrund betrifft das Herzstück der Kulturismus-Debatte.

In seinem Vortrag zum Gedächtnis von Herbert Marcuse aus dem Jahre 1980, abgedruckt unter der Überschrift »Psychischer Thermidor und die Widergeburt einer rebellischen Subjektivität«, zeigt Habermas zunächst eindrucksvoll auf, wie Marcuse den in »Triebstruktur und Gesellschaft« beschrittenen Weg *als Ausweg aus jenem Dilemma nahm, das mit der Totalisierung der instrumentellen Vernunft entstanden war*[47]. Habermas stellt den *affirmativen Zug im negativen Denken Marcuses* heraus und macht aufmerksam auf eine gegenüber Adorno und Horkheimer deutlich markierbare *Argumentverschiebung*. Wir finden hier eine Bestätigung für die oben angestellte Reflexion. Auf das Marcusesche Freud-Projekt bezogen, führt Habermas aus: Die *Dialektik der instrumentellen Vernunft* werde nicht einfach *in die Sprache Freuds* übersetzt. Gesehen werden müsse die folgende Differenz: (...) *sie liegt in der Bewegung, welche die inneren oder triebgebundenen Kräfte von den äußeren oder gesellschaftlichen Kräften zu trennen versucht. Wenn der psychische Thermidor im Verhältnis zum geschichtlich-gesellschaftlichen Thermidor eine eigene Dynamik erlangt, dann kann die Gesellschaftstheorie nicht mehr allein den Schlüssel liefern, sondern nur zusammen mit der Trieblehre.*[48] In dieser Aussage ist noch kein Dissens der Positionen zu verspüren. Er scheint auf in dem Augenblick, in dem Habermas sich der Marcuseschen trieb- und zivilisationstheoretisch begründeten These von der prinzipiellen Möglichkeit einer Versöhnung von Eros und Thanatos zuwendet. Die von Marcuse bis in seine letzten Einlassungen hinein immer wieder nach vorn gerückte Idee einer *libidinösen Vernunft*[49] kommentiert Habermas nämlich so: *Diese Theorie leidet an der Schwäche, daß sie ihre eigene Möglichkeit nicht zu erklären vermag. Wenn die rebellische Subjektivität ihre Wiedergeburt einer Herkunft zu verdanken hätte, die jenseits einer allzu korrumpierten Vernunft liegt, ist schwerlich zu erklären, weshalb einige unter uns überhaupt in der Lage sein sollten, diese Tatsache zu erkennen und Gründe für ihre Verteidigung anzugeben.*[50] Auch wenn Habermas in der nachfolgenden Bemerkung *eines der bewundernswertesten Merkmale von Herbert Marcuse* herausstellt – *daß er nicht dem Defätismus anheim fiel* – und in der *Suche nach einer ›Trieb-Basis‹ des Sozialismus* die Anstrengung einer *wahrhaft philosophischen Intention*[51] respektiert, theoretisch, *wissenschaftlich*, vermag er das Marcusesche Programm nicht zu stützen. Wir sollten uns die Chance nicht entgehen lassen, gerade an dieser Stelle nachzufragen und den Einwand genauer zu bedenken.

Da ist zunächst die Rede von der *allzu korrumpierten Vernunft*. Sie markiert durchaus im Sinne Marcuses das geschichtlich gewordene und gegenwärtig unter den beschädigenden Verhältnissen sich darstellende Bedingungssystem der Vernunft, das es zu transformieren gelte. Marcuse nun geht weiter: Unterhalb dieser bestehenden Vernunft sollen Formen nicht-korrumpierter Vernünftigkeit entwickelt werden können; anders gewendet: in der Triebbasis muß es eine Instanz geben, die der korrumpierten Vernunft widersprechen kann.

Zugegeben, diese Aussage ist nicht nach der Art eines wissenschaftlich exakt ermittelten Theorems gebaut, das seine Reichweite detailliert anzugeben wüßte. In ihr bringt sich vielmehr ein Entwurf zur Geltung, der nun aber auch nicht als ein bloßer Akt des philosophischen Spekulierens mißverstanden sein will, sondern sein ›fundamentum in re‹ zu haben beansprucht. Die eigentliche Frage, die Habermas denn auch zu Recht stellt, lautet, etwas allgemeiner reformuliert: Wie soll ein Prozeß unterhalb der Vernunftbedingung, ja unterhalb von Reflexivität und Subjektivität mit eben dieser Vernunft in Kontakt treten? Wie sollen die Einspruchselemente strukturiert sein, wenn die Basis des Einspruchs in der Triebsphäre behauptet wird, also aus Qualitäten bestehen soll, die sich von den Profilen der Reflexivität und Subjektivität fundamental unterscheiden? Wie kann das Potential der Subjektivität überhaupt in Anspruch genommen werden, wenn es sich einer Herkunft verdankt, die mit dieser Ebene des Erkennens nicht vermittelbar ist? Habermas bezeichnet den Marcuseschen Versuch, diesen vermeintlichen Widerspruch zu überwinden, kurz als *unplausibel*.[52]

Wir gelangen zu einer anderen Einschätzung und gehen davon aus, daß ein wissenschaftliches Programm Gestalt gewinnt in der angemessenen Bearbeitung der beiden, im folgenden benannten Problemstellungen, die nur gemeinsam lösbar sind. Die erste Frage lautet: Wie entsteht die Triebbasis im Prozeß der aktuellen gesellschaftlichen Auseinandersetzung? Und zweitens: Wie werden die gesellschaftlich hergestellten unbewußten Triebfiguren bewußt? Wie ist der Prozeß des Bewußtwerdens der unbewußten Profile vorstellbar? Man wird sehen, in den Antworten auf diese Fragen wird das von Marcuse in den Blick gerückte Verhältnis von Triebbasis und Vernunft thematisierbar. Die mögliche Verbindung, aber auch die widerspruchsvolle Spannung zwischen den beiden Sphären rücken ins Zentrum der Auseinandersetzung. Über die angemessene Problemlösung entscheidet, inwieweit es gelingt, die genetische Perspektive zu entwickeln, und d.h., den Herstellungsprozeß von Subjektivität transparent zu machen; wobei die Frage nach der Konstitution nicht identifiziert werden darf mit dem Problem des Erkenntniszugangs. Denn überlegen wir uns nur kurz: die Tatsache, daß das Erkenntnismedium, in dem die Verständigung über Problemzonen der Lebenspraxis erfolgt, unweigerlich Sprache ist, bedeutet ja nicht, daß der zur Debatte stehende Konflikt ausschließlich aus Sprachfiguren zusammengebaut ist. Eine derartige Auffassung überspringt die Spannung, die aus dem Zusammenprall zwischen nichtsprachlichen und sprachlichen Praxismustern in ein und demselben Problemkontext sich aufbauen kann. Genau dies geschieht aber unentwegt an umschriebenen

Punkten einer Subjektivitätsproblematik. Daß eine rein sprachtheoretische Auffassung am Kern des Problemzusammenhangs vorbeigeht, das hat Lorenzer in seiner Untersuchung zur »Wahrheit der psychoanalytischen Erkenntnis« gerade in Auseinandersetzung mit Habermas bereits überzeugend dargelegt. Die ausschließlich kommunikationstheoretisch orientierte Metatheorie der Freudschen Konzepte wird hier eines *idealistischen Mißverständnisses der Psychoanalyse*[53] überführt und dabei mit einem Hinweis bedacht, der sich unmittelbar in unseren Argumentationsgang einfügt: *In letzter Konsequenz entsteht daraus die Unmöglichkeit, über die immer schon eingeführte Subjektivität der Individuen auf die Konstitution der Subjektivität zurückzufragen.*[54] Tatsächlich beruht die Habermassche negative Einschätzung der Marcuseschen Idee einer Vermittlung zwischen Trieb-Basis und Vernunft auf der Annahme einer immer schon entwickelten, reflexionstüchtigen Subjektivität. Marcuses weitergehender Anstoß kann im kommunikationstheoretischen Modell keine Wurzeln fassen. Unverstanden bleibt die Aufforderung, zurückzufragen nach den Vernunft erst konstituierenden Formen der Praxisauseinandersetzung, die es in ihrem sinnlichen Grund und in ihrem gesellschaftlich-geschichtlichen Inhalt zu erforschen gilt.

In der Ausführung des von uns ins Auge gefaßten Programms, den Herstellungsprozeß von subjektiven Strukturen aufzuweisen, muß die Freudsche Perspektive der Erlebnisinterpretation und deren metapsychologische Begriffsfassung erweitert werden; andere Perspektiven auf den Entwicklungsprozeß müssen hinzutreten und tragen dazu bei, daß die Betrachtung des Zusammenhangs die theoretische Gestalt einer Sozialisationstheorie annimmt.

Erinnern wir uns: daß sich Marcuse in der Entfaltung des eigenen Entwurfs mit Schwierigkeiten konfrontiert gesehen hat, die Habermas prompt als ›Schwäche‹ diagnostizierte Marcuses Theorie vermöge *ihre eigene Möglichkeit nicht zu erklären* – ; diese Schwierigkeiten hängen damit zusammen, daß der geschichtsphilosophisch orientierten Freud-Rekonstruktion der ›solide‹ sozialisationstheoretische Unterbau fehlt. Jene Sozialisationstheorie, die anders als die angebotene ›epistemologische‹ Auflösung des Problems der Eigenart des Erkenntnisgegenstandes zu folgen bereit ist, muß allerdings mit einer Marcuseschen Eigenart brechen: Die Zurückhaltung in der Kritik an Freud muß aufgegeben werden, die sich Marcuse wohl deshalb auferlegte, weil er nicht Gefahr laufen wollte, den weitreichenden Freud-Revisionen in die Hände zu arbeiten. Für ein angemessenes Begreifen des Problems allerdings kommt es darauf an, alle Hindernisse – auch die in den Freudschen Begriffsfiguren angelegten – beiseite zu räumen, die immer noch die Möglichkeit behindern, die beiden, nur auf den ersten Blick unterschiedlich-gegensätzlich anmutenden Positionen begrifflich miteinander zu vermitteln; die Annahme der Triebdeterminiertheit menschlichen Erlebens auf der einen Seite – hier hat sich Marcuse auf die Seite Freuds geschlagen – und die These von der sozialen Bestimmtheit der Persönlichkeitsstruktur auf der anderen – diese Position hat Fromm gegen Freud und Marcuse ins Feld zu führen versucht. Nur wenn beide

Positionen radikal im Bezugsrahmen einer historisch-materialistischen Theorie zur Geltung gebracht werden, und d.h. die genetische Perspektive Raum gewinnt, kann die Gratwanderung zwischen Biologismus hier und Soziologismus-Kulturismus dort bestanden werden. Noch einmal, der Schlüssel zur Auflösung der Fromm-Marcuse-Kontroverse liegt in der Frage nach dem Konstitutionszusammenhang. Aufgabe z.B. ist, die folgende programmatische Formulierung Marcuses breit auszulegen: *Aber die Wirklichkeit, welche die Triebe ebenso wie ihre Bedürfnisse und deren Befriedigung formt, ist die Wirklichkeit einer geschichtlich-gesellschaftlichen Welt.*[55] Bereits diese Aussage verlangt nämlich die folgende sozialisationstheoretische Präzisierung: die Triebe selbst s i n d Resultate der geschichtlich-gesellschaftlichen Wirklichkeitsauseinandersetzung; genauer, sie sind Produkte einer praktisch-dialektischen Auseinandersetzung zwischen innerer Natur (des kindlichen Organismus) und (zuallererst durch die Mutter sinnlich-konkret vermittelter) gesellschaftlicher Praxis auf einem bestimmten geschichtlichen Stand. Nur wer diese zwingende geschichtsmaterialistische Perspektive beibehält, kann es vermeiden, der Triebnatur eine Domäne innerhalb der Persönlichkeitsstruktur zuzuweisen, die vom gesellschaftlichen Formungsprozeß unberührt bliebe; nur so ist dem Biologismus zu entgehen. Und umgekehrt wäre die Spannung zwischen Triebnatur und Kultur harmonistisch beseitigt und der Kulturismus unvermeidbar etabliert, könnte nicht gezeigt werden, wie diese Spannung sich innerhalb der Persönlichkeitsstruktur auswirkt und lebenspraktische Dimensionen gewinnt. Unsere These lautet hier: Es ist der Widerspruch zwischen dem ›Nichtidentischen‹ in der angeeigneten Natur und dem Terrain der sozialen Eingriffe, Normen, Zumutungen, der sich im Resultat des Subjektbildungsprozesses auffinden läßt – und begriffen werden muß als Niederschlag in der Persönlichkeitsstruktur. In den unterschiedlich konstituierten und mitunter unversöhnlich aufeinanderstoßenden Erlebnisschichten innerhalb der subjektiven Struktur – im Kampf zwischen unbewußten und bewußten Lebensentwürfen – hat die bezeichnete Spannung Ausdruck gewonnen. Sie konstituiert den lebenslang anhaltenden Prozeß der Persönlichkeitsdynamik, deren Brennpunkte vom Zugriff rationaler, reflexiver Organisation nie vollständig zu fassen sind.

Marcuse hat die Freudschen Theoreme, mit denen die Strukturantagonismen des Subjekts begrifflich gefaßt werden sollten – Lustprinzip versus Realitätsprinzip; Sinnlichkeit versus Bewußtsein – , herausgestellt und in seine geschichtsphilosophische Konstruktion eingebaut. Die sozialisationstheoretische Perspektive muß dagegen dem realen Vermittlungsprozeß begrifflich auf der Spur bleiben und die Interpretation Freudscher Erfahrung im Begriff kritischer Gesellschaftstheorie auf der subjektanalytischen, persönlichkeitstheoretischen Ebene ins Zentrum rücken. Gerade weil in beiden Perspektiven, bei Marcuse wie in sozialisationstheoretischer Reflexionsabsicht, die Anstrengung dominiert, den Freudschen Erkenntnisanspruch zu schärfen und radikal zur Geltung zu bringen, werden Bezugnahmen zwischen den Positionen möglich. Ich möchte dies an den markanten Knotenpunkten subjektiver Strukturbildung noch kurz verdeutlichen.

1. Marcuses Auffassung etwa, nach der die Freudsche Theorie die *universelle Erfahrung in der individuellen*[56] erhelle, findet in der sozialisationstheoretischen Fassung des Triebbegriffs in folgender Weise Entsprechung: Indem der Trieb als Gefüge von ›Interaktionsformen‹ begriffen wird, wird die intersubjektive, überindividuelle Dimension der subjektiven Basisschicht transparent. Sie ist gerade in der Abkunft aus leiblichem Interagieren von allem Anfang an sozial profiliert. Die Bedürfnisansprüche, die aus dem kulturell geformten, gleichwohl sinnlich-körperlich sich abspielenden Prozeß der Entwicklung einer unbewußten Erfahrungsstruktur erwachsen, determinieren die Lebensgeschichte und stellen ein Praxisgefüge dar, mit dem sich die später gebildeten Organisationsformen der sozialen Auseinandersetzung – Reflexivität, Intentionalität, Sprache – zu vermitteln haben. Marcuses konkrete Utopie verfolgt kein anderes Ziel, als die Wirkkraft dieser primären Schicht hervorzukehren und ihre inhaltliche Sprengkraft auszuweisen, als Garant des menschlichen Glücksverlangens. In »Triebstruktur und Gesellschaft« findet sich dieser Gedanke brillant formuliert: Ihm zufolge *besteht das Unbewußte, diese tiefste und älteste Schicht der psychischen Persönlichkeit, in dem Trieb nach integraler Befriedigung, d.h. nach dem Nichtvorhandensein von Mangel und Unterdrückung. Als solches bedeutet es die Identität von Notwendigkeit und Freiheit. Nach Freuds Auffassung wird die vom Bewußtsein tabuierte Gleichsetzung von Freiheit und Glück vom Unbewußten aufrecherhalten. Diese innerste Überzeugung, obwohl sie vom Bewußtsein abgelehnt wird, beunruhigt das Seelenleben weiterhin; sie bewahrt die Erinnerung an frühere Stadien der persönlichen Entwicklung, wo die vollständige (integrale) Befriedigung erreicht wurde. Und die Vergangenheit fährt fort, einen Anspruch auf die Zukunft zu erheben: sie erzeugt den Wunsch, daß auf der Grundlage zivilisatorischer Errungenschaften das Paradies wieder hergestellt werde.*[57]

Halten wir hier mit Marcuse fest: Die Subjektstruktur unterhalb der Stufe von Reflexion und sprachgeleitetem Handeln ist keinesfalls als eine inhaltsleere Matrix zu betrachten, die nur darauf zu warten hätte, bis die Vernunft sich ihrer annähme. Die *tiefste und älteste Schicht* der Persönlichkeit enthält einen Praxisanspruch, der sich im Kampf mit der reglementierenden Ordnung befindet.

2. Von diesen Überlegungen aus führt der Weg zu einem zweiten Problemzusammenhang. Auch das von Marcuse beschworene *Spiel der Phantasie*, die Idee einer *libidinösen Vernunft*, kann unterbaut werden durch die sozialisationstheoretische Reflexion. Lorenzer hat im Ausbau seiner »Theorie der Interaktionsformen« zuletzt jene Etappe in der Subjektbildung in den Blick gerückt, auf die die zitierten Bestimmungen Marcuses sinnvoll zu beziehen sind: Es geht um das Terrain der – noch vorsprachlich gebildeten – *sinnlichen Symbole*[58]. Tatsächlich werden hier unbewußte Praxisanteile in Formen der Phantasieauseinandersetzung zur Darstellung gebracht, und d.h. ›kultiviert‹. Marcuse insistiert auf der Bedeutung dieser Subjektstufe aus gutem Grund: Es ist die sensibelste Umschlagstelle im Spannungsfeld von Individuum und Gesellschaft, weil Bedürfnisprofile aus dem sinnlichen Reservoir mit ersten,

noch nicht in Sprache, sondern in Bildern gefaßten Figuren des Bewußt-Werdens in Verbindung treten. Die sinnlichen Handlungsmuster dominieren noch und behalten die Oberhand in der Regie der Gestaltung von Lebenspraxis. Genau genommen steht hier die szenisch-bildhafte Sphäre zur Diskussion, die Freuds Psychoanalyse schon früh zu respektieren verstand, die Traum-Bilder, über deren persönlichkeitsbildene und zugleich kulturstiftende Bedeutung sie sich aber nur unzureichend Rechenschaft abzulegen wußte. *Die Bilder stehen für eine szenisch-sinnliche Erlebnisfülle* – heißt es bei Lorenzer – *die von der Sprache garnicht angemessen erfaßt werden kann, weshalb die Sphäre der bildhaften Symbole niemals abgeschafft werden kann* – *es sei denn der Mensch würde zum reinen Zeichenwesen reduziert. Aber dann wäre auch der Zusammenhang der Sprache zur emotionalen Erfahrung zerstört.*[59]

3. Die im eben angeführten Zitat aufblitzende Überlegung zum Verhältnis von Emotionalität und Sprache bringt uns einem dritten Zusammenhang näher, sie führt zur entscheidenden Umbruchstelle im Aufbau subjektiver Struktur. Es zeigt sich, daß die Bildung der Sprache nicht anders denkbar ist denn als Vermittlungsprozeß und Verknüpfungs-Aufgabe zwischen den unbewußten Figuren, den szenisch bildhaften Anteilen auf der einen Seite und den von außen an das Subjekt herangetragenen Sprachmustern auf der anderen. Aus der Notwendigkeit dieser Verbindung der beiden Sphären – sinnliche Praxis und kollektive Praxisdeutung qua Sprache – resultiert die Individualität der Subjektstruktur und – die Schwierigkeit der Menschen, einander zu verständigen. Die Sprachfiguren kollektivieren; aber die konkreten Subjekte unterscheiden sich auch in den bewußten Formen ihrer Weltaneignung, weil in ihrer Sprache, und zwar in jeder einzelnen Sprachfigur, ein Anteil der unbewußten, der sinnlich-symbolischen Praxis mit enthalten ist. Damit ist klar: Die Verknüpfung ist der Weg, wie zwischen dem Unbewußten und dem Bewußtsein, zwischen der Trieb-Basis und der Vernunft eine Verbindung entsteht, wie ein Wechselspiel in Gang kommt, das Gestalt gewinnt als geheimer Architekt einer jeden Lebensgeschichte.

Wir können die neurotischen Blockierungen dieses Weges nicht mehr bedenken. Ohnehin hat die sozialisationstheoretische Skizzierung unserer Problemstellung ihren Zweck erreicht und uns in die Lage versetzt, die Habermassche Aporie zu überwinden: Vernunft und Trieb-Basis bleiben getrennt,

– weil der Trieb der außergeschichtlichen Biologie zugeschlagen wird, und nicht begriffen ist, daß im Trieb selbst die Gesellschaft enthalten ist; und

– weil jene Einsicht sprach- und kommunikationstheoretisch nicht zu haben ist, die uns das Konzept einer materialistischen Sozialisationstheorie liefert: daß die Figuren der Vernunft-Sphäre hervorgegangen sind und deshalb noch immer inhaltlich bestimmt werden aus Anteilen der Erlebnisschicht der Triebschicksale.

Marcuse, materialistischer Philosoph und Freudianer des zwanzigsten Jahrhunderts, hat diesen Zusammenhang thematisiert, indem er die beiden einander entgegengesetzten Dimensionen bewegt hat. Er hat sich nicht gescheut, seinen utopischen Entwurf auch mit dieser Einsicht zu konfrontieren:

*Die Konterrevolution ist in der Triebstruktur verankert*⁶⁰, und er hat den Praxis verändernden Impuls Freudscher Erkenntnis zu Geltung zu bringen versucht: In der vitalen Schicht der sinnlichen Lebensentwürfe sieht Marcuse den Garanten für die Weiterexistenz einer – so zuletzt in einer Formulierung von R. Roth – *revolutionstheoretischen Perspektive, in der individuelle Befreiung, die freiere Gestaltung des libidinösen Alltags zum Nadelöhr wird, durch das gesellschaftliche Emanzipationsbewegungen hindurch müssen, an dessen Maß und Eigensinn sie sich zu orientieren haben, wollen sie nicht lediglich eine weitere Variante zur Geschichte der gescheiterten Revolution beisteuern*⁶¹.

Marcuse spricht in einer seiner letzten publizierten Stellungnahmen von einem *Unterbau unter der ökonomisch-politischen Basis* und hält dafür, daß Emanzipationsbestrebungen der Gegenwart hier und nirgends anders Wurzeln fassen müssen: *Was sich ändern müßte, wäre der Unterbau unter der ökonomisch-politischen Basis, das Verhältnis zwischen Lebens- und Destruktionstrieben in der psychosomatischen Struktur der Individuen selbst. Das hieße: Veränderung der heute dominierenden psychosomatischen Struktur, die das Einverständnis mit der Destruktion, die Gewohnheit an das entfremdete Leben, das nicht immer schweigende Einverständnis mit der Aggression und Destruktion in sich trägt.*⁶²

1 H. Marcuse: »Triebstruktur und Gesellschaft. Ein philosophischer Beitrag zu Sigmund Freud«, (1955) Frankfurt/M. 1971, S. 17. – 2 Vgl. z.B. die Kritik von R. Steigerwald: »Herbert Marcuses dritter Weg«, Köln 1970; insbes. Kap. 5. – 3 Auch hierzu nur beispielhaft: J. Laplanche: »Marcuse und die Psychoanalyse«, Berlin 1970. – 4 H. Marcuse: »Konterrevolution und Revolte« (1972), Frankfurt/M. 1973, S. 75 f. – 5 H. Marcuse, in: J. Habermas u.a.: »Gespräche mit Herbert Marcuse«, Frankfurt/M. 1978, S. 127. – 6 So die treffende Bezeichnung von C. Thompson: »Die Psychoanalyse. Ihre Entstehung und Entwicklung«, Zürich 1952. – 7 E. Fromm; Fromm selber pocht allerdings auf Eigenständigkeit und Abgrenzung gegenüber Horney und Sullivan; so etwa in: »Die Krise der Psychoanalyse«, in: E. Fromm: »Analytische Sozialpsychologie und Gesellschaftstheorie«, Frankfurt/M. 1970, S. 217. – 8 P. Roazen: »Politik und Gesellschaft bei Sigmund Freud«, Frankfurt/M. 1971, S. 274. – 9 M. Horkheimer: »Ernst Simmel und die Freudsche Philosophie« (1948), in: B. Görlich, A. Lorenzer, A. Schmidt: »Der Stachel Freud. Beiträge und Dokumente zur Kulturismus-Kritik«, Frankfurt/M. 1980, S. 141 ff. – 10 Th. W. Adorno: »Die revidierte Psychoanalyse« (1946, dt. 1951), in: B. Görlich u.a., a.a.O., S. 133 f. – 11 M. Horkheimer, in: H. Cantril (Hg.): »Tensions that Cause Wars«, Urbana Ill. 1970, S. 136 ff. Vgl. diesbezügl. in: B. Görlich u.a., S. 79 f. – 12 O. Fenichel: »Psychoanalytische Bemerkungen zu Fromms Buch ›Die Furcht vor der Freiheit‹«, in: B. Görlich u.a.: »Der Stachel Freud«, a.a.O., S. 93–118. – 13 E. Fromm: »The human Implications of instinctivistic Radicalism«, in: »Dissent«, Autumn 1955, S. 342 ff. – 14 H. Marcuse: »A Reply to Erich Fromm«. – E. Fromm: »A Counter-Rebuttal«, in: »Dissent«, Winter 1956, S. 79 ff. (Die Zitierung folgt der von I. Klose für die Darstellung in

»Der Stachel Freud« angefertigten Übersetzung.) – 15 H. Marcuse: »Triebstruktur und Gesellschaft«, a.a.O., S. 12. – 16 E. Fromm: »The human Implications ...« , a.a.O. – 17 Ebd. – 18 H. Marcuse: »A Reply«, a.a.O. – 19 H. Marcuse: »Triebstruktur und Gesellschaft«, a.a.O., S. 11 f. – 20 Ebd., S. 239. – 21 Ebd. – 22 Vgl. E. Fromm: »Charakter und Gesellschaftsprozeß«, in: »Die Furcht vor der Freiheit« (1941), Frankfurt/M. 1961, S. 270–289. – 23 H. Marcuse: »Triebstruktur und Gesellschaft«, a.a.O., S. 243. – 24 Ebd. – 25 Ebd., S. 268. – 26 S. Freud: »Aus der Geschichte einer infantilen Neurose«, in: GW XII, S. 82. – 27 H. Marcuse: »Triebstruktur und Gesellschaft«, a.a.O., S. 13. – 28 Ebd., S. 248. – 29 Ebd., S. 262. – 30 Ebd. – 31 Ebd., S. 51. – 32 H. Marcuse: »A Reply«, a.a.O. – 33 H. Marcuse: »Triebstruktur und Gesellschaft«, a.a.O., S. 236 f. – 34 Ebd., S. 131. – 35 Ebd., S. 195. – 36 Ebd. – 37 Ebd., S. 24. – 38 Ebd., S. 159. – 39 Ebd., S. 196. – 40 Ebd., S. 199. – 41 Ebd., S. 201. – 42 E. Fromm: »Haben oder Sein. Die seelischen Grundlagen einer neuen Gesellschaft«, Stuttgart 1976, S. 78. 43 E. Fromm: »Die Krise der Psychoanalyse«, a.a.O., S. 210. – 44 Ebd., S. 215. – 45 W. Bonß: »Psychoanalyse als Wissenschaft und Kritik. Zur Freudrezeption der Kritischen Theorie«, in: W. Bonß, A. Honneth (Hg.): »Sozialforschung als Kritik. Zum sozialwissenschaftlichen Potential der Kritischen Theorie«, Frankfurt/M. 1982, S. 406. – 46 Ebd. – 47 J. Habermas: »Psychischer Thermidor und die Wiedergeburt einer rebellischen Subjektivität«, in: »Philosophisch-politische Profile«, Frankfurt/M. 1981, S. 331. – 48 Ebd. – 49 Vgl. zur Diskussion im Umkreis dieser Idee auch: G. Schmid Noerr: »Die libidinöse Vernunft. Zu Herbert Marcuses Entwurf einer subversiven Sinnlichkeit«, in: G. Gamm (Hg.): »Angesichts objektiver Verblendung. Über die Paradoxien Kritischer Theorie«, Tübingen 1985, S. 192–228. – 50 J. Habermas: »Psychischer Thermidor ...«, a.a.O., S. 332. – 51 Ebd. – 52 Ebd. – 53 A. Lorenzer: »Die Wahrheit der psychoanalytischen Erkenntnis. Ein historisch-materialistischer Entwurf«, Frankfurt/M. 1974, S. 71. – 54 Ebd., s. 71 f. – 55 H. Marcuse: »Triebstruktur und Gesellschaft«, a.a.O., S. 18. – 56 H. Marcuse: »Triebstruktur und Gesellschaft«, a.a.O., S. 249. – 57 Ebd., S. 23 f. – 58 Vgl. zu diesem Themenkreis: A. Lorenzer: »Das Konzil der Buchhalter. Die Zerstörung der Sinnlichkeit. Eine Religionskritik«, Frankfurt/M. 1981, bes. Kap. V. Und neuerdings: A. Lorenzer: »Tiefenhermeneutische Kulturanalyse«, in: »Kultur-Analysen. Psychoanalytische Studien zur Kultur«. Hg. von A. Lorenzer, Frankfurt/M. 1986. – 59 A. Lorenzer: »Die Bedeutung der Gegenstandserfahrung für die Persönlichkeitsbildung« (unveröffentlichtes Vortragsmanuskript). – 60 H. Marcuse: »Versuch über die Befreiung« (1969), Frankfurt/M. 1972, S. 27. – 61 R. Roth: »Rebellische Subjektivität. Herbert Marcuse und die neuen Protestbewegungen«, Frankfurt/M. 1985, S. 43. 62 H. Marcuse: »Die Revolte der Lebenstriebe«, Vortrag, in: »Psychologie heute«, September 1979, S. 41.

Gunzelin Schmid Noerr

Der politische Eros
Ist Herbert Marcuses Utopie der libidinösen Vernunft veraltet?

Marcuses Formel vom *Ende der Utopie*[1] impliziert die Möglichkeit einer qualitativen Veränderung der Arbeit, ja der Subjekte selbst und ihrer fundamentalen Bedürfnisse. Seine ›neue Anthropologie‹ soll zugleich Vorbedingung und Ziel eines qualitativen Sprungs aus dem Kontinuum der bisherigen kapitalistischen Entwicklung bezeichnen. Aber obwohl mit ihr die herkömmlichen Utopien überwunden werden sollten, stellt sie doch selbst paradox eine höchste Zuspitzung des Utopischen dar. Der Appell an die neue Sensibilität erscheint heute, im zeitlichen Abstand, weniger als Zeichen einer anwachsenden Möglichkeit umwälzender gesellschaftlicher Veränderungen denn als theoretische Reflexion der fortschreitenden Vergesellschaftung individueller Bedürfnisse. Die Verwissenschaftlichung von Produktion und Herrschaft führt zu einem immer komplexeren System der Produktion und Reproduktion, das in sich die Dynamik der ständigen Erweiterung und Veränderung der Bedürfnisse enthält. Weniger denn je aber kann sich unter diesen Bedingungen politische Aufklärung auf die Evidenz wahrer Bedürfnisse berufen, die sich auch im subjektiven Erleben als solche von falschen abheben. Damit ist auch die Utopie des Glücks in Verruf geraten. Vor die endliche Erwartung des befreiten Menschen hat sich, diese verdunkelnd, die Erfahrung der Endlichkeit der Menschen und der Natur geschoben. Die Vernunft in der Gesellschaft und in deren Verhältnis zur Natur läßt sich offenbar nicht mehr als quasi-eschatologisches Ziel eines wie immer gearteten gattungsgeschichtlichen Fortschritts, als Ende der Vorgeschichte entwerfen, sondern allenfalls fragmentarisch verwirklichen und begreifen. Denn jeder Schritt auf dem Wege gesellschaftlicher Rationalisierung knüpft an Vorgaben an, die prinzipiell nicht zugleich zu verändern sind, und setzt neue Entwicklungen in Gang, die in ihrer vollen Bedeutung erst im nachhinein deutlich werden. Nebenfolgen und Reaktionsbildungen lassen sich nicht mit zureichender Sicherheit antizipieren.

Jedoch geht Marcuses politische Philosophie in jener Utopie keineswegs auf. Das wird deutlich, wenn man, wie im folgenden versucht werden soll, das ›Ende der Utopie‹ in die erneute Lektüre seines Werks selbst hineinträgt. Sein Entwurf einer neuen Sensibilität läßt sich nicht als historisch-transzendente Anthropologie der befreiten Gesellschaft, wohl aber als integraler Teil der Analyse der gesellschaftlich bestimmten Triebstruktur hier und heute begründen. Durch ihn beansprucht Marcuse primär, die Kriterien seiner Analyse und seiner Bewertung der gesellschaftlichen Tendenzen zu stützen. Diese Kriterien sind moralische, und insofern geht es zentral um den Zusammenhang von Moralität und Sinnlichkeit. Damit aber sind sowohl Einheit als auch Differenz zu derjenigen Theorie impliziert, der Marcuse den Begriff der Triebstruktur entnommen hat: der Psychoanalyse. Anhand des Konzepts von Eros und Thanatos, das Marcuse von Freud übernimmt, soll im folgenden zunächst die Intention herausgestellt werden, die Marcuses Rezeption Freuds leitet und die ihn von diesem unterscheidet. Im Anschluß daran möchte ich zeigen, daß infolgedessen Eros und Thanatos in Marcuses Theorie eine andere Funktion als in der Psychoanalyse erfüllen, nämlich die einer Restituierung von Moral als politischer Kategorie angesichts einer Gesellschaft, deren Zentrum die Destruktion zu sein scheint.

I Differenz zwischen den theoretischen Ansätzen Marcuses und Freuds

Wie zentral seit Beginn der fünfziger Jahre[2] Freuds Begrifflichkeit, neben der von Marx, in der Selbsteinschätzung Marcuses ist, ließe sich vielfach belegen; exemplarisch illustriert dies etwa die Antwort, die er am Ende eines Gesprächs 1977 auf die Frage formuliert, worauf er seine politische Hoffnung stütze: *Erstens auf die jeden Tag wachsende reale Möglichkeit einer vernünftigen menschlichen Gesellschaft. Zweitens auf die Ernte von 1968, d.h. auf eine radikale Umwertung der Werte, wie sie in jenen Jahren sichtbar geworden ist – radikale Umwertung der Werte nicht als Wille zur Macht, wie sie Nietzsche verstanden hat, sondern als Wille zum Leben oder, wie Freud formuliert hat, als eine verzweifelte Anstrengung des Eros, sich den Destruktionstrieb zu unterwerfen.*[3] Diese improvisierte Antwort stellt gleichwohl eine fornelhafte Zusammenfassung der politischen Philosophie Marcuses dar.

In der Tat beschließt auch Freud seine Abhandlung über die Unvereinbarkeit von Glückserleben und Kulturfortschritt, deren Folge eine verbreitete Angststimmung, das *Unbehagen in der Kultur* ist, mit dem Ausdruck jener Hoffnung, daß *der ewige Eros eine Anstrengung machen wird, um sich im Kampf mit seinem ebenso unsterblichen Gegner zu behaupten.*[4] Der von Freud angedeutete zeitgeschichtliche Hintergrund für die Furcht vor dem Sog des Todestriebes und die Hoffnung auf seine Eindämmung ist die auch 1930 schon das Leben der Menschen durchdringende Erfahrung, nach der diese *es jetzt in der Beherrschung der Naturkräfte so weit gebracht* haben, *daß sie es mit deren Hilfe leicht haben, einander bis auf den letzten Mann auszurotten*[5].

Aber zwischen dem Freudschen Hinweis auf die Selbstbehauptung des Eros und Marcuses Forderung nach einer *verzweifelten Anstrengung* zur Unterwerfung der destruktiven Kräfte besteht doch eine begrifflich-systematische Differenz. Freud entwickelt in seiner Abhandlung die psychologisch-metaphysische These, das Wesen der Kulturentwicklung sei mit dem des Lebens überhaupt identisch: Es sei der ewige Kampf zwischen Lebens- und Todestrieb. Dies ist die Grundannahme, mit deren Hilfe er von der empirischen Feststellung einer Zunahme der Destruktionskräfte zur Prognose – oder vorsichtiger: zur Hoffnung – gelangt, das wachsende Destruktionspotential provoziere auch ein Anwachsen der Kräfte des Eros, die der Gefährdung der Kultur und des

Lebens begegnen könnten. Anders als Freud setzt jedoch Marcuse, gesellschaftstheoretisch angeleitet, nicht auf ein solches quasi-biologisches Gleichgewicht der Kräfte. Ob Eros Thanatos unterwirft, ist für ihn eine Frage, die allein innerhalb des Ringens um eine *vernünftige menschliche Gemeinschaft* entschieden wird. Gelänge dies, und sei es durch eine Katastrophe hindurch, dann wäre die fatale Dialektik der Kulturentwicklung unter dem Zeichen der Herrschaft durchbrochen, dann wäre ein qualitativer Wandel der Triebe selbst erreicht. Diese Überlegung Marcuses deutet auf einen kategorialen Wechsel hin, der es ihm erlaubt, die *Anstrengung* des Eros zur *verzweifelten* zu steigern; denn keine natürliche Instanz garantiert ihm die Ausgewogenheit oder gar den Sieg des Lebensprinzips über das des Todes.

Eine solche Perspektive impliziert eine Umdeutung der Freudschen Auffassung nicht nur deshalb, weil dieser zufolge die Kultur ein *Ausdruck* jenes Kampfes, nicht aber das Feld seiner historischen *Entscheidung* ist, sondern vor allem, weil Freud mit der Chiffre des ›Todestriebes‹ eine letzte, unüberwindliche Schicht des Trieblebens und damit des Eros selbst bezeichnet. Zwar setzt Freud beide Triebe hinsichtlich ihrer Wirkungsformen einander antagonistisch entgegen: Eros ist der *Trieb, die lebende Substanz zu erhalten und zu immer größeren Einheiten zusammenzufassen*; der Todestrieb strebt demgegenüber danach, *diese Einheiten aufzulösen und in den uranfänglichen, anorganischen Zustand zurückzuführen*[6]. Aber die Annahme einer gemeinsamen Wurzel ist mit der Einführung der späten Triebtheorie nahezu unvermeidlich, wenn Freud in »Jenseits des Lustprinzips« von der *konservativen Natur des Lebenden* spricht, derzufolge ein Trieb *ein dem belebten Organischen innewohnender Drang zu Wiederherstellung eines früheren Zustandes*[7] ist. Insofern der frühere Zustand des Organischen letztlich das anorganische ist, so schließt Freud weiter, konstituiert der Todestrieb den Wiederholungscharakter des Unbewußten. Der Todestrieb bezeichnet damit die Grundstruktur des Trieblebens überhaupt.

Diese Trieblehre Freuds ist nicht nur mehrschichtig hinsichtlich der jeweiligen Konkretionsebene bei der Bestimmung der Triebschicksale, der Ursprünge und Ziele der Triebe, nicht nur mehrdeutig bezüglich ihres organismischen, psychischen oder gesellschaftlichen Gegenstandsbereichs, sie ist auch in sich vieldeutig und widersprüchlich. Der Antagonismus der Triebarten läßt sich kaum aufrecht erhalten, und doch besteht Freud auf ihm *schärfer denn zuvor*[8]. Die nicht nur dem Todestrieb, sondern ebenso dem Eros zugeschriebene konservative Natur scheint kaum vereinbar mit der ausgreifenden Dynamik der polymorphen Sexualität wie des kulturschaffenden Eros. Im »Unbehagen in der Kultur« gesteht Freud diesen Widerspruch offen ein: *Der Gegensatz, in den (...) die rastlose Ausbreitungstendenz des Eros zur allgemeinen konservativen Natur der Triebe tritt, ist auffällig und kann der Ausgangspunkt weiterer Problemstellungen werden.*[9]

Marcuses Psychonanalyse-Interpretation ließe sich als Versuch verstehen, diesen Gegensatz bei Freud zwischen der antimoralischen, antisozialen Natur des Eros und seiner kulturschaffenden und damit auch repressiven Macht im

Rahmen einer kritischen Gesellschaftstheorie aufzuheben. Er deutet ihn nicht bloß als theoretische Inkonsistenz, sondern als widersprüchlichen Ausdruck der historisch entstandenen, ontogenetischen wie phylogenetischen Triebschicksale, als ungewollten Hinweis Freuds auf die Abhängigkeit der Triebschicksale von den Formen sozialer Herrschaft, und damit auf die Veränderbarkeit der Triebstruktur. Die Kultur entstammt der Lust, hat aber unter dem Bann äonenalter Herrschaft den Eros zur repressiven Macht verformt. Die Spannung zwischen Lebenstrieben und Kultur ist nicht naturnotwendig, sondern das Resultat historischer Bedingungen. Die Versöhnung von Kultur, Vernunft und Trieb scheint auf der Basis fortgeschrittenster gesellschaftlicher Naturbeherrschung und weitgehender Entlastung des Einzelnen von den Zwängen seiner Reproduktion erreichbar. Marcuse folgt Freud in der Annahme, daß der kulturelle Fortschritt von sublimierter Libido gespeist wird, daß die an die Notwendigkeit der Arbeit gebundene Sublimierung zu Triebeinschränkungen führt und daß dadurch destruktive Impulse freigesetzt werden, die die Individuen als Schuldgefühl gegen sich selbst oder projektiv gegen andere, von den Normen Abweichende kehren: daß also in die Kultur ein selbstdestruktiver Mechanismus eingebaut ist. Entgegen Freud aber deutet er diese Dynamik als Ergebnis einer geschichtlichen, prinzipiell veränderbaren Konstellation.

Die triebtheoretische Grundlage seiner Utopie ist die These, daß aus Freuds Bestimmung der Sexualität die Möglichkeit einer nicht-repressiven Sublimierung abgeleitet werden kann. Dies ist der Kern seines Eros-Begriffs, der im selben Maß an den psychoanalytischen anknüpft, wie er ihm widerspricht. Während in kulturtheoretischer Perspektive Eros bei Freud als Grundprinzip der psychisch-kulturellen Organisation zu verstehen ist, das zur individuellen Verdrängung der Sexualität beiträgt, bezeichnet er bei Marcuse den Inbegriff aller in den bisherigen Kulturen unterdrückten Lebenstriebe, die unter günstigeren Bedingungen zur zwanglosen Entfaltung, zur Selbstsublimierung tendieren. Wird die Aneignung der Welt aufgrund fortgeschrittenster Techniken nicht mehr unmittelbar von Naturzwängen beherrscht, die sich mittelbar in sozialer Herrschaft niederschlagen, dann entstehen neue kulturelle Bindungen, die auf Triebbefriedigung, nicht auf Triebunterdrückung beruhen. Ihr Ziel ist die Überwindung des *genitalen Supremats*[10] auf dem Niveau einer reifen Kultur dauerhafter und befriedigender Beziehungen, die *Erotisierung der Gesamtpersönlichkeit*[11]. Von der Einschränkung der Sexualität auf die Fortpflanzungsfunktion befreit, wird *das Leben des Organismus selbst zum Gebiet und Ziel der Triebe.*[12]

Damit nimmt er an der psychoanalytischen Begrifflichkeit zwei Umdeutungen vor, die es ihm erlauben, zu den von Freud abweichenden Schlüssen über die Möglichkeit einer nichtrepressiven Kultur zu kommen. Zum einen sucht er nachzuweisen, daß Freuds Repressionsmodell des Verhältnisses von Kultur und Trieb eine historische Dimension hat, zum anderen, daß die psychoanalytischen Begriffe eine politische und soziologische Substanz haben, die über die von Freud selbst angedeutete hinausreicht. Entgegen der kulturistischen

Aushöhlung der Triebtheorie beharrt er darauf, daß noch in den spekulativsten Elementen der Freudschen Lehre Wahrheitsgehalte liegen, die innerhalb des klinischen Feldes und der diesem unmittelbar angebundenen Theorie nicht auszuschöpfen sind. Er interpretiert Freuds Rückgriffe auf Anthropologie und Urgeschichte sowie dessen biologistische Annahmen über die Natur der Triebe als Aussagen über eine historisch bestimmte Epoche der Kultur und ihrer Subjekte. Um der Theorie der Gesellschaft den Bereich der Triebstruktur, sowohl als Hemmnis als auch als Movens der Veränderung, zu erschließen, unternimmt er also zweierlei: Zum einen dechiffriert er den gesellschaftstheoretischen Sinn der psychoanalytischen Grundbegriffe, zum anderen überprüft er die gesellschaftstheoretischen Folgerungen und Verallgemeinerungen. Beides läßt sich in der Durchführung nicht voneinander trennen. Die Analyse ist zugleich Kritik.

Der Kern seiner Kritik bezieht sich auf die Universalisierung bzw. Ontologisierung der Triebstruktur und eines auf die Organisation von Triebunterdrückung reduzierten Kulturbegriffs. Weit entfernt davon, Eros als vorgesellschaftlichen, natürlichen Antrieb zu verstehen, geht es ihm vielmehr darum, dessen soziale Dimension – und damit die erotische Dimension des Sozialen – aufzuzeigen. Hier setzt – jenseits bloßer Exegese der Freudschen Schriften – seine eigentliche Interpretation an, die sich auf die gesellschaftlichen und politischen Implikationen jener Kritik beziehen. Die Interpretation deutet die vorgegebene Begrifflichkeit in einem notwendig über diese hinausweisenden Bezugsrahmen. Im Anschluß an Freuds Annahme, daß die grundlegende Konstellation der psychischen Konflikte letztlich durch die äußere und organische Lebensnot verursacht ist, untersucht Marcuse, welche Konsequenzen sich für die Triebdynamik ergeben, wenn die Permanenz von Lebensnot und Herrschaft gebrochen wäre. Seine Unterscheidung zwischen repressiver und nichtrepressiver Trieborganisation liegt innerhalb ihrer historischen Struktur.

Jedoch expliziert er den interpretativen Schritt von der Triebtheorie zur Gesellschaftstheorie und Vernunftkritik, letztlich zu Moral und Politik, nicht hinreichend. Deshalb schwankt er in seinen interpretativen Schlußfolgerungen zwischen diagnostischen Feststellungen zur gesellschaftlichen Pathologie, kritischen Einsprüchen gegen vermeidbares Leiden, Begründungen dieser Kritik und utopischen Entwürfen. Im Folgenden sollen diese Ebenen differenziert und hinsichtlich der für Marcuse zentralen Begriffe Eros und Thanatos verdeutlicht werden. Dabei ist zu prüfen, inwieweit diese Begriffe sich aus der Anbindung an eine fragwürdig gewordene Utopie herauslösen lassen. Als Kern der politischen Kategorie Eros wird sich die Idee einer Veränderung der Moral in der Tiefenschicht des erotischen Bedürfnisses erweisen.

II Libidinöse Moral

Marcuse setzt sich mit Freud im Zusammenhang seines Versuchs auseinander, den Maßstab der Gesellschaftskritik zu explizieren, indem er einen unverkürzten Vernunftbegriff, als *Vernünftigkeit der Befriedigung, in der*

Vernunft und Glück zusammentreffen[13], begründet. Dieser Vernunftbegriff bildet die Grundlage seiner politischen Theorie. In ihr dienen die mythischen Gestalten Eros und Thanatos als Metaphern für die Dialektik der Kultur, das Spannungsverhältnis zwischen Aufbau und Zerstörung, Produktion und Regression. Dabei erfüllen sie zunächst die Funktion eines Leitfadens und Maßstabs für die Beschreibung und Kritik der Gesellschaft. So bezeichnet der Begriff des Eros ex negativo die Möglichkeiten der Bedürfniserfüllung und -befriedigung, die im Kapitalismus für die Mehrzahl der Menschen beschnitten werden. Marcuse untersucht die Organisationsformen der Herrschaft heute und stößt etwa auf die rigide Trennung der Lebensbereiche wie Arbeit und Freizeit, Privatheit und Öffentlichkeit, auf die Vorgabe enger Zeitabschnitte in diesen Bereichen und auf die Eingrenzung von Körperzonen sexuellen Empfindens. Soweit i n n e r h a l b dieser Schranken das Phänomen einer Ausdehnung und Übertragung des Sexuellen auf andere Bereiche, vor allem auf den des Konsums industrieller Güter, zu beobachten ist, spricht er von *repressiver Entsublimierung*. Er ordnet sie den ökonomisch-politischen Gesetzen des organisierten Kapitalismus zu. Jene abgeleitete und zielgehemmte Sexualität ist die triebökonomische Basis unserer Kultur. Das Spiegelbild der *repressiven Entsublimierung* ist der Eros: *Die kulturschöpfende Macht des Eros i s t nicht-repressive Entsublimierung: die Sexualität wird weder abgelenkt noch in ihren Zielen gehemmt; vielmehr transzendiert sie, indem sie ihr Ziel erreicht, auf der Suche nach vollerer Befriedigung zu weiteren Zielen.*[14] Der Begriff des Eros ist privativ aus der Kritik entfremdeter Arbeit und verdinglichter Beziehungen zu anderen und zu sich selbst gewonnen. Er bezeichnet die im entwickelten Kapitalismus sichtbar gewordene Möglichkeit, die Libido von jenen Schranken zu befreien.

Auf dieser Ebene der Gesellschaftsdiagnostik ist Thanatos der Inbegriff derjenigen Kräfte, die eine nicht-repressive Entsublimierung blockieren. Marcuse analysiert ausführlich, inwiefern die wirtschaftlichen, libidinösen und technischen Apparate der modernen Gesellschaft von destruktiven Energien gespeist werden. Diese Apparate gewinnen nun im Spätkapitalismus eine Eigendynamik, durch die immer mehr dieser Energien freigesetzt werden, der Eros aber, der allein die destruktive Energie noch in sozial nützliche Produktivität umgeleitet hatte, zunehmend geschwächt wird. Die vermittelnden Apparate, die dem Subjekt die physische Verausgabung abnehmen, frustrieren dessen Triebimpulse durch eine Art Übersublimation. Zugleich entlasten sie es von der unmittelbaren Verantwortung für sein Handeln und schwächen so das Gewissen des Einzelnen, der sich als Teil der verschiedenen technischen und gesellschaftlichen Apparate erlebt. Ein sich selbst verstärkender Kreislauf ist in Gang: *Je mächtiger und ›technologischer‹ die Aggression sich gestaltet, um so weniger kann sie die primären Impulse befriedigen und beschwichtigen und um so stärker drängt sie nach Wiederholung, Intensivierung und Eskalation.*[15] Mit der Kapazität, den technischen Fortschritt zu steuern, wächst auch die, den aggressiven Trieb, der sich technisch befriedigt, massenhaft zu manipulieren. Die permanente kontrollierte Befriedigung aggressiver Triebe zu Zwecken der

Herrschaftssicherung ist, neben der Freisetzung gehemmter Sexualität innerhalb der Schranken des Leistungsprinzips, die zweite Seite der *repressiven Entsublimierung*. In den modernen Industriegesellschaften scheint das prekäre Gleichgewicht zwischen Eros und Thanatos nachhaltig zugungsten der Freisetzung und Steigerung aggressiver Energien gestört zu sein, die durch libidinöse Energien nicht mehr gebunden werden können. Die gesellschaftliche Dynamik als ganze tendiert zu Zerstörung und Selbstzerstörung, zum Tod.

Freilich gibt es auch Gegenkräfte, Residuen, Bruchstellen in diesem Kreislauf. Die gesellschaftlich organisierte Destruktion kann den Eros, der *danach trachtet, das Leben zu erhalten, zu schützen und zu steigern*[16], schwächen, aber nicht auslöschen. Die auf das individuelle Erleben bezogenen Glücksvorstellungen: die *sinnliche Welt der Ruhe, des Glücks, des Schönen; Flucht und Schutz vor der Macht des Kapitals, des Tauschwerts; Welt funktionslosen Wertes – Erfüllung*[17] sind in der Erfahrung von Natur und Kunst kultiviert worden. Wenn sie auch, als bloße Ideale, in der bürgerlichen Gesellschaft gewiß nicht allgemein verwirklicht wurden, gewinnen sie doch, wie Marcuse etwa schon in seiner »Kritik des Hedonismus«[18] zeigt, politische Sprengkraft unter der Bedingung, daß sie mit dem Vernunftanspruch auf allgemeine Geltung verknüpft werden. Individuelles Glück und allgemeine Freiheit sind nur durch die Herausbildung moralischer Ansprüche zu versöhnen, die es erlauben, die Bedürfnisse unter allgemeinen Maßstäben zu prüfen und wahre von falschen Bedürfnissen zu unterscheiden, und die zugleich nach politischer Einlösung verlangen. Dies ist nun die zweite und entscheidende Funktion, die der Begriff des Eros bei Marcuse gewinnt: die eines moralisch-politischen Kriteriums des richtigen Handelns. Eros ist bei ihm nicht bloß, wie bei Freud, die tiefste Wurzel der Sexualität, sondern ihr Telos als befreite Sexualität. Unter utopischer Perspektive heißt das, daß erst eine befreite und befreiende Kultur den Menschen dazu brächte, *daß er wieder fragen würde, was gut und was böse ist*[19].

Dem ersten Anschein nach ist eine solche Formulierung überspannt, denn diese Differenz gehört zum Grundbestand jeder Kultur, sei sie mehr oder weniger repressiv. Wo sich moralische Fragen auf zentrale Prinzipien der Kultur beziehen, wie bei Marcuse selbst, entstehen sie unter dem Druck und aus der Erfahrung des Leidens und in der Perspektive seiner Aufhebung. Aber im Zusammenhang der Marcuseschen kulturellen Pathologie zielt jene Formulierung auf eine radikale Entbindung der praktischen Vernunft von den Fesseln, in die sie sich selbst in dem Maße verstrickt hat, in dem sie den bislang kulturell notwendigen Triebverzicht organisiert hat. Marcuses radikaler Begriff der Unterdrückung, die er noch in scheinbar freiem Wünschen und Denken aufspürt, führt notwendig zu einem radikalen Begriff der Versöhnung von Trieb und kultureller Norm, einem Begriff *libidinöser Vernünftigkeit*[20]. Dieser bewahrt vor einem verkürzten Begriff von Vernunft und Sinnlichkeit, Herrschaft und Freiheit.

Die Radikalität der Kritik ist auch der Ursprung der Utopie. Marcuse interpretiert den Gegensatz von Wirklichkeit und Möglichkeit nicht allein als denknotwendige Voraussetzung der Kritik, sondern als geschichtliche Tendenz, derzufolge die Fesseln der überkommenen Produktionsverhältnisse gesprengt werden. Er bedient sich der von Marx eingeführten geschichtsphilosophischen Konstruktion, deren Mangel, die Ausblendung der subjektiven Sphäre, durch die Einbeziehung der Psychoanalyse gerade ausgeglichen werden sollte. Grundlegend bleibt für ihn die fragwürdige Vorstellung eines dialektischen Umschlags, nach der *die fortschreitende Entfremdung selbst das Potential der Freiheit erhöht; je mehr Arbeit für den Einzelnen zu etwas Äußerlichem wird, desto weniger berührt sie ihn im Bereich des Notwendigen*[21]. Marcuse setzt die prognostizierte Entwicklung der Sexualität hin zum Eros unter das Vorzeichen einer radikalen gesellschaftlichen Umwälzung, die einen wahrhaft rationalen Einsatz der Produktivkräfte und damit erst die Ermöglichung der Herrschaftsfreiheit mit sich brächte; eines qualitativen Sprungs der Kulturentwicklung, der zugleich, als Entsublimierung der Triebe, Regression wäre – aber n a c h d e m *die Kultur ihr Werk verrichtet und eine Menschheit und eine Welt hervorgebracht hat, die frei sein könnte*[22]. Aber eine derartige abschlußhafte Chronologie des Kulturprozesses, als dessen Ergebnis die freien Menschen die kulturellen Elemente in sich aufgehoben hätten, ist kaum plausibel, da die Kultur ihr Werk unter veränderten Bedingungen und an jeweils neuen Generationen immer von neuem zu verrichten hat. Deshalb ist jede Form von gesellschaftlicher Organisation und Planung, zumal der Produktivkräfte und ihres Einsatzes, unlösbar mit Herrschaft, ja Gewalt verbunden, auch wenn sie der Mehrzahl der Gesellschaftsmitglieder als vernünftig erscheint.

Entgegen der Hypostasierung der Versöhnung von Geist und Natur zur *konkreten Utopie*, der Vision einer *befreiten Gesellschaft* auf der Basis eben der unbeschränkt fortentwickelten Produktiv- und Destruktivkräfte, die zu der von Marcuse analysierten *Entfremdung* geführt haben, ist jedoch der Begriff des Eros in Marcuses Ansatz dort fruchtbar, wo er als *Wert* in einer sich ändernden Konstellation politischer Handlungsspielräume fungiert. Eros ist die voluntative und emotive Grundlage einer *neuen Moral*, das *organismische* Kriterium dafür, das Moralische bzw. Unmoralische der herrschenden Moral zu bestimmen; zu entscheiden, inwieweit die Moral Ungerechtigkeit, Not und Gewalt stabilisiert oder zu deren Aufhebung beiträgt. Eros ist die Instanz, die auf bewußter wie unbewußter Ebene das allem Zusammenhalt Feindliche, die Manifestationen des Thanatos, hemmt, solange er nicht selbst verblaßt, weil die nahezu allmächtigen technischen, ökonomischen und politischen Apparate die Verantwortlichkeit des Einzelnen und damit auch sein Schuldbewußtsein absorbieren.[23]

Aufschlußreich an dieser Argumentation Marcuses ist die politische Einschätzung des Schuldgefühls. Gegenüber der in Freuds Kulturtheorie mutet sie auf den ersten Blick konventionell an: das Schuldgefühl als notwendige und legitime moralische Bremse der für die Allgemeinheit unverträglichen Individualinteressen. Freud hatte demgegenüber das Schuldgefühl als Kern des *Unbehagens in der Kultur* und als Resultat der Verdrängung aggressiver

Strebungen, die verinnerlicht und gegen das eigene Selbst gerichtet werden, gedeutet.[24] Marcuse nimmt nun jedoch an, daß der von Freud unterstellte Grundkonflikt zwischen individuellen Triebansprüchen und gesellschaftlichen Normen zunehmend weniger in der Persönlichkeitsstruktur selbst ausgetragen wird und statt dessen durch gesellschaftliche Instanzen manipuliert wird; daß das Individuum zunehmend *zum bewußten und unbewußten Verwaltungsobjekt* wird und *Freiheit und Befriedigung in seiner Rolle als ein solches Objekt* erlangt; daß die *vieldimensionale Dynamik, aufgrund deren das Individuum sein Gleichgewicht zwischen Autonomie und Heteronomie, Freiheit und Unterdrückung, Lust und Schmerz erlangte und erhielt,* (...) *einer eindimensionalen, statischen Identifikation des Individuums mit seinesgleichen und dem verwalteten Realitätsprinzip gewichen* ist.[25] Gerade wenn man gegen diese These einwendet, daß Marcuse damit nur bestimmte Tendenzen der gesellschaftlichen Entwicklung bezeichnet, die nicht zu totalisieren sind, wird deutlich, daß das Schuldgefühl als kulturelles, *erotisches* Relikt damit eine gegenüber Freud veränderte Gewichtung erfahren muß. Es ist, als Gewissen und Wissen, ein Teil der umkämpften oder zerfallenden individuellen Autonomie. Wenn Eros in erster Linie nicht die im familialen Rahmen sich befriedigende Gefühlsbindung, sondern die Möglichkeit der gesellschaftlichen Aufhebung des Leidens bezeichnet, dann wäre das kulturelle Schuldgefühl auch eines *über eine versäumte, verratene Freiheit*[26].

Das Nicht-Konventionelle in Marcuses Begriff des Gewissens liegt also darin, daß er das Gewissen weder den Trieben unvermittelt entgegensetzt noch es auf sublimierte und verinnerlichte Aggression reduziert, sondern es in Beziehung zu einer geschichtlich sich verändernden Dynamik der Verdrängung und ihrer möglichen Aufhebung in gesellschaftlichen Instanzen setzt. Moral und Politik, die dieser schlechten Aufhebung des Triebkonflikts entgegenarbeiten, haben, Marcuse zufolge, ein *biologisches* Fundament, insofern sie gegen den technologisch halbierten Fortschritt die Grunderfahrungen des Eros zu ihrem Recht bringen und aus ihnen eine alternative Wertordnung ableiten: *Die Werthierarchie eines nichtrepressiven Fortschrittsprinzips läßt sich in beinahe allen Stücken im Gegenzug gegen die des repressiven bestimmen: Grunderfahrung wäre nicht länger die des Lebens als Kampf ums Dasein, sondern die seines Genusses. Die entfremdete Arbeit verwandelte sich in das freie Spiel menschlicher Fähigkeiten und Kräfte. Die Folge wäre eine Stillstellung allen inhaltlosen Transzendierens, die Freiheit wäre nicht länger ewig scheiterndes Projekt. Die Produktivität bestimmte sich an der Rezeptivität, die Existenz würde nicht als ständig sich steigerndes und unerfülltes Werden erlebt, sondern als Da-Sein mit dem, was ist und sein kann. Die Zeit erschiene nicht mehr als lineare, als ewige Linie oder als ewig aufsteigende Kurve, sondern als Kreislauf, als Wiederkehr, wie sie zuletzt noch von Nietzsche als ›Ewigkeit der Lust‹ gedacht wurde.*[27] Es geht also darum, die gesellschaftliche Moral der von Freud aufgewiesenen Abhängigkeit von einem gegen die libidinösen Strebungen mobilisierten Todestrieb zu entwinden und statt dessen die im Eros selbst enthaltenen Grundlagen der Moral zu aktivieren.

Marcuse deutet diese Idee einer *libidinösen Moral*[28] nur sehr vage an. Sie stellt jedoch zweifellos den Fluchtpunkt seiner Gesellschaftskritik unter der Perspektive von Eros und Thanatos dar. Eine libidinöse Moral wird dadurch m ö g l i c h , daß Individuation und Entfremdung die Entfaltung und Befriedigung der Lust nicht erst hemmen, sondern selbst produzieren. Marcuse zitiert aus der »Dialektik der Aufklärung«: *Natur kennt nicht eigentlich Genuß: sie bringt es nicht weiter als zur Stillung des Bedürfnisses. Alle Lust ist gesellschaftlich in den unsublimierten Affekten nicht weniger als in den sublimierten. Sie stammt aus der Entfremdung.*[29] Das aber bedeutet, daß Entfremdzung auch als eine gegen bloße Natur produktiv ist. Die unvermittelte Entgegensetzung von Lust und schrankensetzender Rationalität ist ideologischer Schein. Zu sich selbst gebracht, entwickelt *die sinnliche Rationalität (...) ihre eigenen moralischen Gesetze*[30]. Orientiert an der zunächst mütterlich geprägten Erfahrung der Realität in der narzißtischen Phase der Ontogenese, würde eine entwickelte libidinöse Moral etwa die verdrängte Schuld an der Zerstörung der Natur in gesellschaftlich wirksames Bewußtsein heben.

Die libidotheoretische Begründung der Moral ist, Marcuse zufolge, nicht allein m ö g l i c h , sondern auch n o t w e n d i g , um, insbesondere unter den Bedingungen industrieller Bedürfnisexploration und -produktion, zwischen wahren und falschen Bedürfnissen zu unterscheiden. Zwar impliziert diese Differenz die theoretische Objektivität des Maßstabs: Die Präferenz der Ziele bemißt sich am gesellschaftlichen Standard allgemeiner Bedürfnismöglichkeiten unter Ausnutzung der gegebenen materiellen und immateriellen Ressourcen. Aber diese theoretische Rationalität steht im Widerspruch zu faktisch herrschenden Maßstäben. Deshalb können weder einzelne Individuen für andere noch eingesetzte Tribunale für alle autoritär die Differenz setzen. *In letzter Instanz muß die Frage, was wahre und was falsche Bedürfnisse sind, von den Individuen selbst beantwortet werden.*[31] Libidinöse Moral stellt an die Individuen den Anspruch, die Rationalität eines Maßstabs zu antizipieren, der weder aus den Bedürfnissen selbst noch aus der ökonomisch-kulturellen Situation unmittelbar abzulesen ist.

Als Versöhnung von Moral, Glück und Vernunft verändert das Bild des Eros auch das des Thanatos. Denn in der gesellschaftstheoretischen Interpretation der Triebstruktur ist – wohl zu Recht[32] – kein Platz für den Naturalismus eines dem Eros zur Seite gestellten Triebes zum Tode. Deshalb geht Marcuse den in Freuds Werk enthaltenen, der explizit triebdualistischen Intention widersprechenden Hinweisen auf eine gemeinsame Wurzel der Triebarten nach. Aggression ist – soweit argumentiert Marcuse mit Freud und gegen den psychoanalytisch-kulturistischen Revisionismus – kein ursprünglicher Trieb, sondern eine Manifestation des Todestriebes. Während aber Freud ein autoaggressives Streben zur Rückkehr ins Anorganische für dessen Kern hält, deutet Marcuse auch dieses als zweite Natur, als gesellschaftlich formierte und deformierte Triebstruktur. Freuds entscheidende Erfahrung, die der Konstruktion des *Todestriebes* zugrundeliegt, ist als Streben zur *Aufhebung des Bedürfnisses nach Zerstörung*[33] dem Ende jeder Spannung zu verstehen. Der

Begriff des *Todestriebes* spiegelt wider, daß die Unaufhebbarkeit der zeitlichen Endlichkeit ein unaufhebbar repressives Moment in jedes Lusterleben einführt, indem es dieses von vornherein relativiert. Dagegen lehnt sich das Gedächtnis auf, das die Lust festhält und antizipiert. Das Gedächtnis aber verbündet sich mit dem *Todestrieb*, insofern auch dieses das Streben nach einem Zustand ohne Mangel ist. *Ist das Ziel des Todestriebs nicht die Beendigung des Lebens, sondern das Ende des Leides – das Fehlen von Spannung – dann ist, paradoxerweise, im Sinne des Triebs der Konflikt zwischen Leben und Tod um so geringer, je mehr sich das Leben dem Zustand der Befriedigung nähert. (...) Wenn Leid und Mangel abnehmen, könnte sich das Nirwanaprinzip mit dem Realitätsprinzip versöhnen.*[34]

Marcuse akzeptiert, darin vielleicht allzu orthodox, Freuds Annahme, daß der Tod das fundamentale Triebziel ist, aber er historisiert, darin für orthodoxe Freudianer unannehmbar, dieses Ziel, indem er es für abhängig von gesellschaftlichem Mangel hält. Seine Zurückhaltung gegenüber einer entschiedeneren Kritik, die den Begriff des Todestriebes aufgelöst hätte, erklärt sich aus der Funktion von Eros und Thanatos als Grundlagen einer libidinösen Moral. Die Entscheidung über die Wahrheit von Bedürfnissen stützt sich nämlich auf den Impuls, das Leiden zu verringern oder aufzuheben. Ist der wirklich vollzogene *Abstieg zum Tode eine unbewußte Flucht vor Schmerz und Mangel*[35], dann gilt die Intention der libidinösen Moral der Aufhebung unbewußter Zielstrebigkeit in bewußtes Entscheiden und Handeln. Thanatos wird so zum *Ausdruck des ewigen Kampfes gegen Leiden und Unterdrückung*[36].

Marcuse macht die späte Triebtheorie Freuds für die Tiefendimension der Gesellschaftskritik fruchtbar, aber entgegen seiner Intention verfestigt er damit auch die biologistischen Mystifikationen jener Triebtheorie. Eros und Thanatos sind Gestalten der von Freud selbst so bezeichneten *Mythologie* der Psychoanalyse, sie harren ihrer Dechiffrierung. Als empirische Begriffe sind sie nicht weniger obsolet als die auf ihnen gegründete Utopie der befreiten Gesellschaft. Diese Utopie entbehrt der empirischen Basis in der Soziologie und Politik moderner oder postmoderner Gesellschaften, sie ist ohne Stütze der entfalteten Produktivkräfte. Diese scheinen immer mehr eine Umwälzung des ökonomischen Reichs der Notwendig-keit zu bewirken und gerade dadurch nachhaltig das Reich der Freiheit zu verstellen.

Aber wäre auch Marcuses Utopie veraltet – dies ist von seiner Diagnose, daß die Psychoanalyse veraltet sei[37], zu lernen – , dann wäre damit doch noch nicht ihre Unwahrheit besiegelt. Es könnte sich auch um ein *Veralten* ihres Gegenstandes handeln: eines Subjekts, das es sich nicht in fragmentierten Bereichen des Bewußtseins und der Lebenspraxis bequem gemacht hat, sondern das die Trennung von Sinnlichkeit und Vernunft, individuellen Bedürfnissen und politischer Gestaltung, Moral und Glück als schmerzhaft empfindet. Zur Entscheidung über das richtige Handeln muß es sich der Werte versichern, die dem Streben nach der Versöhnung der Gegensätze zugrunde liegen. Marcuse hat sie mit den Chiffren ›Eros‹ und ›Thanatos‹ versehen, um ihre Wurzeln und ihr Telos in einer befriedigenden Sinnlichkeit, einer libidinösen Vernunft aufzuzeigen. Damit hat er auf eine entscheidende Voraussetzung emanzipatorischen politischen Handelns hingewiesen. Kein politisches Handeln kann die Qualität des Emanzipatorischen beanspruchen, das nicht das gesellschaftliche Ziel in Beziehung zu den individuellen Glücksansprüchen setzt; und das universalistische Prinzip der politischen Verwirklichung und Aufhebung moralischer Ansprüche ist kraftlos ohne die Verankerung im individualistischen Anspruch der Sinnlichkeit. Praktische Vernunft und die politischen Maximen ihrer Verwirklichung sind nicht auf bloße Rationalität des allgemein Geltenden zu reduzieren. Den Entwurf einer libidinösen Moral in dieser Richtung auszuführen, wäre nötig, um die Intention einzulösen, die in Marcuses Utopie vom Ende der Utopie enthalten ist.

---

1 Herbert Marcuse: »Das Ende der Utopie«, in: ders.: »Das Ende der Utopie«, Frankfurt/M. 1980, S. 9 ff. – **2** Insbesondere seit »Triebstruktur und Gesellschaft« (1955), Frankfurt/M. 1968. – **3** »Gespräche mit Herbert Marcuse«, Frankfurt/M. 1978, S. 116. – **4** Sigmund Freud: »Das Unbehagen in der Kultur« (1930), in: ders.: »Studienausgabe« Bd. IX, Frankfurt/M. 1982, S. 270. – **5** (4) S. 270. – **6** (4) S. 246. – **7** Sigmund Freud: »Jenseits des Lustprinzips« (1920), in: ders.: »Studienausgabe« Bd. III, Frankfurt/M. 1982, S. 246. – **8** (7) S. 262. – **9** (4) S. 246 Anm. – Zur späten Triebtheorie Freuds vgl. ausführlicher: Gunzelin Schmid Noerr: »Eros und Todestrieb. Zur Dechiffrierung der psychoanalytischen ›Mythologie‹«, in: »Psyche« 8, 1987, S. 677 ff. – **10** (2), S. 199. – **11** (2), S. 199. – **12** (2), S. 202. – **13** (2), S. 220 f. **14** (2), S. 208. – **15** Herbert Marcuse: »Aggressivität in der gegenwärtigen Industriegesellschaft« (1956), in: »Analytische Sozialpsychologie«, hg. von Helmut Dahmer, Bd. 2, Frankfurt/M. 1980, S. 466. – **16** (15), S. 460. – **17** (15), S. 468. – **18** Herbert Marcuse: »Zur Kritik des Hedonismus« (1938), in: ders.: »Kultur und Gesellschaft«, Bd. 1, Frankfurt/M. 1967. – **19** (2), S. 196. – **20** (2), S. 197. **21** (2), S. 219. – **22** (2), S. 196. – **23** Vgl. (15), S. 467. – **24** (4), Abschnitt VII und VIII. **25** Herbert Marcuse: »Das Veralten der Psychoanalyse« (1963), in: ders.: »Kultur und Gesellschaft«, Bd. 2, Frankfurt/M. ^{3}1967, S. 89. – **26** Herbert Marcuse: »Trieblehre und Freiheit« (1956) in: ders.: »Psychoanalyse und Politik«, Frankfurt/M. ^{6}1980, S. 26. – **27** Herbert Marcuse: »Die Idee des Fortschritts im Licht der Psychoanalyse« (1956), in: ders.: »Psychoanalyse und Politik«, (26), S. 49. – **28** (2), S. 225. Vgl. auch Herbert Marcuse: »Versuch über die Befreiung« (1969), Frankfurt/M. ^{5}1980, S. 25. – **29** Max Horkheimer und Theodor W. Adorno: »Dialektik der Aufklärung« (1947), Frankfurt/M. 1969, S. 112. – **30** (2), S. 224. – **31** Herbert Marcuse: »Der eindimensionale Mensch« (1964), Neuwied, Berlin ^{6}1968, S. 26. – **32** Vgl. Gunzelin Schmid Noerr: »Eros und Todestrieb« (9). – **33** (2), S. 266. – **34** (2), S. 231 f. – **35** (2), S. 34. – **36** (2), S. 34. **37** (25).

Volker Lilienthal

Das Glückliche Bewußtsein
Zur Medienkritik bei Herbert Marcuse

> *Die internationale Linke trauert um ihr philosophisches Idol Herbert Marcuse, ›Revolutionäre Gewalt‹ war das Glaubensbekenntnis dieses Grüblers. Als es die ersten Terror-Opfer gab, sprach Marcuse betroffen von Mißverständnissen. Das habe er nicht gemeint und nicht gewollt. Mißverstanden wurde er, weil er Mißverständliches gelehrt hatte. Er war eine tragische Gestalt. Weit tragischer aber ist das Schicksal jener Menschen, die tot oder lebendig Opfer seiner Irrlehre wurden.*
>
> »Bild« zum Tode 1979

I

Im Gegensatz zu den geistesverwandten Denkern Horkheimer und Adorno[1] hat Herbert Marcuse nie eine ausgearbeitete Theorie der Medien vorgelegt. Auch wenn es in seinem Werk zahlreiche, oft weniger analytische, denn polemische Aussagen über massenmediale Funktionen gibt, läßt sich diese Theorie auch nicht nachträglich aus den verstreuten Äußerungen kompilieren. Urteile über Presse und Fernsehen finden sich bei Marcuse zu gelegentlich, als daß sie sich systematisieren ließen. Selbst im zentralen gesellschaftsanalytischen Werk, dem »Eindimensionalen Menschen« von 1964, stellt die Massenkommunikation eine bloße Marginalie dar. Über die Gründe dieser Unterlassung könnte hier nur spekuliert werden.[2] Allemal bleibt sie ein Manko für Marcuses gesamtes Werk, gerade weil er der Medienindustrie die Rolle eines omnipotenten Systemstabilisators zuschrieb. Begründungen für diese Einschätzung aber blieb er uns schuldig. Wenn wir hier dennoch versuchen wollen, Marcuses Sicht der Medien zu skizzieren, so deshalb, weil 1.) die Schärfe seiner Medienkritik in den siebziger Jahren eine immens stimulierende Wirkung auf die Gegner namentlich des Fernsehens zeitigte, weil wir 2.) den moralischen Rigorismus, mit dem Marcuse die Inhalte der Medien an einem philosophisch-humanitären Wahrheitsanspruch mißt, für eine Qualität halten, an der sich auch heutige Medienkritik orientieren sollte, und weil es 3.) Ansätze neu zu entdecken gilt, die weiterzudenken sich lohnt.

II

Massenkommunikation ist für Marcuse ein linearer Prozeß einseitiger Instrumentalisierung. Der so konstituierte Manipulationszusammenhang ist für ihn total. Schon in der »Gesellschaftslehre des sowjetischen Marxismus« sagt er von Spätkapitalismus und Staatssozialismus: (...) *das Volk wird durch die ›Massenmedien‹ der Kommunikation, die Unterhaltungsindustrie und Erziehung gleichgeschaltet*[3]. Ähnlich absolut heißt es im »Versuch über die Befreiung«: (...) *das Klasseninteresse gebraucht die Massenmedien zur Werbung für Gewalt und Dummheit, zur Bestrickung der Zuhörer.*[4] Verhaltenskontrolle und Bewußtseinsprägung – das sind danach die dominanten Funktionen der Massenmedien in der repressiven Gesellschaft.

Es war die Rede von einer systematischen Steuerung und Kontrolle der Psyche in der fortgeschrittenen Industriegesellschaft. Steuerung und Kontrolle wofür und durch wen? Jeder Manipulation im Interesse bestimmter Unternehmen, politischer Richtungen und Interessen ist das allgemeine und objektive Ziel übergeordnet, den Einzelnen mit der Lebensform auszusöhnen, die ihm von der Gesellschaft aufgezwungen wird. Da in einer derartigen Aussöhnung eine beträchtliche zusätzliche Repression mitspielt, muß eine libidinöse Vermittlung der Ware erreicht werden, die das Individuum kaufen (oder verkaufen) soll, der Dienstleistungen, die es benutzen (oder erbringen), der Kandidaten, die es wählen soll, des Vergnügens, das es genießen, der Statussymbole, die es sich zu eigen machen soll.[5]

Marcuse ist hier nah einem avancierten Ideologie-Begriff, der, in Anlehnung an Althusser, Ideologie als die Produktion von *Unterwerfung in der Form der Freiwilligkeit*[6] denkt. Bei ihm lautet der entsprechende Terminus: ›Glückliches Bewußtsein‹. Es ist dies *der Glaube, daß das Wirkliche vernünftig ist und das System die Güter liefert*[7]. Das ›happy consciousness‹, das die Medien gemeinsam mit anderen Sozialisationsagenturen wie der Erziehung[8] konstituieren, erleichtert *die Hinnahme der Untaten dieser Gesellschaft*[9].

Marcuses Medienkritik steht in engem Zusammenhang mit seinem Bedürfnis-Begriff. Massenmedien sind für ihn Agenturen, die durch verschiedene Programmformen (vom Werbespot über die Show bis zur Lebenshilfe) die falschen, der Reproduktion des Systems dienlichen Bedürfnisse propagieren sowie für deren libidinöse Besetzung sorgen. Der Konsumismus soll dadurch von den Individuen als etwas erfahren werden, was nicht nur den punktuellen Vorteil eines schnellen Autos oder einer komfortablen Körperpflege verschafft, sondern darüber hinaus die Berechtigung des gesellschaftlichen Ganzen bezeugt und dessen ›Farbigkeit‹ und ›Schönheit‹ versinnlicht. Den Begriff und den Wert der Wahrheit sieht Marcuse dabei einer permanenten Erosion ausgesetzt:

Die Massenmedien scheinen von der Verpflichtung zur Wahrheit weitgehend entbunden, und zwar auf besondere Weise. Man kann nicht einfach sagen, daß die Massenmedien lügen (›lügen‹ setzt eine Verpflichtung zur Wahrheit voraus); vielmehr vermischen sie Wahrheit und Halbwahrheit mit Auslassungen, Tatsachenberichte mit Kommentaren und Wertungen, Information mit Werbung und

Propaganda – all dies wird redaktionell zu einem suggestiven Beitrag verarbeitet. Die redaktionell unangenehmen Wahrheiten – und wie viele der entscheidenden Wahrheiten sind nicht unangenehm – werden zwischen die Zeilen verpackt, versteckt oder harmonisch mit Unsinn, Ulk und sogenannten ›human interest stories‹ vermischt. Und der Verbraucher neigt bereitwillig dazu, diese Ware zu kaufen – er kauft sie oft wider besseres Wissen und weil eine bessere Einsicht ihm nur schwer zugänglich ist. (...) gerade im Rahmen der allgemeinen und demokratischen Neubelebung der Aggressivität gewinnt die Abwertung des Wahrheitsbegriffs eine besondere Bedeutung. Denn Wahrheit ist in strengstem Sinne ein Wert, sofern sie dem Schutz und der Verbesserung des Lebens dient, als ein Leitfaden im Kampf des Menschen mit der Natur und mit sich selbst – mit seiner eigenen Schwäche und seinem eigenen Destruktionstrieb. In dieser Hinsicht gehört Wahrheit in den Bereich des sublimierten Eros, der Intelligenz, die, verantwortlich und autonom geworden, danach strebt, die Abhängigkeit des Menschen von unkontrollierten und repressiven Kräften aufzuheben. Und im Hinblick auf diese schützende und befreiende Funktion der Wahrheit wird mit ihrer Abwertung eine weitere wirksame Schranke gegen die Destruktion beseitigt.[10]

Hier wird nicht weniger behauptet, als daß die Medien in ihrer gegenwärtigen Verfaßtheit Aggressionen freisetzen, die sich letztlich auch gegen den Fortbestand der Gesellschaft richten müßten, zu deren Erhalt sie ja eigentlich bestimmt sind. Implizit handelt es sich hierbei um eine Variation der marxistischen These von der Selbstabschaffung des Kapitalismus.

Einen wirklich qualitativen Wandel sähe Marcuse in den Medien erst dann realisiert, wenn sie in ihren Inhalten einem humanen Wahrheitsbegriff verpflichtet wären. Dann würden aus Instrumenten der Repression solche der Befreiung. Wie Marcuses knappe Ausführungen zur medialen Formgesetzlichkeit zeigen, bedeutete dies für ihn auch, eine Dialektik zwischen Form und Inhalt zu wahren: Informationen über das Grauen dürften nicht mittels Spannung etwa in einen Gegenstand des Genusses verwandelt werden. Genau dies aber ist das Erfolgsrezept der modernen Filmindustrie, wie ihre Produkte – von »Holocaust« über »Killing Fields« bis zu »Stammheim« – uns alltäglich beweisen: Kein Kapitel der Zeitgeschichte ist blutig genug, als daß Pietät verhinderte, es zu abendfüllenden Lichtspielen zu verarbeiten. Aus dem Leid der Opfer wird Freizeit-Wert gepreßt.

Verbrechen sind heute ein bevorzugter Unterhaltungsgegenstand der Massenmedien[11], schreibt Marcuse in »Konterrevolution und Revolte« und andernorts konkretisiert er:

Die Verrohung der Sprache und des Bildes, die Darstellung vom Töten, Verbrennen und Vergiften der Opfer einer neo-kolonialen Schlächterei erfolgt in einem alltäglichen, tatsachengebundenen, manchmal sogar humoristischen Stil, der das radikal Böse mit den Untaten jugendlicher Krimineller, mit Fußballspielen, Unfällen, Börsen- und Wetterberichten gleichsetzt. Hier handelt es sich nicht mehr um die ›klassische‹ Verherrlichung des Tötens im nationalen Interesse, sondern um seine Rückführung auf die Ebene der banalen Ereignisse und Vorkommnisse des täglichen Lebens. Die Folge ist eine Normalisierung des

Grauens, eine ›psychologische Gewöhnung an den Krieg‹, der einem Volk verordnet wird, das sich dank dieser Gewöhnung rasch mit der ›Todesquote‹ vertraut macht, so wie ihm bereits andere ›Quoten‹ geläufig sind (die Zahlen der Geschäftsbilanzen, Verkehrstoten und Arbeitslosen).[12] *Hier erscheint Massentötung als patriotische Tat. An das, was die freie Presse sich in dieser Hinsicht leistet, wird man sich vielleicht später einmal als an die beschämendsten Akte der Zivilisation erinnern. Kaum vergeht ein Tag, an dem nicht ein Sieg gefeiert wird durch die Ankündigung ›136 Vietkong getötet‹, ›Marineinfanteristen töten mindestens 156 Vietkong‹, ›Mehr als 240 Rote niedergemacht‹. Ich habe zwei Weltkriege erlebt, aber ich kann mich an keine derartig freche Reklame für Gemetzel erinnern.*[13]

Die letzten beiden Zitate zeigen deutlich, wie sehr Marcuses Medienkritik bezogen ist auf den Zustand der US-amerikanischen Medien, insbesondere zur Zeit des Vietnamkriegs. Als »L'Express« bei Marcuse im Sommer 1968 kritisch nachfragte: *Es ist aggressiv, vor dem Fernsehapparat zu sitzen? Man könnte naiv glauben, es sei eher passiv,* antwortete er: *Kennen Sie die Programme des amerikanischen Fernsehens? Da macht es ständig ›Bum, bum‹.*[14] In dieser konkreten Verortung liegt eine Stärke von Marcuses Medienkritik, aber auch ihre Schwäche – durch Begrenzung. Denn auf europäische Verhältnisse sind seine Diagnosen nur bedingt zu übertragen. Diese Einschränkung betrifft nicht so sehr das Problem der Gewaltdarstellung, da es in dieser Hinsicht auch bei uns nur wenige Tabus gibt und ihr Abbau mit den kommerziellen Neuen Medien noch beschleunigt werden wird. Kulturelle Ungleichzeitigkeit, abendländisches Nachhinken kann also nicht zu einem Kriterium für den Wahrheitsgehalt dieser Aussagen gemacht werden; eher ermöglichen sie erst ihren für Europa prognostischen Wert.

Das eigentliche Problem von Marcuses an sich natürlicher US-Fixierung aber liegt darin, daß sie nahezu zwangsläufig dazu führt, die aufklärerischen Potenzen der Medien zu verkennen. Für ihn ist der Verblendungszusammenhang total deshalb, weil die *freie Presse (...) sich selbst zensiert*[15]. Hier ist sie wieder, die *Unterwerfung in der Form der Freiwilligkeit,* doch wird sie von Marcuse derart verallgemeinert, daß er am Ende keinen praktischen Unterschied mehr zu erkennen vermag zwischen dem Massenmedium als *dem Instrument der Information und Unterhaltung und dem Instrument der Manipulierung und Beeinflussung*[16].

Scheinbar besteht ein Widerspruch zwischen Marcuses oben skizzierter Grundannahme, die Medien perfektionierten die Reproduktion des Systems, und seinen nun zu diskutierenden Äußerungen über die herrschaftskritischen Möglichkeiten der Medien. Das Vietnam-Amerika etwa will Marcuse deshalb nicht als ›faschistisches Regime‹ eingestuft wissen, weil die bürgerlichen Freiheiten noch gewährleistet sind: *Die Gerichte halten die Pressefreiheit noch aufrecht; ›Untergrund‹-Zeitungen werden immer noch öffentlich verkauft, und die Massenmedien bieten Gelegenheit zu fortwährender und scharfer Kritik an der Regierung und ihrer Politik.*[17] Gefragt nach der Denkbarkeit eines emanzipatorischen Gebrauchs der Technik ›Fernsehen‹, konzedierte Marcuse: *Man könnte das Fernsehen ebensogut für die Umerziehung der Bevölkerung einsetzen.*[18]

Marcuse neigt dazu, massenmediale Manipulation als quasi naturgesetzliches Phänomen unbefragt zu lassen oder aber einer Eigengesetzlichkeit der Technik anzulasten. Zu wenig analysiert er das Problem als das, was es ist: eine Frage von Macht und Einfluß. Ein leider unausgeführter Ansatz dazu findet sich im »Versuch über die Befreiung«, wo es heißt, daß die *linke Minderheit über keine großen Fonds verfüge, wie ein gleichwertiger Zugang zu den Massenmedien sie erfordert*[19]. In Marcuses Einschätzung der befreienden Kraft der Medien kehrt die Omnipotenz-These in diametral entgegengesetzter Weise wieder: Waren die Medien zunächst Garanten für den Status quo, so werden sie nun zum Zentrum seiner Negation. Schon im »Eindimensionalen Menschen« gibt Marcuse seiner Hoffnung Ausdruck, daß *das Nicht-Funktionieren des Fernsehens und verwandter Medien (...) den Zerfall des Systems*[20] erreichen könnte. *Media-Agenten*, so glaubt Marcuse 1977/78, könnten zusammen mit Wissenschaftlern, Technikern und Ingenieuren, sofern sie organisiert sind, *die Reproduktion des Systems erschüttern und vielleicht zum Stillstand bringen. Aber ›die Verhältnisse sind nicht so‹. Gerade ihre Einordnung in den Produktionsprozeß wirkt gegen die Radikalisierung, von dem privilegierten Einkommen ganz zu schweigen.*[21] Diese argumentative Volte ist erstaunlich: Unversehens wird aus der Rebellion der *Media-Agenten* wieder ihre Anpassung.

Eine annähernd realistische Einschätzung der Rolle der Medien im Befreiungskampf ist Marcuse, so weit ich sehe, allein in »Konterrevolution und Revolte« gelungen, wo er Rudi Dutschkes Strategie des ›langen Marsches durch die Institutionen‹ aufnimmt. Bekanntlich hatte dieser gefordert, die jungen Revolutionäre sollten in die Zentren der Macht vordringen und dort ihre kritischen Ideen vertreten. Es war dies eine griffige Vorstellung, die für ungezählte akademische Newcomer im Medienbetrieb handlungsleitend wurde. Natürlich gab es auch hier die üblichen Fälle von späterer Anpassung, doch wage ich zu behaupten, daß Dutschkes Konzept nachwirkt und eine reale Langzeitwirkung der Studentenbewegung etabliert hat. Kaum beachtet wurde in der Diskussion, daß auch Dutschke nur frühe Ansätze von Brecht und Benjamin aus der Zeit der Weimarer Republik politisch aktualisierte: die Forderung nämlich, *den Produktionsapparat nicht zu beliefern, ohne ihn zugleich, nach Maßgabe des Möglichen, im Sinne des Sozialismus zu verändern.*[22]

Als mißtraute Marcuse diesem Versuch – was bei seiner Auffassung von der Totalität der Repression durch und in den Medien nicht weiter verwunderlich ist –, diskutiert er den Kampf in den etablierten Institutionen überhaupt nicht, sondern fordert alternative Medien: *Der lange Marsch schließt die gemeinsame Anstrengung ein, Gegeninstitutionen aufzubauen. Sie gehören seit langem zu den Zielen der Bewegung, aber hauptsächlich aus Mangel an Geldmitteln blieben sie schwach und qualitativ unbefriedigend. Sie müssen konkurrenzfähig gemacht werden. Das ist besonders wichtig für die Entwicklung radikaler, ›freier‹ Medien.*[23]

Die Probleme aber beginnen erst hier, und sie wurden bisher von der Linken weder theoretisch ausreichend reflektiert, geschweige denn praktisch gelöst: Wie gewinnt man ein an ›suspense‹ und ›entertainment‹ gewöhntes Publikum für die Medien der Bewegung? Es ist erwähnenswert, wie die »L'Express«-Redakteure Marcuses oben zitierte Vision von der Umerziehung durch Fernsehen kommentierten: *Es werden viele Fernsehsendungen nötig sein, bis die Arbeiterklasse sich für die Revolution wird gewinnen lassen, die ihre Löhne herabsetzt, sie zum Verzicht auf ihre Autos zwingt und ihren Verbrauch einschränkt.*[24] Fest steht: Theorie schreckt ab. Kopflastigkeit und linke Verkündigung sind kaum dazu angetan, Rezipienten zu gewinnen und die alternativen Medien so, wie Marcuse hofft, ›konkurrenzfähig‹ zu machen. Geld allein reicht eben nicht aus. Was fehlt, ist eine Didaktik herrschaftskritischer Kommunikation – einer Kommunikation, die medienadäquate Attraktion nicht entbehrt und dennoch die Integrität ihres Inhalts wahrt.

Im Grunde ist der Ruf nach einer Gegenöffentlichkeit eine theoretische Konsequenz aus einer politischen Ohnmachtserfahrung der Linken. Ende der sechziger Jahre hatte sich die Studentenbewegung die u.a. von Marcuse vertretene These zu eigen gemacht, daß es die Funktion der bürgerlichen Medien sei, die Majorität der Bevölkerung am Erkennen ihrer authentischen Befreiungsinteressen zu hindern. Als Bastion der Gegenaufklärung erschien der Springer-Konzern und hier insbesondere dessen Massenblatt »Bild«. Die Forderung, die man seinerzeit auf unzähligen Demonstrationen und Teach-ins skandierte und auch juristisch durchzusetzen hoffte, lautete: *Enteignet Springer!* Das hehre Ziel aber blieb (konkrete) Utopie. Der bürgerliche Staatsapparat schützte Springer, und »Bild« schlug propagandistisch zurück, diffamierte die Demonstranten als ›Krawallmacher‹, um sie so in der Bevölkerung zu isolieren. Der Zerfall der Bewegung begann, und Gaston Salvatore erinnerte sich später, daß dieser Zerfall mit einer Distanzierung von der Person Herbert Marcuses einherging: *Nach drei Jahren, vielleicht noch weniger, ging man nach Hause. (...) Die Studentenbewegung wollten alle vergessen. (...) Es ist nicht verwunderlich, daß man bei diesem Verdrängungsprozeß auch Herbert Marcuse vergaß. Seine radikale Kritik der Massenmedien hatte die Studentenbewegung in der Anti-Springer-Kampagne voll übernommen. Und doch war Marcuse für die rebellierenden Studenten hauptsächlich ein Massenmedien-Phänomen, eine Größe, die seine ›repressive Toleranz‹ zuließ.*[25]

Der ideologische Apparat des Systems hatte nicht lahmgelegt werden können, also mußte seiner Macht mit eigenen Medien begegnet werden. So resultierte aus einer Niederlage der Studentenbewegung die (dann auch von Marcuse unterstützte) Idee, eigene autonome Medien zu schaffen – zur Forderung erhoben erstmals 1970 von Hans Magnus Enzensberger im »Kursbuch« 20. Anfang der siebziger Jahre, gleichzeitig also zur Entstehung von »Konterrevolution und Revolte«, erarbeiteten der Soziologe Oskar Negt und der Filmemacher und Schriftsteller Alexander Kluge ihr Standardwerk »Öffentlichkeit und Erfahrung«, das die Strategie der Gegenöffentlichkeit theoretisch fundierte und während reger Rezeption für manche linke Presse-

Praxis handlungsleitend wurde: *Gegen Produktion der Scheinöffentlichkeit helfen nur Gegenprodukte einer proletarischen Öffentlichkeit: Idee gegen Idee, Produkt gegen Produkt, Produktionszusammenhang gegen Produktionszusammenhang.*[26] Das war auch gegen die Kulturkritik traditionellen Zuschnitts, die sich als hilflos erwiesen hatte, gedacht, hieß es doch ferner: *Produkte lassen sich wirksam nur durch Gegenprodukte widerlegen.*[27]

Marcuses Medienkritik, so scheint es, gehört zu dieser traditionellen Kulturkritik, die ihrem Gegenstand nur immer hinterherläuft. Wären da nicht jene zwei Aufsätze Marcuses, die massenkommunikative Phänomene – im Gegensatz zu den bisher vorgestellten gelegentlichen Anmerkungen systematisch analysieren und die auch im Hinblick auf die heutige Situation einen hohen empirischen Gehalt aufweisen. Die Rede soll sein von der frühen Arbeit »Über den affirmativen Charakter der Kultur« (1937) und von »Repressive Toleranz« (1965).

*

Die Medien und Marcuse. Ein Intermezzo: *Der größte Hörsaal der Frankfurter Universität war bereits eine halbe Stunde vor Beginn überfüllt; eng aneinandergepreßt erwarteten wohl mehr als 2000 Hörer den Mann, der die Kritische Theorie in einen pathetisch-voluntaristischen Messianismus transformierte. (...) Daß dem Flittergold der humanitären Deklamationen die Anbetung der Gewalt zugrunde liegt, daß Marcuse nicht zuletzt aufgrund seiner abstrakten Postulate von der befreiten Gesellschaft in die lange Reihe totalitärer deutscher Denker gehört (...) – das wurde natürlich in einem kurzen Vortrag nur teilweise sichtbar. (...) Wer über ein entsprechend sanftmütiges Naturell verfügt, konnte die ganze Veranstaltung als eine subkulturelle Folklore betrachten.* Günter Maschke am 1. Juli 1974 in der »Frankfurter Allgemeinen Zeitung«. *Zum Auftakt* (der Frankfurter Römerberg-Gespräche) *sprach Herbert Marcuse in der Städtischen Oper, weil man annahm, daß der Plenarsaal des Rathauses dem Ansturm nicht gewachsen sei. Eine solche Maßnahme war unnötig: das Charisma dieses Mannes ist dahin.* Derselbe am 22. Mai 1979 ebenda. *Der 81jährige wurde mit anhaltendem Beifall in Frankfurt begrüßt.* Peter Rabe einen Tag zuvor in der »Frankfurter Rundschau« über dieselbe Veranstaltung.

III

Als ›affirmative Kultur‹ analysiert der frühe Herbert Marcuse diejenige geschichtliche Form, in der die über die materielle Produktion hinausgehenden Bedürfnisse des Menschen aufbewahrt sind. Wo die bürgerliche Klasse Emanzipationsversprechen, die sie anfangs auf ihre eigenen Fahnen geschrieben hatte, schließlich doch nicht erfüllte, schob sie diese verratenen Ideale ins Reich der Kultur ab und duldete ihre Verwirklichung nur dort, zum ›schönen Schein‹. *Indem das Zwecklose und Schöne verinnerlicht und mit den Qualitäten der verpflichtenden Allgemeingültigkeit und der erhabenen Schönheit zu den kulturellen Werten des Bürgertums gemacht werden, wird in der Kultur ein Reich*

scheinbarer Einheit und scheinbarer Freiheit aufgebaut, worin die antagonistischen Daseinsverhältnisse eingespannt und befriedet werden sollen. Die Kultur bejaht und verdeckt die neuen gesellschaftlichen Lebensbedingungen.[28]
Was hier im Zentrum von Marcuses Kritik steht, ist also die ideologische Indienstnahme des Kulturellen, das repressiv dadurch wird, daß es die Glücksbestrebungen der Menschheit in einem letztlich irrealen, weil immateriellen Reservatbereich stillstellt. Die systemfunktionale Leistung der affirmativen Kultur besteht darin, daß sie die äußeren Verhältnisse von den Glücksansprüchen der Individuen entlastet, indem sie eine *ewig bessere, wertvollere Welt* verheißt, *welche von der tatsächlichen Welt des alltäglichen Daseinskampfes wesentlich verschieden ist, die aber jedes Individuum ›von innen her‹, ohne jene Tatsächlichkeit zu verändern, für sich realisieren kann*[29].

Von solcher integrativen Funktionszuschreibung bleibt in der bürgerlichen Gesellschaft auch die authentische Kunst nicht frei. Auch sie muß entschädigen für die Versagungen des gesellschaftlichen Lebens: *In einer glücklosen Welt muß aber das Glück immer ein Trost sein: der Trost des schönen Augenblicks in der nicht endenwollenden Kette von Unglück.*[30]

Diese Thesen erschienen erstmals in der »Zeitschrift für Sozialforschung« 1937 in Paris, der ersten Station des Frankfurter Instituts im Exil. Der Unterschied zur Kunst-Apotheose des späten Marcuse[31] ist frappierend. Durch die erzwungene Emigration und unter dem Eindruck des Faschismus mußte Marcuse seinerzeit zwangsläufig die Rolle des Ästhetischen kritischer einschätzen, erwiesen doch Bücher, Bilder und Musiken tagtäglich ihre Ohnmacht vor der brutalen Gewalt. Doch ginge es zu weit, darin einen Widerspruch zum späteren Werk zu sehen, spricht Marcuse doch auch in seiner Kritik der Kultur von befreienden Qualitäten: *Sie hat zwar die ›äußeren Verhältnisse‹ von der Verantwortung um die ›Bestimmung des Menschen‹ entlastet – so stabilisiert sie deren Ungerechtigkeit –, aber sie hält ihnen auch das Bild einer besseren Ordnung vor, die der gegenwärtigen aufgegeben ist.*[32] Marcuse faßt das Phänomen also dialektisch, wenn er der affirmativen Kultur zugesteht, *auch die Erinnerung an das, was sein könnte*[33], aufzubewahren.

In der These von der ›affirmativen Kultur‹ brachte Marcuse kulturgeschichtliche Empirie auf den Begriff. Der Vorwurf des Affirmativen ist in der Folge[34] vor allem der Kultur im ›Dritten Reich‹ gemacht worden, der Musik Furtwänglers ebenso wie den Dichtern der ›Inneren Emigration‹. Literatur, die unterm Faschismus entstehen und gelesen werden konnte, wird sich für immer dem Ideologieverdacht ausgesetzt sehen. Verdächtig ist sie, nichts gewesen zu sein als Begleitmusik zum Werk der Mörder und den anderen ein Trost, der vom Handeln abhielt. Denn wenn Adorno nach dem Krieg dekretierte, nach Auschwitz dürften keine Gedichte mehr geschrieben werden, so ist das moralische Problem für die Zeitgenossen von Auschwitz natürlich noch schärfer zu fassen: Wie konnte man zur Zeit von Auschwitz Gedichte schreiben?[35] Doch ist man bereit, ein legitimes Interesse nicht-nazistischer Kulturrezipienten an psychologischer Stabilisierung in einer Welt der Angst anzuerkennen, so hat diese Kritik schnell die Grenzen ihrer Gültigkeit erreicht.

Wer etwa will es einem 19jährigen Juden verdenken, daß er in einer Opernaufführung 1934 in Berlin vorübergehendes Vergessen seines Elends suchte und fand? Im Anschluß an den Abend schrieb er dieses Gedicht: *Das Spiel ist aus. / So unbeschwert / ward kaum ein Fest erdacht. / Wenn auch der Alltag wiederkehrt / und Leiden sich und Trauer mehrt, / so bleibt der Glanz doch unversehrt / von dieser einen Nacht.*[36]

Phänomene affirmativer Kultur lassen sich auch für gegenwärtige Gesellschaften beschreiben. Daß das Fernsehen in der Bundesrepublik affirmative Kultur frei Haus liefert, ist unmittelbar einsichtig. Vor allem seine Unterhaltungsprogramme, die trivialen allemal, tendenziell aber auch die anspruchsvollen, gestalten einen sanften Feierabend mit Spiel, Bildung, Seelenerbauung und anderem Eiapopeia, eröffnen ein als pittoresker Trödelmarkt getarntes Nervenhospital, das kuriert für den Morgen, an dem die Arbeit weitergeht, und mit ihr die Fremdbestimmung. Nichts hat sich geändert, aber alles läßt sich ein bißchen besser ertragen. Es ist auch eine Rezeption der Thesen Herbert Marcuses, wenn der Essayist Wolfgang Pohrt urteilt: *Weit entfernt davon, Frevel an der Kultur zu sein, ist Fernsehen vielmehr deren Inbegriff: notwendiges Betäubungsmittel und notwendiger Ersatzstoff in einer unerträglich gehaltenen Welt.*[37] Im Programm der öffentlich-rechtlichen Anstalten war die Dominanz des Amüsements stets gebrochen durch Information – ein von Marcuse vernachlässigtes Faktum. Die vordringenden Privatsender aber erklären ausdrücklich, ihre Empfänger nicht mit zuviel Politik langweilen zu wollen; Spiel und Spaß sollen Trumpf sein. Die perfekte affirmative TV-Kultur steht also noch im Prospekt.

Doch der Einfluß des Affirmativen reicht weiter, tiefer und zielt ab auf einen Umbau des Kulturellen überhaupt, d.h. seine vollständige ökonomische und ideologische Integration in die Freizeitgesellschaft. Das läßt sich zunächst an der Großzügigkeit beobachten, mit der kapitalkräftige Gruppen, die Industrie vor allem, die Künste mäzenatisch unterstützen. So werden in Wien Theateraufführungen finanziert mit dem Reklamegeld von Firmen, die zwar keinen Einfluß nehmen auf die Inszenierung, ihr Mitwirken aber wohlfeil einbauen dürfen in ihren ›Werbefeldzug‹.[38] Denn für Kultur zu sein, ist noch immer gut fürs Image. Der clevere PR-Agent, der solches in die Wege leitete, machte seinen Kunden die hohe Kultur mit dem profanen Reichweitenargument schmackhaft: Übers Jahr gingen in Österreich mehr Leute ins Theater als auf den Fußballplatz. Befragte Künstler gaben zu Protokoll, ihnen sei jedes Geld recht, wenn nur die Produktion unangetastet bleibe. Puritanisch wäre es, zu erinnern daran, daß auch der Kontext der Rezeption für den Genuß und die Wirkung von Kunst von nicht zu unterschätzender Bedeutung ist: Was ist zu halten von einer Aura, die von einer Reklame für Katzenfutter garniert wird?

Seit Mitte der siebziger Jahre wurde affirmative Kultur in der Bundesrepublik regelrecht zu einem kulturpolitischen Programm, genannt: Alltagskultur. Ursprünglich gedacht als Demokratisierung von kreativen Kräften, als Anerkennung der Phantasieleistungen des Volkes, als Entwicklung seiner *kulturellen Selbsttätigkeit*[39], wurde daraus in der kulturindustriellen Verwertung eine

Sozialtechnologie der Anpassung durch kulturelle Freizeitgestaltung. Alltagskulturelle Phänomene wie Laienkunst, Handwerk, Brauchtum und Stadtteilfeste werden affirmativ nicht allein dadurch, daß in ihnen das Kulturelle seine kritische Fremdheit zum Realen verliert, sondern vor allem deshalb, weil sie Spielräume zur Persönlichkeitsentfaltung jenseits des Reiches der Notwendigkeit etablieren. Zur Methode gehört, daß dieses Spielen allemal zeitlich beschränkt ist und es in der Selbstvergessenheit des partikularen Interesses verunmöglicht, Bezüge zur Arbeitswelt herzustellen. Allein in den Funktionszuschreibungen der Kulturplaner tauchen diese Bezüge auf, doch bestehen sie allein von der Arbeitswelt zur Freizeit, nie aber umgekehrt. Ins Kulturelle werden Ansprüche abgeschoben, die das System anders nicht befriedigen kann. Es spricht für sich, wenn der Kulturdezernent des NRW-Städtetages, Ernst Pappermann, einst der »Welt am Sonntag« verriet: *Wenn uns die Natur schon nicht besonders verwöhnt, dann sollte wenigstens die Kultur einen Ausgleich bieten. Das Kulturangebot strahlt auch in den wirtschaftlichen Bereich. Betriebe in Städten mit attraktivem Kulturangebot haben es leichter, Mitarbeiter von außerhalb zu gewinnen. Ich meine, gerade in trüben Zeiten ist es wichtig, etwas gegen die Tristesse zu tun.*[40]

In vielfältiger Weise hat das Konzept der Alltagskultur in den Sektor des Fernsehens ausgestrahlt. Es hat seine Formensprache modifiziert, und es hat beigetragen zu einem Wandel dessen, was im Fernsehen als Kultur erscheint. TV-Kulturredakteure sahen sich schon immer dem Vorwurf ausgesetzt, einen elitären Kanon für Minderheiten zu reproduzieren. Seit etwa zehn Jahren ist zu beobachten, daß sich die Macher bemühen, diesem Mißstand Abhilfe zu schaffen. Aber sie beschritten vornehmlich nicht den Weg einer verständlichen Vermittlung der authentischen Kultur, sondern betrieben eine als demokratisch annoncierte *Ausweitung des Kulturbegriffs*[41]. An die Seite der E-Musik z.B. trat die Popmusik als ein thematischer Gegenstand, der höhere kulturelle Weihen verdient hatte. Nicht, daß damit von einem kulturkonservativen Standpunkt aus behauptet werden soll, Popmusik könne keine Kunst sein. Meine Kritik gilt vielmehr der Art und Weise dieser Eingemeindung: Diverse Musiken (um beim Beispiel zu bleiben) waren plötzlich nur noch Konsumgegenstände unter anderen. Massenmediale Nivellierung verwischt die qualitativen Differenzen – Differenzen sowohl zwischen den einzelnen kulturellen Produkten als auch deren fundamentalen Widerspruch zum gesellschaftlichen Status quo.

Alltagskulturell konsumierbar gemacht, hört Kunst auf, das ›ganz Andere‹ zu sein. Sie wird Zwecken dienstbar, und zu diesen Zwecken gehört der, zu entschädigen für verstellte Erfahrungen, für verhindertes Glück. Die Sinnlichkeit von Musik, filmästhetisch potenziert in den sogenannten Video-Clips, fungiert als Surrogat von Sinnlichkeit und Abenteuer, wie sie die durchschnittlichen Rezipienten in diesen Ausmaßen nie erleben könnten, wollen sie nicht ihre ›bürgerliche Existenz‹ aufgeben (von den nötigen Geldmitteln ganz zu schweigen). Genau diese Fähigkeit der Musik, eine Traumwelt zur Entspannung vom Alltag massenhaft und preiswert bereitstellen zu können, bewog die sonst so auf Niveau bedachte »Frankfurter Allgemeine Zeitung« zu einer grundsätzlichen Verteidigung des vielgeschmähten ›Disco-Rausches‹: *Über dem kommerziellen Charakter des ganzen Disco-Geschäfts dürften seine individual- und sozialtherapeutischen Verdienste nicht unterschätzt werden. Nicht wenige junge Menschen, indem sie immer wieder das begleitende ›na na nanana‹ mitsummen und mitwippen, dürften darauf verzichten, aggressiv zu werden oder auf anderem Weg auszusteigen – zumindest solange der Ohrwurm im Ohr verweilt. Ist das so wenig?*[42]

Das war auch gerichtet gegen die herkömmliche Kulturkritik der Konservativen, also der eigenen Klientel. Noch wenige Jahre zuvor konnte man im selben Blatt Gegenteiliges lesen. Da hatte Günter Maschke, in einer Auseinandersetzung mit Herbert Marcuse, zugestanden, daß sich puritanische Arbeits- und Sexualmoral sowie das Leistungsprinzip auflösten, doch sei dies eher das Werk der Gesellschaft selbst denn ihrer Feinde: *Die geforderte Dissoziierung von Leistung und Lust findet ohnehin statt: Marcuses Theorie ist eher Widerschein einer demoralisierenden Krankheit, als daß sie die Melodie ist, die die Verhältnisse zum Tanzen zwingt.*[43]

Ungeachtet der politisch-polemischen Tendenz bleibt das eine bedenkenswerte Einschätzung. Jene *Subversion der Erfahrung,*[44] jene *Feier der Sinne, die mit der repressiven Erfahrung bricht und ein radikal anderes Realitätsprinzip, eine andere Sinnlichkeit antizipiert*[45], jene *unterirdische Rebellion gegen die gesellschaftliche Ordnung*[46], die Marcuse an der Kunst so lobt – könnte es nicht sein, daß diese rebellierenden Kräfte gerade nicht von der authentischen Kunst, sondern von der Popularkultur mit ihrem Ruf nach totalem Hedonismus ausgehen? Letztere nämlich ist im Hinblick auf ihre Wirkungschancen dem seriösen Antipoden schon deshalb schier uneinholbar überlegen, weil sie es ist, die massenhaft rezipiert wird. Im kulturgeschichtlichen Prozeß der zunehmenden Visualisierung des Sinnesapparates geht nicht mehr von Worten, sondern von Bildern und Tönen eine mobilisierende Wirkung auf die Menschen aus. Könnte es sein, daß das gesellschaftliche System durch die kulturindustrielle Bereitstellung des Alltagsästhetischen die Erosion seiner eigenen Grundlagen betreibt?[47]

*

Die Medien und Marcuse. Ein weiteres Intermezzo: *Das ist Marcuses Hegel – für Adventisten oder Zeugen Jehovas.* Stefan Teodorescu in »Christ und Welt« Nr. 36/1967. *Der Neinsager Herbert Marcuse ist ein Denker von Kraft und Passion. Wer in ihm heute eine revolutionäre geistige Führergestalt sieht, wird wahrscheinlich eines Tages entdecken müssen, daß er zwar nicht getäuscht wurde, wohl aber sich getäuscht hat.* Jean Améry in »Die Zeit« Nr. 14/1968. *Wenn man will, vertagt Marcuse hier* (im »Versuch über die Befreiung«) *die Revolution. Boshafte, vor allem systemimmanente Kritiker wie die anarchistischen Radikalinskis des Studentenprotests könnten nicht ohne Berechtigung folgern, nach anderen Denkern der Bewegung – etwa Adorno und Habermas – treffe nun auch Marcuse Vorsichtsmaßregeln, eines Tages nicht als Veranlasser von Aktion und*

Aufstand dazustehen. (...) Während die studentischen Wildpferde der Rebellion die Folgen ihrer blindwütigen Aktionen, die ihnen aus den eigenen Reihen die Vorwürfe des ›Linksfaschismus‹ und der Psychiaterreife eintrugen, beklagen, hat der Chefdenker der Bewegung damit begonnen, (...) aus Redeschlachten Folgerungen zu ziehen. (...) Eine besonders herbe Enttäuschung für manchen akademischen Protestjüngling muß auch die Feststellung Marcuses bedeuten, daß das studentische Element keine führende Rolle innerhalb der Gesamtbewegung spielt (...). Wolfgang Ignée in »Christ und Welt« Nr. 32/1969.

IV

Im Zuge der massenmedial betriebenen Nivellierung von Kultur kommen die Maßstäbe der Beurteilung und Unterscheidung abhanden. Es ist doch erstaunlich, wie in den TV-Literatursendungen (aber auch in Schulbüchern und auf Dichterlesungen) mindestens jeder zweite Autor als ›engagiert‹ gelobt wird. Es scheint, als hätten die Schriftsteller nichts anderes zu tun, als Vorbilder an Engagement zu sein und als sei diese ihre Anteilnahme allein ein Qualitätskriterium ihrer Texte. Fast könnte man sich wundern, daß sich die Welt trotzdem nicht ändert. Der gesellschaftliche Sinn solchen Totlobens besteht darin, Literatur zu einer Ersatzhandlung zu machen. Autoren sind engagiert – stellvertretend für uns. Mediale Hochkonjunktur hatte dieses Verfahren zur Zeit der ›Nachrüstungs‹-Kontroverse, als sich viele prominente Schriftsteller öffentlich und tatkräftig gegen die neuen Raketen bekannten. Heinrich Böll vor Mutlangen, im Hintergrund bedrohlicher Polizeiaufmarsch: Das hatte ›Bildwert‹, das war die sensationelle Außenseite einer Protestaktion, die die Medien bereitwillig multiplizierten. Die Reporter mögen dabei durchaus guten Willens gewesen sein: Wenn schon Böll (oder Grass oder Jens) sich gegen diese Waffen engagieren, so lautete ihre Botschaft, muß doch etwas dran sein. Allein: Sie verließen sich hierbei zu sehr auf ein medienübliches Ritual, auf die vorbildstiftende Kraft von Autoritätspersonen. Diese ›Persuasion durch Prominenz‹ ist ein Widerspruch zur intendierten Aufklärung, deren Idee verlangt, Denken und Handeln auf ›Einsicht‹ und nicht auf bloße ›Nachahmung‹ zu gründen. Solche Angebote zur Identifikation fördern die Bequemlichkeit: Prominente denken und handeln stellvertretend. Sie überreden durch ihr Beispiel, durch ihre auratische Persönlichkeit, kaum aber durch Argumente. Auch das ist affirmative Kultur, aber es ist noch etwas anderes: ›repressive Toleranz‹.

Wie kaum ein anderer Text hat Marcuses Essay »Repressive Toleranz« aus dem Jahre 1965 das medienkritische Engagement der Studentenrevolte in Wort und Tat beeinflußt. Eine unmißverständlich deutliche Übernahme der darin geleisteten Kritik der ›reinen Toleranz‹ findet sich etwa bei Michael Schneider, der 1968, zur Hochzeit der Bewegung also, über das Nachrichtenmagazin »Der Spiegel« urteilte: *Da der »Spiegel« den Widerspruch zwischen Reaktion und Revolution, Unterdrückung und Befreiung, wo immer er auftaucht, einebnet und folglich weder Feind- noch Freund-Bilder stimuliert, wird der*

»Spiegel«-Leser selber zum Objekt seiner sozialen Energien. Da er weder für Carmichael noch für Johnson, weder für Ho Tschi Minh noch für Ky, weder für Dutschke noch für Kiesinger plädiert, kann er am Ende nur für sich selbst plädieren. Diese narzißtische und masochistische Isolierung von der Welt verkauft ihm das Magazin als kritische Distanz zur Welt, dieses Syndrom psychischer Regressionen als Aufgeklärtheit, diese Verinnerlichung und Verkümmerung von Affekt als Objektivität.[48]

Doch schon 1970 markierte Hans Magnus Enzensberger die Grenzen des Ansatzes von Marcuse wie folgt: *Auch die Theorie der repressiven Toleranz hat sich in der Medien-Diskussion der Linken durchgesetzt; von ihrem Urheber äußerst sorgfältig gefaßt, ist auch sie, undialektisch verkürzt, zu einem Vehikel der Resignation geworden. Wo ein Büromaschinen-Konzern mit dem Bild Che Guevaras und der Unterschrift ›We would have hired him‹ um Nachwuchs für sein Verkaufsmanagement werben kann, ist die Versuchung zum Rückzug allerdings groß. Aber die Berührungsangst vor der Scheiße ist ein Luxus, den sich beispielsweise ein Kanalisationsarbeiter nicht ohne weiteres leisten kann.*[49]

Dieser Aufsatz »Baukasten zu einer Theorie der Medien« wurde, zusammen mit Negt / Kluges «Öffentlichkeit und Erfahrung«, von der Linken eifrig rezipiert und begründete so in der Nachfolge der abstrakten Negation der bürgerlichen Medien die neue Strategie der Umfunktionierung und konkreten Negation. Die Revolutionäre, so Enzensberger, müßten sich handelnd einlassen *auf den Widerspruch zwischen der heutigen Verfassung der Medien und ihrem revolutionären Potential*[50].

Doch wohlgemerkt: Die Schwächen der Kritik der ›reinen Toleranz‹ lastete schon Enzensberger nicht der Theorie an, sondern ihrer Rezeption. Gerade von heute aus erweist Marcuses Analyse ihre empirische Evidenz. Ihr Ausgangspunkt ist die weitgehende Behauptung, die von den etablierten Demokratien gewährten bürgerlichen Freiheiten könnten nicht als Ausweis ihrer Liberalität gelten, sondern dienten vielmehr auf besonders raffinierte Weise der Reproduktion des repressiven Status quo: (...) *die Ausübung politischer Rechte (...) in einer Gesellschaft totaler Verwaltung dient dazu, diese Verwaltung zu stärken, indem sie das Vorhandensein demokratischer Freiheiten bezeugt, die in Wirklichkeit jedoch längst ihren Inhalt geändert und ihre Wirksamkeit verloren haben*[51]. Die vom System gewährte unterschiedslose Toleranz ist nach Marcuse aber auch deshalb ›repressiv‹, ›abstrakt‹ und ›rein‹, weil sie die *passive Duldung verfestigter und etablierten Haltungen und Ideen* impliziere, *auch wenn ihre schädigende Auswirkung auf Mensch und Natur auf der Hand liegt*[52].

Die *monopolistischen Medien*[53] stellen jene ideologische Verkehrsform dar, in der Marcuse die ›repressive Toleranz‹ tagtäglich am Werke sieht: *In der Überflußgesellschaft herrscht Diskussion im Überfluß (...). Alle Standpunkte lassen sich vernehmen: der Kommunist und der Faschist, der Linke und der Rechte, der Weiße und der Neger, die Kreuzzügler für Aufrüstung und die für Abrüstung. Ferner wird bei Debatten in den Massenmedien die dumme Meinung mit demselben Respekt behandelt wie die intelligente, der Ununterrichtete darf ebenso lange reden wie der Unterrichtete, und Propaganda geht einher mit*

*Erziehung, Wahrheit mit Falschheit.*⁵⁴ In den Menschen werde damit *eine geistige Haltung* gefördert, *die dazu tendiert, den Unterschied zwischen Wahr und Falsch, Information und Propaganda, Recht und Unrecht zu verwischen. Faktisch ist die Entscheidung zwischen gegensätzlichen Ansichten schon vollzogen, ehe es dazu kommt, sie vorzutragen und zu erörtern.*⁵⁵

Das Ergebnis ist eine ›Neutralisierung‹ *der Gegensätze* (...). *Wenn ein Nachrichtensprecher über die Folterung und Ermordung von Menschen, die für die Bürgerrechte eintraten, in dem gleichen geschäftlichen Tonfall berichtet, dessen er sich bedient, wenn er den Aktienmarkt oder das Wetter beschreibt,* (...) *dann ist solche Objektivität unecht, mehr noch, sie verstößt gegen Humanität und Wahrheit, weil sie dort ruhig ist, wo man wütend sein sollte, und sich dort der Anklage enthält, wo diese in den Tatsachen selbst enthalten ist.*⁵⁶

In der Verpflichtung des öffentlich-rechtlichen Rundfunks in der Bundesrepublik auf ›Ausgewogenheit‹ ist repressive Toleranz par excellence zu entdecken. Ursprünglich dazu bestimmt, eine größtmögliche Vielfalt der Meinungen zu gewährleisten, ist die pluralistische Norm mittlerweile verkommen zur inhaltlichen Kompromißform widerstreitender Mächte. Kontrolliert wird der Rundfunk (und das meint hier sowohl Hörfunk als auch Fernsehen) von sogenannten ›gesellschaftlich relevanten Gruppen‹, die darauf zu achten haben, daß die Programmgrundsätze (wie etwa die, die Verfassung zu verteidigen und zur Völkerverständigung beizutragen) gewahrt werden, die aber in praxi hauptsächlich überprüfen, ob sie ihre eigene Sichtweise bestimmter politischer, wirtschaftlicher oder kultureller Vorgänge ausreichend im Programm repräsentiert finden. Die Hegemonie in der Medienkontrolle haben die politischen Parteien inne. Sie sind es, die bei angeblichen Verstößen gegen den Grundsatz der Ausgewogenheit, und das heißt konkret: wenn sie ihr Partikularinteresse verletzt sehen, sofort maßregelnd tätig werden. Die so ausgeübte Aufsicht in Permanenz soll die Journalisten dazu anhalten, die ›Schere im Kopf‹ zu tragen, und führt inhaltlich zur kontradiktorischen Struktur des Rundfunkprogramms. In Reinkultur manifestiert sich diese in den Nachrichten, wo auf jede Meldung eines politischen Faktums sofort die Kommentare der Parteien folgen müssen. Eben diese Stellungnahmen sollten alle politischen Lager repräsentieren: Erst dann ist Ausgewogenheit hergestellt. In der Konsequenz führt das zu einer Abfolge von Widerspruchssätzen, meist polemisch und ohne jeden argumentativen oder informativen Gehalt. Jeder Standpunkt wird sogleich durch sein Gegenteil relativiert. Auf die Verteidigung des Rechts der Arbeitnehmer folgt der Ruf nach Sozialabbau; auf den Vorwurf ›politischer Streik‹ folgt das Wort vom ›Unternehmerstaat‹; auf die Warnung vor neuem Antisemitismus folgt die Beschwichtigung; auf das Lob der NATO als ›größter Friedensbewegung‹ folgt die Forderung nach Entspannungspolitik; auf das Versprechen von sozialem Ausgleich und Völkerverständigung folgt die Parole ›Freiheit statt Sozialismus‹; auf die Versicherung, die deutschen Interessen seien gewahrt, folgt die Feststellung, es sei im Gegenteil ein Ausverkauf deutscher Interessen betrieben worden. In heilloser Verwirrung muß das den

Rezipienten zurücklassen, doch liegt gerade hierin das Geheimnis des Erfolgs. Im Vollzug der repressiven Toleranz werden zwar alle möglichen politischen Einstellungen und Deutungen beim Namen genannt, doch wird die ›qualitative Differenz‹, die zweifelsohne zwischen ihnen besteht, eingeebnet.

Alles ist sagbar geworden, weil es jeweils durch sein mitzulieferndes Gegenteil relativiert, d.h. entschärft wird. Öffentlichkeit und Zensur können so eins werden. Nichts braucht mehr verschwiegen zu werden.[57] Genau diesen Prozeß meint auch Marcuse, wenn er davon spricht, daß die ›repressive Toleranz‹ die Menschen hindere, ihre eigenen Befreiungsinteressen zu erkennen. Am Beispiel der Rüstung hat er die fatale logische Struktur dieses ideologischen Diskurses erläutert: *Sich selbst bestätigend, stößt der Diskussionsgegenstand den Widerspruch ab, da die Antithese im Sinne der These neubestimmt wird. Zum Beispiel, These: wir arbeiten für den Frieden; Antithese: wir bereiten Krieg vor (oder gar: wir führen Krieg); Vereinigung der Gegensätze: Kriegsvorbereitung ist Arbeit für den Frieden.*[58]

Als repressive betreibt bürgerliche Toleranz letztendlich ihre Selbstaufhebung, hat sie sich doch von ihrer Idee weit entfernt. Selbst die staatstragenden Parteien billigen sich untereinander nicht zu, ihre divergenten Einschätzungen frei und unbeeinflußt vorzutragen, sondern nur unter der Bedingung der unmittelbar folgenden Zurückweisung und Richtigstellung. Toleranz im Sinne Voltaires aber meint zunächst nichts anderes, als daß jemand seinem Opponenten die Möglichkeit zur Äußerung verschafft. In weiterem Sinne verlangte dies auch die Bereitschaft, sich von der gegenteiligen Auffassung überzeugen zu lassen. In unserem öffentlichen Diskurs aber bestreiten sich die Parteien fortwährend das Recht zu handeln, ja sogar den Willen zur Wahrhaftigkeit. Das heißt, der Sinn von Toleranz wird ständig ad absurdum geführt. Das Ideal wird durch die Praxis als anachronistisch denunziert. Zunehmend diskreditiert wird auch das Recht der Empirie. Es gibt zahllose politisch motivierte Klagen über eine angebliche Manie des ›Negativjournalismus‹, der immer nur Probleme wie Arbeitslosigkeit, Umweltzerstörung und Kriegsgefahr thematisiere und das Positive vernachlässige. Solche Kritik läuft hinaus auf die Forderung, eine unharmonische Welt wenigstens als harmonische darzustellen. Wenn sich die Krisen schon nicht verschweigen lassen, so sollen sie doch, bitteschön, ins rechte Licht gerückt werden.

Doch es ist keinesfalls so, als werde das Ausgewogenheits-Diktat in den Rundfunkanstalten widerspruchslos hingenommen. Nur einer von denen, die sich weiterhin an die erfahrbare Wirklichkeit halten und auf vordergründige Parteiinteressen keine Rücksicht nehmen, ist Dagobert Lindlau, Chefreporter des Bayerischen Rundfunks. In der ihm eigenen Deutlichkeit hat er einmal die absurde Konsequenz des Zwangs zur Ausgewogenheit so beschrieben: *Ich warte auf den Tag, an dem wir der Ausgewogenheit zuliebe bei einem Bericht über die Hitler'schen KZs einen alten Nazi vor die Kamera holen müssen, der dann feststellt, die Konzentrationslager hätten schließlich auch ihr Gutes gehabt. Ed Murrow war es, der gesagt hat: »Es gibt Dinge, die haben nur eine Seite.«*[59]

V

Für Herbert Marcuse gab es freilich auch eine ›repressive Toleranz‹ von links, die er guthieß und die er forderte. Die Grenzen der Toleranz waren für ihn dort erreicht, *wo die Befriedigung des Daseins, wo Freiheit und Glück selbst auf dem Spiel stehen: hier können bestimmte Dinge nicht gesagt, bestimmte Ideen nicht ausgedrückt, bestimmte politische Maßnahmen nicht vorgeschlagen, ein bestimmtes Verhalten nicht gestattet werden, ohne daß man Toleranz zu einem Instrument der Fortdauer von Knechtschaft macht*[60]. Marcuse wird politisch sehr konkret und fordert, *daß Gruppen und Bewegungen die Rede- und Versammlungsfreiheit entzogen wird, die eine aggressive Politik, Aufrüstung, Chauvinismus und Diskriminierung aus rassistischen und religiösen Gründen befürworten oder sich der Ausweitung öffentlicher Dienste, sozialer Sicherheit, medizinischer Fürsorge usw. widersetzen.*[61] Offene *Intoleranz* also *vor allem gegenüber den Konservativen und der politischen Rechten*[62].

Wenn wir zudem lesen, daß Marcuse wenige Seiten später ein ›Naturrecht‹ auf Widerstand proklamiert, welches den Gebrauch von Gewalt einschließe[63], so läßt sich mit einiger Berechtigung behaupten, daß Marcuse zu jener Gewalt, die sich in den Springer-Blockaden der Studentenrevolte manifestierte, mit beigetragen hat. Damit soll kein Werturteil gefällt werden, doch ist evident, daß die gewalttätigen Verhinderungen der Auslieferung der »Bild«-Zeitung auf Marcuses seinerzeit so rege gelesenen Essay »Repressive Toleranz« zurückgehen. Die These eines Philosophen zeitigte Wirkung. Die Intoleranz der Linken – in den Anti-Springer-Protesten wurde sie konkret, und es wäre naiv, dies aus politischer Vorsicht leugnen zu wollen.

Nicht zugegeben wird damit, was Mitte der siebziger Jahre u.a. das Sprachrohr »Bild« impertinent behauptete: Marcuse habe zur Gewalt gegen Menschen aufgerufen. Nach Belegen d a f ü r sucht man in seinem Werk vergeblich, so daß es der öffentlichen Distanzierung nach den ersten terroristischen Morden eigentlich gar nicht bedurft hätte.[64]

Marcuses Ruf nach praktischer Intoleranz gegen Ideologie, wobei er sogar das Mittel der Vorzensur für tauglich hält[65], bleibt auch so problematisch. Gerade das 19. Jahrhundert lehrt, daß ›Zensur‹ ein Kampfbegriff ist, der beliebig gegen den politischen Gegner eingesetzt werden kann und dabei eine Eigendynamik entfaltet, so daß am Ende weder das Zensurmotiv noch ihre ›Notwendigkeit‹ legitimiert werden. Willkür geht mit Zensur einher, und ein taugliches Mittel zur Öffentlichkeits- oder gar Bewußtseinskontrolle ist sie ganz sicher nicht. Im Gegenteil: Zensur kann unter Umständen das fördern, was sie verhindern will.

Mag es aufgrund von geschichtlicher Verantwortung auch noch zu verantworten sein, Intoleranz gegen faschistische Propaganda, gegen die Leugnung des Judenmords und gegen den Aufruf zu Gewalt zu üben, so wird die Legitimität eines solchen Handelns spätestens dort suspekt, wo es Marcuse auch auf die Konservativen, ja selbst auf Gegner des Sozialstaates ausgedehnt sehen möchte. Eine Politik der Umverteilung der Lasten von oben nach unten mag nicht unseren Beifall finden, aber rechtfertigt allein das, deren Apologeten den Mund zu verbieten? Wer sollte über die Rechtmäßigkeit oder auch nur politische Opportunität einer solchen Maßnahme im Einzelfall entscheiden?

Da ist es allemal besser, auf den öffentlichen Diskurs, auf das Projekt der Aufklärung, auf die allmähliche Herstellung von Konsens zu vertrauen. Den politischen Gegner zensieren zu wollen, wäre nichts anderes als ein Abschied von der Politik.

---

1 Zur Medientheorie der Kritischen Theorie siehe: Volker Lilienthal: »Kulturindustrie oder: Das Ende der Aufklärung«, in: »Journal für Publizistik & Kommunikation«, 1982 / H. 2, S. 67–84. –
2 Ein Grund mag darin gelegen haben, daß sich Marcuse im Einklang mit der Kulturindustrie-These von Horkheimer und Adorno befand und deshalb darauf verzichtete, eine eigene Theorie auszuarbeiten oder aber die als richtig erkannte zu referieren. Dafür spricht auch eine Stelle in dem Aufsatz »Aggressivität in der gegenwärtigen Industriegesellschaft«, die sehr deutlich an Horkheimer / Adornos Feststellung erinnert, Kulturindustrie habe ihr Prinzip in der ewigen Wiederkehr des Immergleichen. Vgl. Herbert Marcuse: »Aggressivität in der gegenwärtigen Industriegesellschaft«, in: ders. u.a.: »Aggression und Anpassung in der Industriegesellschaft«, Frankfurt/M. ^{6}1972, S. 28 f. – 3 H. M.: »Die Gesellschaftslehre des sowjetischen Marxismus«, Neuwied, Berlin 1964, S. 89; hier zitiert nach: Stefan Breuer: »Die Krise der Revolutionstheorie«, Frankfurt/M. 1977, S. 269, Anm. 48. – 4 H. M.: »Versuch über die Befreiung«, Frankfurt/M. ^{3}1972, S. 28. In gleicher Absolutheit heißt es ebd. auf S. 57, daß *alle Kommunikation von der eindimensionalen Gesellschaft monopolisiert* werde. Seinen technologischen Determinismus

teilt Marcuse z.B. mit dem kanadischen Medientheoretiker Marshall McLuhan. Vgl. dazu Jean Marabini: »Marcuse & McLuhan - et la nouvelle revolution mondiale«, Paris 1973. – 5 H. M.: »Aggressivität ...«, a.a.O., S. 12 f. – 6 Projekt Ideologie-Theorie: »Theorien über Ideologie«, Berlin 1979, S. 105–129, 192. – 7 H. M.: »Der eindimensionale Mensch«, Neuwied, Berlin ^{7}1975, S. 103. – 8 Auf diesen Komplementäreffekt diverser gesellschaftlicher Instanzen verweist Marcuse ebd., S. 28. – 9 Ebd., S. 95. – 10 H. M.: »Aggressivität ...«, a.a.O., S. 26 f. – 11 H.M.: »Konterrevolution und Revolte«, Frankfurt/M. ^{2}1973, S. 37. – 12 H. M.: »Aggressivität ...«, a.a.O., S. 19. Vgl. auch S. 19 f. – 13 H. M.: »Das Individuum in der ›Great Society‹«, in: ders.: »Ideen zu einer kritischen Theorie der Gesellschaft«, Frankfurt/M. ^{5}1976, S. 166. – 14 Ich zitiere nach der Ausgabe: H. M.: »Über Revolte, Anarchismus und Einsamkeit. Ein Gespräch«, Zürich 1969, S. 22. Die Skepsis der Interviewer von »L'Express« bleibt auch deshalb verständlich, weil nicht voreilig von inhaltlichen Evidenzen der massenmedialen Programme auf deren Wirkung beim Rezipienten geschlossen werden darf; genau das aber tut Marcuse. – 15 H. M.: »Über das Ideologieproblem in der hochentwickelten Industriegesellschaft«, in: Kurt Lenk (Hg.): »Ideologie«, Neuwied, Berlin 1967, S. 397. – 16 Ebd. – 17 H. M.: »Konterrevolution ...«, a.a.O., S. 33. – 18 H. M.: »Über Revolte ...«, a.a.O., S. 23. – 19 H. M.: »Versuch ...«, a.a.O., S. 99. – 20 H. M.: »Der eindimensionale Mensch«, a.a.O., S. 257. – 21 H. M.: »Protosozialismus und Spätkapitalismus. Versuch einer revolutionstheoretischen Synthese von Bahros Ansatz«, in: »kritik« Nr. 19, 6. Jg. 1978, S. 11. – 22 Walter Benjamin: »Der Autor als Produzent«, in: ders.: »Versuche über Brecht«, Frankfurt/M. ^{4}1975, S. 104. Benjamin bezieht sich hier auf Brecht und seine einschlägigen Texte wie »Turandot«, den »Tui-Roman« und die »Radio-Theorie«. Vgl. ferner: Volker Lilienthal: »Journalisten als Kopfjanger. Aktualität und Nutzen von Bertolt Brechts Tui-Kritik«, in: »Journal für Publizistik und Kommunikation«, 1982 / H. 3, S. 123–133 sowie in: John Fuegi / Gisela Bahr / John Willett / Gerd Breuer (ed.): »The Brecht Yearbook«, Vol. 12, 1983, Detroit, München 1985, S. 190–205. – 23 H. M.: »Konterrevolution ...«, a.a.O., S. 69 f. – 24 H. M.: »Über Revolte ...«, a.a.O., S. 23. – 25 Gaston Salvatore: »Träumen entsprang ein Augenblick Geschichte. Zum Tod von Herbert Marcuse«, in: »Der Spiegel« 32 / 1979, S. 148. Zur ›repressiven Toleranz‹ vgl. unten unter IV. – 26 Oskar Negt / Alexander Kluge: »Öffentlichkeit und Erfahrung. Zur Organisationsanalyse von bürgerlicher und proletarischer Öffentlichkeit«, Frankfurt/M. ^{5}1977, S. 143. Zu Enzensberger vgl. ausführlich unten unter IV. – 27 Ebd., S. 181. Eine Position, die Alexander Kluge auch noch heute angesichts kommerziellen Privatfernsehens einnimmt – freilich um den Preis einer nach seiner Meinung unumgänglichen Partizipation an den ›Neuen Medien‹. Vgl. Alexander Kluge: »Die Macht der Bewußtseinsindustrie und das Schicksal unserer Öffentlichkeit«, in: Klaus von Bismarck u.a.: »Industrialisierung des Bewußtseins«, München 1985, S. 91–94, 125, sowie S. 129, Anm. 1. – 28 H. M.: »Über den affirmativen Charakter der Kultur«, in: ders.: »Kultur und Gesellschaft I«, Frankfurt/M. ^{12}1975, S. 64. – 29 Ebd., S. 63. – 30 Ebd., S. 86. – 31. Vgl. H. M.: »Der eindimensionale Mensch«, a.a.O., pass., ders.: »Konterrevolution ...«, a.a.O., S. 95 ff. sowie ders.: »Die Permanenz der Kunst«, München, Wien 1977, pass. – 32 H. M.: »Über den affirmativen Charakter ...«, a.a.O., S. 88. – 33 Ebd., S. 66 f. – 34 Der Gedanke der affirmativen Kultur findet sich im übrigen auch in Arbeiten von Horkheimer und Adorno. Vgl. Max Horkheimer: »Neue Kunst und Massenkultur«, in: Dieter Prokop (Hg.): »Kritische Kommunikationsforschung. Aufsätze aus der Zeitschrift für Sozialforschung«, München 1973, S. 29 f. und Theodor W. Adorno: »Zur gesellschaftlichen Lage der Musik«, in: Dieter Prokop (Hg.), a.a.O., S. 186 f. – 35 Doch auch im ›Dritten Reich‹ konnte Kunst einen, wenn auch begrenzten, kritischen Gehalt wahren und so dem affirmativen Verwertungszusammenhang entgegenarbeiten. Zur Würdigung dieser Versuche vgl. Volker Lilienthal: »Aufrechter Gang noch unterm Terror oder nur ein ›Seiltanz zwischen den Zeilen‹?«, in: »die feder«, 1985, H. 5, S. 14–19; sowie ders.: »Zwischen den Zeilen: ein Ort des Widerstands?«, NDR 3 am 6. Mai 1986. – 36 Zitiert nach: Hubert Rübsaat: »Sie waren Deutsche und wollten es bleiben. Versuche jüdischer Selbstbehauptung zwischen 1933 und 1938«, NDR 3 am 12. Februar 1986. – 37 Wolfgang Pohrt: »Genuß ohne Reue«, in: »konkret« 12 / 1985, S. 71. Allerdings findet sich dieser Satz in einem harschen Verriß der fernsehkritischen Thesen des US-amerikanischen Medienökologen Neil Postman. Dessen Bücher »Das Verschwinden der Kindheit« (1983) und »Wir amüsieren uns zu Tode« (1985) könnten auch in der Nachfolge von Marcuses Medienkritik gesehen werden. Mit ihm teilt er etwa die Auffassung, daß Fernsehen als Technik nicht neutral sei und daß es zwangsläufig auch die sperrigsten Gegenstände dem Diktat des Amüsements unterwerfe. Aber gerade Postmans Bücher stellen ein erstaunliches Paradoxon dar: Ihre intellektuell motivierte Kritik am TV tragen sie auf durchaus unterhaltsame Weise vor. Als rechne Postman von vornherein mit einem Publikum, welches an die Aufmerksamkeitsregeln des Fernsehens gewöhnt ist, löst er praktisch ein, was er theoretisch für unmöglich oder doch unverantwortlich erklärt. – **38** Die Fakten in diesem Absatz entnehme ich der ZDF-Fernsehsendung »aspekte« vom 22. 6. 1984. – **39** Vgl. dazu grundlegend: Wolfgang Fritz Haug / Kaspar Maase (Hg.): »Materialistische Kulturtheorie und Alltagskultur«, Berlin 1980. Weit verbreitet sind auch die sozialdemokratisch motivierten Versionen des Konzepts: Hermann Glaser / Karl Heinz Stahl: »Die Wiedergewinnung des Ästhetischen«, München 1974; Hilmar Hoffmann: »Kultur für alle«, Frankfurt/M. 1979; ders: »Kultur für morgen«, Frankfurt/M. 1985. – **40** Zitiert nach: Zi.: »Folge der Misere: Rau will auch an der Kultur sparen«, in: »Welt am Sonntag«, (NRW-Ausgabe) vom 2. August 1981. Vgl. fer-ner Rainer Bohn: »Kultur kann einem Gemeinwesen Wärme geben«, in: »Deutsche Volkszei-tung / die tat«, Nr. 25 vom 22. Juni 1984, S. 12. – **41** Für das Fernsehen wurde dieser Anspruch exemplarisch formuliert von: Dieter Stolte: »Kultur für alle. Wie das Fernsehen aus Minderheiten Mehrheiten machen kann«, in: »Die Zeit« Nr. 31 vom 27. Juli 1984, S. 14. Der Intendant des Zweiten Deutschen Fernsehens bezieht sich darin ausdrücklich auf den Begriff »Alltagskultur«. – Freilich gibt es bei einigen Fernsehredakteuren auch ein Bewußtsein von der Problematik einer solchen Einvernahme von Kultur. Nahezu als Kampfschrift gegen TV und Kunst als affirmative Kultur liest sich z.B. der Aufsatz »Kultur und Kulturkritik« von Johannes Willms (in: ZDF [Hg.]: 20 Jahre »aspekte« [ZDF-Schriftenreihe H. 33], Mainz 1986, S. 98–102). Hier merkt man in jeder Zeile: der hat seinen Marcuse gelesen. Der »aspekte«-Redakteur Willms hat ein gewaltiges Projekt im Sinn: Er will dem unstreitigen *Relevanzverlust*, dem die Kultur in unserer Gesellschaft unterliegt, entgegentreten, will sie als Orientierungsmacht unseres Daseins rekonstituieren. Eine *von Agitation* (!) *getragene Aufklärung* soll erneut ins Werk gesetzt werden. Die Kultur solcherart als *Kampfruf* (Herbert Marcuse) zu verstehen, wird sicherlich auch anstaltsintern auf Widerstände stoßen. Man wird beobachten müssen, ob eine Position wie die von Willms mehrheitsfähig ist im ZDF (und in der ARD). – Als Dokument des Bewußtseins unserer Medienarbeiter von der Kultur als affirmativer vgl. auch: Ulrich Greiner: »Beethoven. Roll over Beethoven. Roller skating mit Beethoven«, in: »Die Zeit« Nr. 17 vom 18. April 1986, S. 41 f.; Peter Iden: »Kunst ist nicht für alle da. In den Angeboten eines überbordenden Kulturbetriebs verlöschen die Werke«, in: »Frankfurter Rundschau« vom 28. Juni 1986, S. ZB 3; Matthias Greffrath: »Ein Plädoyer für eine grüne Kulturbewegung«, in: Otto Kalscher (Hg.): »Die Grünen – Letzte Wahl«, Berlin 1986, ferner in: »Frankfurter Rundschau« vom 6. September 1986, S. ZB 3. – **42** m.s. (d. i. Mathias Schreiber): »Unterwelt«, in: »Frankfurter Allgemeine Zeitung« vom 4. Februar 1986, S. 25. – **43** Günter Maschke: »Jeder nennt, niemand kennt Prometheus«, in: »Frankfurter Allgemeine Zeitung« vom 22. Mai 1979. – **44** H. M.: »Permanenz ...«, a.a.O., S. 16. – **45** Ebd., S. 27. – **46** Ebd., S. 29. – **47** Dies ist Kern der Kritik von Ulrich Gmünder: »Ästhetik – Wunsch – Alltäglichkeit. Das Alltagsästhetische als Fluchtpunkt der Ästhetik Herbert Marcuses«, München 1984. – **48** Michael Schneider: »Der bürgerliche Journalismus und die Gewaltfrage«, in: ders.: »Die lange Wut zum langen Marsch«, Reinbek ^{2}1976, S. 48 f. – **49** Hans Magnus Enzensberger: »Baukasten zu einer Theorie der Medien«, in: »Kursbuch« 20, März 1970, S. 164. **50** Ebd., S. 165. Theoretisch fundiert wurde das Konzept der »Gegenöffentlichkeit« dann von Negt / Kluge in: »Öffentlichkeit und Erfahrung«, Frankfurt/M. 1972. Vgl. ausführlich oben unter II. – **51** H. M.: »Repressive Toleranz«, in: Robert Paul Wolff, Barrington Moore, Herbert Marcuse: »Kritik der reinen Toleranz«, Frankfurt/M. ^{7}1970, S. 95. – **52** Ebd., S. 96 f. – **53** Ebd., S. 106. – **54** Ebd., S. 105. – **55** Ebd., S. 108. – **56** Ebd., S. 109. Ein offenkundiger Widerspruch. Was soll der aufgesetzte Protest, wenn die Fakten doch für sich sprechen? – **57** Jan Thorn-Prikker: »Zensur! Zensur?«, in: Heinz Ludwig Arnold (Hg.): »Literaturbetrieb in der Bundesrepublik Deutschland«, München ^{2}1981, S. 270. Vgl. dort auch die informative Fallbeispiele zu Konflikten um ›Ausgewogenheit‹. – **58** H. M.: »Repressive Toleranz«, a.a.O., S. 107. – **59** Dagobert Lindlau: »Die Exekution der Wirklichkeit – Oder: Wider die falsche Objektivität«, in: Wolfgang R. Langenbucher (Hg.): »Journalismus & Journalismus. Plädoyers für Recherche und Zivilcourage«, München 1980, S. 45. – **60** H. M.: »Repressive Toleranz«, a.a.O., S. 99 f. – **61** Ebd., S. 111 f. – **62** Ebd., S. 121. Marcuse begründet dies ebd., S. 120, damit, daß sich möglicherweise Auschwitz hätte verhindern lassen, wenn nur den Nazis rechtzeitig die Äußerungs- und Versammlungsfreiheit entzogen worden wäre. – **63** Ebd., S. 127 f. – **64** Vgl. z.B. H. M.: »Mord darf keine Waffe der Politik sein«, in: »Die Zeit« Nr. 39 vom 16. September 1977. **65** H. M.: »Repressive Toleranz«, a.a.O., S. 122.

Karl-Heinz Sahmel

Vita Herbert Marcuse

1898	Am 19. Juli wird Herbert Marcuse in Berlin geboren als Sohn von Gertrud Kreslowsky und des Kaufmanns Carl Marcuse. Schulzeit in Berlin.
1916	Militärdienst und Teilnahme am Ersten Weltkrieg.
1917 – 1919	Mitglied der SPD.
1918/ 1919	Für kurze Zeit Mitglied eines Soldatenrates in Berlin. Studium der Literaturwissenschaft und Philosophie in Berlin und Freiburg/Br.
1922	Promotion zum Dr. phil. in Freiburg mit der Dissertation »Der deutsche Künstlerroman«.
1923 – 1927	Buchhandels- und Verlagstätigkeit in Berlin.
1924	Heirat mit Sophie Wertheim.
1928 – 1932	Fortsetzung des Studiums der Philosophie bei Edmund Husserl und Martin Heidegger in Freiburg.
1929	Geburt des Sohnes Peter.
1932	»Hegels Ontologie und die Theorie der Geschichtlichkeit« (ursprünglich geplant als Habilitationsschrift bei Heidegger).
1932/ 1933	Bekanntschaft mit Max Horkheimer, Mitarbeiter des Instituts für Sozialforschung in Frankfurt/M., dann in der Zweigstelle in Genf.
1934	Juli: Emigration nach New York. Mitarbeiter am »Institute of Social Research«, das der Columbia University in New York angeschlossen ist; Veröffentlichung zahlreicher Aufsätze und Rezensionen in der »Zeitschrift für Sozialforschung« und Mitarbeit an den »Studien über Autorität und Familie«, Paris 1936.
1941	»Reason and Revolution. Hegel and the Rise of Social Theory«,

	New York (dt.: »Vernunft und Revolution«, Darmstadt, Neuwied 1962).
1941	Mai: zeitweise Übersiedlung von New York nach Kalifornien.
1943	Senior Analyst des Bureau of Intelligence of the Office of War Information, später: Research & Analysis Branch des Office of Strategic Services in Washington.
1945	September: Tätigkeit in der Research & Intelligence Division des State Department in Washington (Central European Division).
1947	Abteilungsleiter (als Nachfolger von Franz L. Neumann).
ab 1950	Verschiedene Lehraufträge und Forschungsprojekte an amerikanischen Universitäten.
1950/1951	Vorlesungen an der Washington School of Psychiatry.
1951	Sophie Marcuse stirbt an Krebs.
1952/1953	Senior Fellow am Russian Institute der Columbia University, New York.
1954/1955	Am Russian Research Center der Harvard University.
1954	Heirat mit Inge Neumann, der Witwe Franz L. Neumanns.
ab 1954	Professor für Politikwissenschaft an der Brandeis University in Waltham/Massachussets.
1955	»Eros and Civilisation. A Philosophical Inquiry into Freud«, Boston (dt.: »Eros und Kultur«, Stuttgart 1957; »Triebstruktur und Gesellschaft«, Frankfurt/M. 1965).
1956	Teilnahme an den Gedenkfeiern zum 100. Geburtstag von Sigmund Freud in Frankfurt/M.
1958	»Soviet Marxism. A Critical Analysis«, New York (dt.: »Die Gesellschaftslehre des sowjetischen Marxismus«, Darmstadt, Neuwied 1964).
1964	Gastprofessor in Frankfurt/M. Teilnahme am 15. Deutschen Soziologentag in Heidelberg (Vortrag: »Industrialisierung und Kapitalismus im Werk Max Webers«).

»One-dimensional Man. Studies in the Ideology of Advanced Industrial Society«, Boston (dt.: »Der eindimensionale Mensch«, Darmstadt, Neuwied 1964).

ab 1965 Professor für Politikwissenschaft an der University of California in San Diego.
Honorarprofessor an der Freien Universität Berlin.

1965 »Repressive Tolerance«, in: Robert P. Wolff u.a.: »A Critique of Pure Tolerance«, Boston (dt.: »Kritik der reinen Toleranz«, Frankfurt/M. 1966).
»Kultur und Gesellschaft«, 2 Bände, Frankfurt/M. (engl.: »Negations. Essays in Critical Theory«, Boston 1970).

1966 Teilnahme am Frankfurter Vietnam-Kongreß, starkes Engagement gegen den Vietnam-Krieg.
Teilnahme am Internationalen Hegel-Kongreß in Prag (Vortrag: »Zum Begriff der Negation in der Dialektik«).

1967 Diskussion mit Studenten an der Freien Universität Berlin (»Das Ende der Utopie«, Berlin 1967).
Teilnahme an dem Kongreß »The Dialectics of Liberation« in London (Vortrag: »Befreiung von der Überflußgesellschaft«).

1968 Mai: in Paris.

1968 »Psychoanalyse und Politik«, Frankfurt/M. (engl.: »Five Lectures«, Boston 1970).

1969 »An Essay on Liberation«, Boston (dt.: »Versuch über die Befreiung«, Frankfurt/M. 1969).
»Ideen zu einer kritischen Theorie der Gesellschaft«, Frankfurt/M.

1970 Vorlesungen an der Princeton University und an der New School of Social Research, New York.

1972 Teilnahnme am Angela-Davis-Kongreß in Frankfurt/M.
»Counterrevolution and Revolt«, Boston (dt.: »Konterrevolution und Revolte«, Frankfurt/M. 1973).

1973 Inge Marcuse stirbt an Krebs.
(Zusammen mit Alfred Schmidt) »Existentialistische Marx-Interpretation«, Frankfurt/M.

1974 Teilnahme an den Feiern zum fünfzigjährigen Bestehen des Instituts für Sozialforschung in Frankfurt/M. (Vortrag: »Theorie und Praxis«).

1975 »Zeit-Messungen«, Frankfurt/M.

1976 Heirat mit Erica Sherover.

1977 »Die Permanenz der Kunst. Wider eine bestimmte marxistische Ästhetik«, München (engl.: »The Aesthetic Dimension«, Boston 1978).

1978 Jürgen Habermas, Silvia Bovenschen u.a.: »Gespräche mit Herbert Marcuse«, Frankfurt/M.
Beginn der Ausgabe der »Schriften« im Suhrkamp-Verlag Frankfurt/M.

1979 Mai: Teilnahme an den Römerberg-Gesprächen in Frankfurt/M. (Vortrag: »Die Revolte der Lebenstriebe«).

1979 Am 29. Juli nach einem Besuch in Starnberg Tod in Frankfurt/M.

René Görtzen

Auswahlbibliographie zu Herbert Marcuse

Der erste Teil der Bibliographie verzeichnet in chronologischer Reihenfolge Publikationen von Marcuse (Bücher, Aufsätze und Kritiken) sowie ca. 55 deutsch- und englischsprachige Rezensionen seiner Bücher. Das zweite Teil enthält etwa 235 deutsch- und englischsprachige Publikationen über Marcuse, die ich, soweit möglich, unter einige zentrale Stichworte subsumiert habe.

Bei der Auswahl der Primärliteratur sind, mit einigen Ausnahmen, keine Rezensionen und Vorabdrucke aufgenommen; auch fehlen einige kleinere Aufsätze und mehrere Interviews mit Marcuse.

Inhalt

Schriften von Marcuse

a. Buchveröffentlichungen	1 – 23
b. Aufsätze und Kritiken	24 – 107
c. Interviews / Gespräche	108 – 132

Schriften über Marcuse

Allgemeiner Teil

d. Bücher / Sammelbände	133 – 187
e. Unveröffentlichte Dissertationen	188 – 201
f. Geburtstage / Nachrufe	202 – 221

Literatur zu einzelnen Aspekten

g. Ästhetische Theorie / Literaturwissenschaft	222 – 239
h. Feminismus	240 – 243
i. Gesellschaftstheorie (allgemein)	244 – 279
j. Marx / Marxismus	280 – 291
k. (Orthodox-) Marxistische Kritik	292 – 303
l. Psychoanalyse, Sozialpsychologie	304 – 321
m. Studentenbewegung, Neue Linke	322 – 335
n. Revolution, Utopie	336 – 343
o. Theologie	344 – 354
p. Wissenschaft, Technologie, Wissenssoziologie	355 – 370
q. Nachtrag	371 – 374

Schriften von Marcuse

a. Buchveröffentlichungen

1
Der deutsche Künstlerroman. Diss. Phil. Freiburg i. Br. 1922, 454 S. (Wiederabdr. in: Nr. 20).

2
Schiller-Bibliographie unter Benutzung der Trämelschen Schiller-Bibliothek. Berlin: S. Martin Fraenkel 1925, 137 S.; 1971

erschien ein reprogr. Nachdruck, Hildesheim: Gerstenberg.

3

Hegels Ontologie und die Grundlegung einer Theorie der Geschichtlichkeit. Frankfurt/M.: Klostermann 1932, 368 S.; 1968², 1975³ (cf. Nr. 371).
Rezensionen: Theodor W. Adorno in: *Zeitschrift für Sozialforschung*, 1. Jg. 1932, H. 3, S. 409–410; A. Salomon in: *Die Gesellschaft*, 9. Jg. 1932, S. 549–550; Gerd-Klaus Kaltenbrunner in: *Christ und Welt* vom 6. September 1968, Nr. 36, S. 16.

4

Reason and Revolution: Hegel and the Rise of Social Theory. New York: Oxford University Press, London: Routledge & Kegan Paul 1941, 431 S. Zweite Auflage mit »Supplementary Epilogue«, New York: Humanities Press 1954, 439 S.; broschierte Ausgabe mit einem neuen Vorwort »A Note on Dialectic«, Boston: Beacon Press 1960, XVI, 431 S. Deutsche Ausgabe nach der Ausgabe von 1954: *Vernunft und Revolution. Hegel und die Entstehung der Gesellschaftstheorie.* Übersetzt von Alfred Schmidt. Neuwied und Berlin: Luchterhand, 399 S.; 7. Auflage 1985.
Rezensionen: Paul Tillich in: *Zeitschrift für Sozialforschung*, 9. Jg. 1941, H. 3, S. 476–478; Karl Löwith in: *Philosophy and Phenomenological Research*, Vol. 2, 1941/42, H. 4, S. 560–563. (Hier auch Marcuses Antwort: »A Rejoinder to K. Löwith's Review«, S. 564–565 und Löwiths: »In Reply to Marcuse's Remarks«, S. 565–566).

5

Eros and Civilization: A Philosophical Inquiry into Freud. Boston: Beacon Press 1955, XII, 277 S.; broschierte Ausgabe mit einem neuen Vorwort, New York: Random House, Vintage Books, 1962, XVIII, 256 S.; zweite Auflage 1966 bei Beacon Press, als Vorwort »Political Preface«, 277 S. Deutsche Ausgabe: *Eros und Kultur. Ein philosophischer Beitrag zu Sigmund Freud.* Übersetzt von Marianne von Eckardt-Jaffe. Stuttgart: Klett 1957, 264 S.; Neuauflage unter dem Titel *Triebstruktur und Gesellschaft. Ein philosophischer Beitrag zu Sigmund Freud.* Frankfurt/M.: Suhrkamp BS 158, 1965, 271 S.; 71. Tsd. 1982; auch in: *Schriften* 5 (cf. Nr. 22).
Rezensionen: Martin Grotjahn in: *Psychoanalytic Quarterly*, Vol. 24, 1956, S. 429–431; Herbert Fingarette in: *Review of Metaphysics,* Vol. 10, 1957, Nr. 4, S. 660–665; Christoph Oehler in: *Frankfurter Hefte*, 13.Jg., 1958, H. 6, S. 436–439; Peter Fürstenau in: *Philosophischer Literaturanzeiger*, 23. Jg. 1960, S. 369–373.

6

Soviet Marxism: A Critical Analysis. New York: Columbia University Press 1958, 271 S.; broschierte Ausgabe mit neuem Vorwort, New York: Random House, Vintage Books 1961, XVI, 252 S. Deutsche Ausgabe: *Die Gesellschaftslehre des sowjetischen Marxismus.* Übersetzt von Alfred Schmidt. Neuwied und Berlin: Luchterhand–Soziol. Texte 22, 1964, 260 S.
Rezensionen: Gerhard Drekonja in: *Wort und Wahrheit*, 20.Jg., 1965, H. 4, S. 317–320; Peter Scheibert in: *Welt der Literatur* vom 18. März 1965, S. 22, u.d.T.: »Die Sowjetmacht – marxistisch kritisiert«; Elmer Altvater in: *Das Argument*, 9. Jg. 1967, H. 2/3, S. 206–209; Bassam Tibi in: *Das Argument*, 10. Jg. 1968, S. 133 f.

7

One-Dimensional Man: Studies in the Ideology of Advanced Industrial Society. Boston: Beacon Press 1964, XVII, 260 S.; broschierte Ausgabe 1966. Deutsche Ausgabe: *Der eindimensionale Mensch. Studien zur Ideologie der fortgeschrittenen Industriegesellschaft.* Übersetzt von Alfred Schmidt. Neuwied und Berlin: Luchterhand–Soziol. Texte 40, 1967, 282 S.; 20. Auflage 1985.
Rezensionen: Marshall Berman in: *Partisan Review*, Vol. 31, 1964, Nr. 4, S. 617–626 u.d.T.: »Theory and Practice« (Marcuses Antwort an Berman in: *Partisan Review*, Vol. 32, 1965, Nr. 1, S. 159–160 u.d.T.: »Comes the Revolution«); Branka Brujic in: *Praxis*, 1. Jg. 1965, Nr. 4, S. 564–568; Alasdair MacIntyre in: *Dissent*, Vol. 12, 1965 (Spring), S. 239–244; K. Miller in: *Monthly Review*, Vol. 19, 1967 (Juni), S. 49–57; Wolfgang Fritz Haug in: *Das Argument*, 7. Jg. 1965, H. 34, S. 49–53; Gerd-Klaus Kaltenbrunner in: *Gewerkschaftliche Monatshefte*, 18. Jg., 1967, H. 10, S. 602–605; Marie Hirsch in: *Neue Deutsche Hefte*, 15. Jg., 1968, H. 117, S. 225–233; Kurt Jürgen Huch in: *Frankfurter Rundschau* vom 13. Januar 1968 u.d.T.: »In revolutionärer Tradition«; Sebastian Haffner in: *Konkret*, 1967, Nr. 9 (September); KM in: *Neue*

Zürcher Zeitung vom 14. Juli 1968, Nr. 426 (Fernausgabe Nr. 191), S. 21 u.d.T.: »Die neue und die alte Linke. Ein Vergleich der politischen Lehren von Marcuse und Marx«; Leo Franke in: *Philosophischer Literaturanzeiger*, 21. Jg. 1968, S. 214–220.

8
Kultur und Gesellschaft I. Frankfurt/M.: Suhrkamp 1965 – es 101, 177 S.; 111. Tsd. 1975; 13. Aufl. 1980.
Inhalt: Vorwort (1964), S. 7; Der Kampf gegen den Liberalismus in der totalitären Staatsauffassung (1934), S. 17; Über den affirmativen Charakter der Kultur (1937), S. 56; Philosophie und kritische Theorie (1937), S. 102; Zur Kritik des Hedonismus (1938), S. 128. (Engl. Fassung d. Buches in Nr. 11; Wiederabdr. dt. Fassung in Nr. 21).
Rezensionen: Hans Hartung in: *Die Andere Zeitung* vom 27. Mai 1965, Nr. 21, S. 6 u.d.T.: »Leidenschaft der Vernunft«; Claus Behncke in: *Frankfurter Hefte*, 22. Jg. 1967, H. 1; S. 59–61 u.d.T.: »Was darf ich hoffen?«

9
Kultur und Gesellschaft II. Frankfurt/M.: Suhrkamp 1965 – es 135, 183 S., 100. Tsd. 1983.
Inhalt: Über die philosophischen Grundlagen des wirtschaftswissenschaftlichen Arbeitsbegriffs (1933), S. 7 (Wiederabdr. in Nr. 20); Existenzialismus (1948), S. 49 (engl. in Nr. 16); Das Veralten der Psychoanalyse (= Erstveröffentl.), S. 85 (engl. in Nr. 14); Industrialisierung und Kapitalismus im Werk Max Webers (1964), S. 107 (engl. in Nr. 11); Ethik und Revolution (= Erstveröffentl.), S. 130; Bemerkungen zu einer Neubestimmung der Kultur (1965), S. 147. (Außer dem ersten Aufsatz wurden alle Aufsätze wiederabgedruckt in Nr. 23).
Rezensionen: Claus Behncke in: *Frankfurter Hefte*, 22. Jg. 1967, H. 1, S. 59–61 u.d.T.: »Was darf ich hoffen?«

10
Psychoanalyse und Politik. Frankfurt/M.: Europäische Verlagsanstalt, 1968, 78 S.; 5. Auflage 1972.
Inhalt: Trieblehre und Freiheit (1957), S. 5; Die Idee des Fortschritts im Lichte der Psychoanalyse (1957), S. 35; Das Problem der Gewalt in der Opposition (1967), S. 54 (cf. Nr. 64); Das Ende der Utopie (1967), S. 69 (cf. Nr. 64). (Engl. Fassung der Aufsätze in Nr. 14).

Rezensionen: Claudia Pinl in: *Gewerkschaftliche Monatshefte*, 19. Jg. 1968, H. 8, S. 507–508; Wolfgang F. Haug in: *Das Argument*, 10. Jg. 1968, S. 363; Tilman Moser in: *Frankfurter Allgemeine Zeitung* vom 3. Mai 1969 u.d.T.: »Produktivität und Entsagung«; Eike Hennig in: *Die Andere Zeitung* vom 8. August 1968, u.d.T.: »Kritische Theorie und Kritik der Kritischen Theorie: Herbert Marcuse«; Gerd-Klaus Kaltenbrunner in: *Christ und Welt* vom 6. September 1968, Nr. 36, S. 16, u.d.T.: »Gewisser Jargon«.

11
Negations: Essays in Critical Theory. Übersetzt von Jeremy S. Shapiro. Boston: Beacon Press 1968, 290 S.
Inhalt: The Struggle against Liberalism in the Totalitarian View of the State (1934), S. 3 (dt. in Nr. 8); The Concept of Essence (1936), S. 43 (dt. in Nr. 21); The Affirmative Character of Culture (1937), S. 88 (dt. in Nr. 8); Philosophy and Critical Theory (1937), S. 134 (dt. in Nr. 8); On Hedonism (1938), S. 159 (dt. in Nr. 8); Industrialization and Capitalism in the Work of Max Weber (1964), S. 201 (dt. in Nr. 9); Love Mystified: A Critique of Norman O. Brown (1967) *and* a Reply to Herbert Marcuse by Norman O. Brown, S. 227 (dt. in Nr. 65); Aggressiveness in Advanced Industrial Society (1967), S. 248 (dt. in Nr. 23).

12
An Essay on Liberation. Boston: Beacon Press 1969, 91 S. Deutsche Ausgabe: *Versuch über die Befreiung*. Übersetzt von Helmut Reinicke und Alfred Schmidt. Frankfurt/M.: Suhrkamp, 1969 – es 329, 134 S.; 58. Tsd. 1980, (Wiederabdr. in Nr. 23).
Rezensionen: Marie Hirsch in: *Neue Deutsche Hefte*, 16. Jg. 1969, H. 4, S. 213–218; *Der Spiegel* vom 30. Juni 1969 (Nr. 27), S. 108–109; Gert Müller in: *Zeitschrift für philosophische Forschung*, 26. Jg. 1972, H. 1, S. 122–126; Wolfgang Ignée in: *Christ und Welt*, 22. Jg. 1969, Nr. 32 u.d.T.: »Die versagte Revolution«; Uwe Schultz in: *Frankfurter Rundschau* vom 15. November 1969, Nr. 266, S.IV u.d.T.: »Ein neuer Menschentyp – aus dem Archiv.«

13
Ideen zu einer kritischen Theorie der Gesellschaft. Frankfurt/M.: Suhrkamp 1969 – es 300, 191 S.; 78. Tsd. 1980.
Inhalt: Neue Quellen zur Grundlegung

des Historischen Materialismus (1932), S. 7 (engl. in Nr. 16; Wiederabdr. dt. Fassung in Nr. 20); Studie über Autorität und Familie (1936), S. 55 (engl. in Nr. 16; Wiederabdr. dt. Fassung in Nr. 21); Das Individuum in der ›Great Society‹ (1966), S. 157 (Wiederabdr. in Nr. 23); Zum Begriff der Negation in der Dialektik (1967), S. 185 (Wiederabdr. in Nr. 23).
Rezension: Erwin Hölzlein in: *Das Historisch-Politische Buch*, 17. Jg. 1969, S. 259–260.

14
Five Lectures. Psychoanalysis, Politics, and Utopia. Übersetzt von Jeremy J. Shapiro und Shierry M. Weber. Boston: Beacon Press 1969, 109 S.
Inhalt: Freedom and Freud's Theory of Instincts (1957), S. 1 (dt. in Nr. 10); Progress and Freud's Theory of Instincts (1957), S. 28 (dt. in Nr. 10); The Obsolescence of the Freudian Concept of Man (= Das Veralten der Psychoanalyse, 1965), S. 44 (dt. in Nr. 9); The End of Utopia (1967), S. 62 (dt. in Nr. 10); The Problem of Violence and the Radical Opposition (1967), S. 83 (dt. in Nr. 10).
Rezensionen: Keith Brooks in: *New Politics*, Vol. 8, 1970, Nr. 3, S. 97–99; Stanley Rosen in: *The American Political Science Review*, Vol. 66, 1973, S. 1348–1351; K. Widmer in: *Nation* vom 6. Juli 1970. S. 211 ff. u.d.T.: »Society as a Work of Art«.

15
Counterrevolution and Revolt. Boston: Beacon Press 1972, 138 S. Deutsche Ausgabe: *Konterrevolution und Revolte.* Übersetzt von Rolf und Renate Wiggershaus unter Mitw. von Alfred Schmidt. Frankfurt/M.: Suhrkamp, 1972 – es 591, 1973, 154 S.; 115. Tsd. 1980. (Wiederabdr. in Nr. 23a).
Rezensionen: Fritz J. Raddatz in: *Die Zeit* vom 1. Juni 1973 (Nr. 23), u.d.T.: »Der Bruch, der Sprung – wie und wohin?«; Hermann Glaser in: *Frankfurter Rundschau* vom 1. September 1973, Nr. 203, u.d.T.: »Revolte gegen Konterrevolution«; Jürgen Habermas in: *Frankfurter Allgemeine Zeitung* vom 16. Juni 1973, Nr. 138, u.d.T.: »Herbert Marcuses defensive Botschaft vom Schönen« (auch in: Nr. 148); Marie Hirsch in: *Neue Deutsche Hefte*, Jg. 20, 1973, H. 3, S. 177–184; *Der Spiegel* vom 23. April 1973, Nr. 17. S. 161.

16
Studies in Critical Philosophy. Übersetzt von Joris De Bres, Boston: Beacon Press 1973, 227 S. Wiederveröffentl. u.d.T.: *From Luther to Popper.* London: Verso Editions 1983, 227 S.
Inhalt: The Foundation of Historical Materialism (1932), S. 1 (dt. in Nr. 13); A Study on Authority (1936), S. 49 (dt. in Nr. 13); Sartre's Existentialism (1948), S. 157 (dt. in Nr. 9); Karl Popper and the Problem of Historical Laws (1959), S. 191; Freedom and the Historical Imperative (1969), S. 209.
Rezensionen: David Wood in: *Radical Philosophy*, 1972, Nr. 3 (Winter); G. Turkel in: *The Insurgent Sociologist*, Vol. 3, 1974, Nr. 3, S. 91–96.

17
Existentialistische Marx-Interpretation, zus. mit Alfred Schmidt. Frankfurt/M.: Europäische Verlagsanstalt 1973, 142 S.
Inhalt: Alfred Schmidt: Statt eines Vorworts: Geschichte als verändernde Praxis, S. 7; Herbert Marcuse: Beiträge zu einer Phänomenologie des Historischen Materialismus (1928), S. 41 (Wiederabdr. in Nr. 20); Herbert Marcuse: Über konkrete Philosophie (1929), S. 85; Alfred Schmidt: Existential-Ontologie und historischer Materialismus bei Herbert Marcuse, S. 111 (Wiederabdr. in Nr. 147).

18
Zeit-Messungen. Drei Vorträge und ein Interview. Frankfurt/M.: Suhrkamp 1975 – es 770, 69 S. (Wiederabdr. in Nr. 23)
Inhalt: Marxismus und Feminismus (1974), S. 9 (cf. Nr. 141); Theorie und Praxis (= Erstveröffentl.), S. 21; Scheitern der Neuen Linken? (= Erstveröffentl.), S. 37; USA: Organisationsfrage und revolutionäres Subjekt. Gespräch mit Hans Magnus Enzensberger (1970), S. 51 (cf. Nr. 119).
Rezension: Bruno Frei in: *Das Argument*, 19. Jg., 1977, H. 105, S. 720–721.

19
Die Permanenz der Kunst. Wider eine bestimmte marxistische Ästhetik. Ein Essay. München: C. Hanser 1977 – Reihe Hanser 206, 78 S.(Wiederabdr. in Nr. 23a). Nachgesehene englische Ausgabe: *The Aesthetic Dimension: Toward a Critique of Marxist Aesthetics.* Boston: Beacon Press 1978, 88 S.
Rezensionen: Hauke Brunkhorst und Gertrud Koch in: *Frankfurter Rundschau* vom 25. Juni 1977, Nr. 144, S. II u.d.T.: »Kunst als Kritik der Askese«; Ivo Frenzel in: *Süddeutsche Zeitung* vom 18. Juni 1977

u.d.T.: »Die Kunst, das Leben und der Tod«; Fritz J. Raddatz in: *Die Zeit* vom 1. April 1977 u.d.T.: »Nachlässiges Denken«; W. Schestakowa in: *Kunst und Literatur*, 27. Jg., 1979, H. 5, S. 551–555 u.d.T.: »Die neue ›Dimension des Herbert Marcuse‹«; Thomas B. Farrell und James A. Aune in: *The Quarterly Journal of Speech*, Vol. 65, 1979, S. 93–107; David Craven in: *Theory and Society*, Vol. 11, 1982, Nr. 1, S. 109–114.

20

Schriften. Band 1: Der deutsche Künstlerroman. Frühe Aufsätze. Frankfurt/M.: Suhrkamp 1978, 595 S.
Inhalt: Der deutsche Künstlerroman (unveröffentl. Diss. Phil. 1922) S. 7 (cf. Nr. 1); Beiträge zu einer Phänomenologie des Historischen Materialismus (1928), S. 347 (cf. Nr. 17); Über konkrete Philosophie (1929), S. 385 (cf. Nr. 17); Zum Problem der Dialektik I (1930), S. 407; Zum Problem der Dialektik II (1931), S. 423; Transzendentaler Marxismus? (1930), S. 445; Das Problem der geschichtlichen Wirklichkeit (1931), S. 469; Zur Auseinandersetzung mit Hans Freyers ›Soziologie als Wirklichkeitswissenschaft‹ (1931), S. 488; Neue Quellen zur Grundlegung des Historischen Materialismus (1932), S. 509 (cf. Nr. 13); Über die philosophischen Grundlagen des wirtschaftswissenschaftlichen Arbeitsbegriffs (1933), S. 556 (cf. Nr. 9).

21

Schriften, Band 3: Aufsätze aus der Zeitschrift für Sozialforschung 1934–1941. Frankfurt/M.: Suhrkamp 1979, 320 S.
Inhalt: Der Kampf gegen den Liberalismus in der totalitären Staatsauffassung (1934), S. 7 (cf. Nr. 8); Zum Begriff des Wesens (1936), S. 45 (engl. in Nr. 11); Studie über Autorität und Familie (1936), S. 85 (cf. Nr. 13); Über den affirmativen Charakter der Kultur (1937), S. 186 (cf. Nr. 8); Philosophie und kritische Theorie (1937), S. 227 (cf. Nr. 8); Zur Kritik des Hedonismus (1938), S. 250 (cf. Nr. 8); Einige gesellschaftliche Folgen moderner Technologie (1941), S. 286.

22

Schriften. Band 5: Triebstruktur und Gesellschaft. Ein philosophischer Beitrag zu Sigmund Freud. Frankfurt/M.: Suhrkamp 1979, 232 S. (cf. Nr. 5).

23

Schriften. Band 8: Aufsätze und Vorlesungen 1948–1969. Versuch über die Befreiung. Frankfurt/M.: Suhrkamp 1979, 319 S.
Inhalt: Existentialismus. Bemerkungen zu Jean Paul Sartres *L'Etre et le Néant* (1948), S. 7 (cf. Nr. 9); Aggressivität in der gegenwärtigen Industriegesellschaft (1967), S. 41; Das Veralten der Psychoanalyse (1963), S. 60 (cf. Nr. 9); Industrialisierung und Kapitalismus im Werk Max Webers (1964), S. 79 (cf. Nr. 9); Ethik und Revolution (1964), S. 100 (cf. Nr. 9); Bemerkungen zu einer Neubestimmung der Kultur (1965), S. 115 (cf. Nr. 9); Repressive Toleranz (1965), S. 136 (cf. Nr. 51); Das Individuum in der *Great Society* (1966), S. 167 (cf. Nr. 13); Zum Begriff der Negation in der Dialektik (1966), S. 194 (cf. Nr. 13); Zur Geschichte der Dialektik (1966), S. 200 (cf. Nr. 63); Freiheit und Notwendigkeit. Bemerkungen zu einer Neubestimmung (1968), S. 227; Versuch über die Befreiung (1969), S. 237 (cf. Nr. 12):

23a

Schriften. Band 9: Konterrevolution und Revolte. Zeit-Messungen. Die Permanenz der Kunst. Frankfurt/M.: Suhrkamp 1987, 320 S. (= Wiederabdr. von Nr. 15, 18 und 19).

b. Aufsätze und Kritiken

Hier werden, von einigen Ausnahmen abgesehen, nur Erstveröffentlichungen aufgeführt, insofern sie nicht schon in Marcuses Bücher oder seine *Schriften* aufgenommen sind. Auch fehlen z.B. die zahlreichen Rezensionen Marcuses in der *Zeitschrift für Sozialforschung*.

24

»Zur Wahrheitsproblematik der soziologischen Methode« (= Besprechung von: Karl Mannheim: »Ideologie und Utopie«), in: *Die Gesellschaft*, 6. Jg. 1929, S. 356–369. Wiederabdr. in: Volker Meja, Nico Stehr (Hg.): *Der Streit um die Wissenssoziologie. Bd. 2: Rezeption und Kritik der Wissenssoziologie.* Frankfurt/M.: Suhrkamp – stw 361, 1982, S. 459–473.

25

Bespr. von Karl Vorländer: »Karl Marx, sein Leben und sein Werk«, in: *Die Gesellschaft*, 6. Jg. 1929, H. 8, S. 186–189.

26

Bespr. von Hermann Noack: »Geschichte und System der Philosophie«, in: *Philosophische Hefte*, 2. Jg. 1930, H. 2, S. 91–96.

27
Zur Kritik der Soziologie (Siegfried Landshut), in: *Die Gesellschaft*, 8. Jg. 1931, H. 9, S. 270–280.

28
Bespr. von Heinz Heimsoeth: »Die Errungenschaften des Deutschen Idealismus«, in: *Deutsche Literaturzeitung* vom 23. Oktober 1932, 53. Jg., H. 43, Sp. 2023–2029.

29
»Philosophie des Scheiterns: Karl Jaspers Werk«, in: *Unterhaltungsblatt der Vossischen Zeitung* vom 14. Dezember 1933, Nr. 339, S. 5–6. Wiederabdr. in: H. Saner (Hg.): *Karl Jaspers in der Diskussion*. München: Piper 1973, S. 125–132.

30
Bespr. von Herbert Wacker: »Das Verhältnis des jungen Hegel zu Kant«, in: *Deutsche Literaturzeitung* vom 8. April 1934, 55. Jg., H. 14, Sp. 629–630.

31
Bespr. von John E. E. Dalberg-Acton: »Essays on Freedom and Power« (Boston 1948), in: *The American Historical Review*, Vol. 54, 1949, Nr. 3 (April), S. 557–559.

32
Bespr. von Georg Lukács: »Goethe und seine Zeit«, in: *Philosophy and Phenomenological Research*, Vol. 11, 1950, Nr. 1, S. 142–144.

33
»Anti-Democratic Popular Movements«, in Hans J. Morgenthau (Ed.): *Germany and the Future of Europe*. Chicago: University of Chicago Press 1951, S. 108–113.

34
Bespr. von John U. Nef: »War and Human Progress: An Essay on the Rise of Industrial Civilization« (Cambridge 1950), in: *The American Historical Review*, Vol. 57, 1951, Nr. 1 (Oktober), S. 97–100.

35
»Recent Literature on Communism«, in: *World Politics*, Vol. 6, 1954, Nr. 4, S. 515–525.

36
»Dialectic and Logic since the War«, in: Ernest J. Simmons (Ed.): *Continuity and Change in Russian and Soviet Thought*. Cambridge, Mass.: Harvard University Press 1955, S. 347–358.

37
»A Reply to Erich Fromm«, in: *Dissent*, Vol. 3, 1956, Nr. 1, S. 79–81.

38
»Preface«, in: Franz Neumann: *The Democratic and the Authoritarian State. Essays in Political and Legal Theory*. Glencoe, Illinois: The Free Press 1957, S. VII–X. (Das Vorwort fehlt in der deutschen Ausgabe: *Demokratischer und autoritärer Staat*. Frankfurt/M. 1967).

39
»The Indictment of Western Philosophy in Freud's Theory«, in: *The Journal of Philosophy*, Vol. 54, 1957, Nr. 5 (February 28), S. 154–155 (= Abstract of Non-symposium – Paper presented at the 53rd Annual Meeting, Univers. of Pennsylvania 1956).

40
»Preface «, in: Raya Dunayevskaya: *Marxism and Freedom*. New York: Bookman Associates 1958, S. 7–12.

41
»The Ideology of Death«, in: Herman Feifel (Ed.): *The Meaning of Death*. New York: McGraw-Hill 1959, S. 64–76; 2. Aufl. 1965. Deutsch u.d.T.: »Die Ideologie des Todes«, in: Hans Ebeling (Hg.): *Der Tod in der Moderne*. Königstein/Ts.: Hain 1979, S. 105–115.

42
»Soviet Theory and Practice«, in: *Partisan Review*, Vol. 26, 1959, Nr. 1, S. 157–158.

43
»De l'ontologie à la technologie: les tendences de la société industrielle«, in: *Arguments* (Paris), 4. Jg. 1960, Nr. 18, S. 54–59.

44
»Language and Technological Society«, in: *Dissent*, Vol. 8, 1961, Nr. 1, S. 66–74.

45
Bespr. von George Lichtheim: »Marxism: An Historical and Critical Study«, in: *Political Science Quarterly*, Vol. 77, 1962, Nr. 1, S. 117–119.

46
»Zur Stellung des Denkens heute«, in: Max Horkheimer (Hg.): *Zeugnisse: Theodor W. Adorno zum 60. Geburtstag*. Frankfurt/M.: Europäische Verlagsanstalt 1963, S. 45–49.

47
»Dynamismes de la société industrielle«, in: *Annales* (Paris), 18. Jg. 1963, Nr. 5, S. 906–933.

48
»Preface à l'édition française«, in: Ders., *Le Marxisme soviétique*. Übers. von B. Cazes. Paris: Gallimard 1963, 384 S.

49
»World without Logos«, in: *Bulletin of the*

Atomic Scientists (Chicago), Vol. 20, 1964, S. 25–26.

50
»Perspektiven des Sozialismus in der entwickelten Industriegesellschaft«, in: *Praxis* (Zagreb), Vol. 1, 1965, Nr. 2–3, S. 260–270 (hier auch: Einige Streitfragen, S. 377–379).

51
»Repressive Tolerance«, in: Robert P. Wolff, Barington Moore, Jr. and Herbert Marcuse: *A Critique of Pure Tolerance*. Boston: Beacon Press 1965, S. 81–117. In der Ausgabe von 1968 wurde ein »Postscript« zugefügt, S. 117–123. Deutsche Ausgabe u.d.T.: »Repressive Toleranz«, in: Diesn., *Kritik der reinen Toleranz*. Übers. von Alfred Schmidt, Frankfurt/M.: Suhrkamp – es 181, 1966, S. 91–128. (Wiederabdr. in Nr. 23 und in Nr. 141.)

52
»Der Einfluß der deutschen Emigration auf das amerikanische Geistesleben: Philosophie und Soziologie«, in: *Jahrbuch für Amerikastudien*, Bd. X, 1965, S. 27–33.

53
»Statement on Vietnam«, in: *Partisan Review* (New Brunswick), Vol. 32, 1965, Nr. 4, S. 646–649.

54
»On Science and Phenomenology«, in: Robert Cohen and Marx W. Wartofsky (Eds.): *Boston Studies in the Philosophy of Science II*. New York: The Humanities Press 1965, S. 279–290. Auch in: Anthony Giddens (Ed.): *Positivism and Sociology*. London: Heinemann 1974; 3. Auflage 1978 (mit Korrekturen), S. 225–236.

55
»A Tribute to Paul A. Baran«, in: *Monthly Review* (New York), Vol. 16, 1965, Nr. 11, S. 114–115.

56
»Nachwort« zu: Walter Benjamin: *Zur Kritik der Gewalt und andere Aufsätze*. Frankfurt/M.: Suhrkamp – es 103, 1965, S. 99–106.

57
»Nachwort« zu Karl Marx: *Der 18. Brumaire des Louis Bonaparte*. Frankfurt/M.: Insel 1965, S. 143–150.

58
»Socialist Humanism?«, in: Erich Fromm (Ed.): *Socialist Humanism. An International Symposium*. New York: Doubleday & Comp. 1965 / New York: Anchor 1966, S. 107–117.

59
»The Problem of Social Change in the Technological Society«, in: Raymond Aron, Bert F. Hoselitz (Eds.): *Le Développement social*. Paris: Mouton 1965, S. 139–160.

60
»Sommes-nous déjà des hommes?«, in: *Partisans* (Paris), Nr. 28, 1966, S. 21–29. Wiederabdr. u.d.T.: »Humanismus – gibt's den noch?«, in: *Neues Forum*, 17. Jg. 1970, H. 196/I, April, S. 349–353; auch in: Oskar Schatz (Hg.): *Die erschreckende Zivilisation. Salzburger Humanismus-Gespräche*. Wien, Frankfurt/M., Zürich: Europa Verlag 1970, S. 15–33.

61
»Vietnam – Analyse eines Exempels«, in: *Neue Kritik*, Nr. 36–37, 1966 (Juli–Aug.), S. 30–40.

62
»Role of Conflict in Human Evolution: Discussion«, in: Anthony de Reuck, Julie Knight (Eds.): *Conflict in Society*. Boston: Little, Brown and Comp. 1966 / London: A. Churchill 1966, S. 36–59. Deutsch u.d.T.: »Die Rolle des Konflikts in der menschlichen Entwicklung«, in: Anthony de Reuck, Julie Knight (Hg.): *Weil wir überleben wollen. Der Mensch zwischen Aggression und Versöhnung*. München, Wien, Basel: Desch 1970, S. 48–68 (s. auch Diskussion mit Marcuse als Teilnehmer: S. 163 ff., S. 193 ff., S. 238 ff., S. 275 ff., S. 302 ff.)

63
»Zur Geschichte der Dialektik«, in: Claus D. Kernig (Hg.): *Sowjetsystem und Demokratische Gesellschaft. Eine vergleichende Enzyklopädie in 6 Bde*. Freiburg: Herder 1966, Bd. 1: Abbildtheorie – Diktatur des Proletariats, S. 1192–1211. Wiederabdr. in Nr. 23.

64
Das Ende der Utopie. Herbert Marcuse diskutiert mit Studenten und Professoren Westberlins ..., hg. von Horst Kurnitzky und Hansmartin Kuhn. Berlin: Maikowski 1967, 151 S. Enthält u.a.: Das Ende der Utopie, S. 11–20 (Wiederabdr. in Nr. 10 und Nr. 14); Das Problem der Gewalt in der Opposition, S. 47–54 (autorisierte Fassung u.d.T.: »Ziele, Formen und Aussichten der Studenten-Opposition«, in: *Das Argument*, 9. Jg. 1967, H. 5–6, S. 398–408; Wiederabdr. in Nr. 10 und Nr. 14). *Das Ende der*

Utopie erschien 1980, mit Anhang, beim Verlag Neue Kritik, Frankfurt/M. 191 S.

65
»Love Mystified: A Critique of Norman O. Brown«, in: *Commentary* (New York), Vol. 43, 1967, Nr. 2, S. 71–75. (Wiederabdr. in Nr. 11). Deutsch u.d.T.: »Mystifizierung der Liebe: Eine Kritik an Norman O. Brown«, in: Norman O. Brown: *Love's Body*. München: Hanser 1977, S. 232–244, Frankfurt/M. usw.: Ullstein 1979 (hier auch von Brown: »Eine Antwort auf Herbert Marcuse«, S. 245–247).

66
»Thoughts on the Defense of Gracchus Babeuf«, in: John A. Scott (Ed.): *The Defense of Gracchus Babeuf before the High Court of Vendôme*. Amherst, Mass.: The University of Massachusetts Press 1967, S. 96–105.

67
»The Obsolescence of Marxism«, in: Nikolaus Lobkowicz (Ed.): *Marx and the Western World*. Notre Dame: University of Notre Dame Press 1967, S. 409–417.

68
»The Responsibility of Science«, in: Leonard Krieger, Fritz Stern (Eds.): *The Responsibility of Power. Historical Essays in Honor of Hajo Holborn*. New York: Doubleday & Comp. 1967, S. 439–444.

69
»The Inner Logic of American Policy in Vietnam«, in: Louis Menashe, Ronald Radosh (Eds.): *Teach-Ins: USA*. New York: Fr. A. Praeger 1967, S. 64–67.

70
»On Changing the World: A Reply to Karl Miller«, in: *Monthly Review* (New York), Vol. 19, 1967, Nr. 5, S. 42–48 (= Replik auf Millers Bespr. von *One-Dimensional Man*, cf. Nr. 7).

71
»Die Zukunft der Kunst: Die Gesellschaft als Kunstwerk«, in: *Neues Forum* (Wien), 14. Jg. 1967, H. 167–168 (Nov.–Dez.), S. 863–866.

72
»Art in the One-Dimensional Society«, in: *Arts Magazine* (New York), Vol. 41, 1967, S. 26–31. Wiederabdr. in: Lee Baxandall (Ed.): *Radical Perspectives in the Arts*. Baltimore: Penguien 1972, S. 53–67.

73
»Friede als Utopie«, in: *Neues Forum* (Wien), 15. Jg. 1968, H. 179–180 (November–Dezember), S. 705–707.

74
»Liberation from the Affluent Society«, in: David Cooper (Ed.): *To Free a Generation: The Dialectics of Liberation*. Baltimore: Penguin 1968, S. 175–192. Deutsch u.d.T.: »Befreiung von der Überflußgesellschaft«, in: *Kursbuch*, 16. Jg. 1969, S. 185–198 und in: David Cooper (Hg.): *Dialektik der Befreiung*. Reinbek bei Hamburg: Rowohlt 1969, S. 90–101.

75
(Brief von Marcuse, La Jolla, April 6, 1968), in: *Praxis* (Zagreb), Vol. 4, 1968, Nr. 3–4, S. 478 (= Unterschreibung der Erklärung des Redaktionskomitees d. Zeitschrift *Praxis*, anläßlich d. Entlassung 6 Warschauer Professoren).

76
»The People's Choice«, in: *The New York Review of Books* vom 22. August 1968, S. 37 (= Brief von Marcuse, Fromm u.a.).

77
»Réexamen du concept de révolution«, in: *Diogène* (Paris), 1968, Nr. 64, (Oktober–Dezember), S. 21–32. Englisch u.d.T.: »Re-Examination of the Concept of Revolution«, in: *New Left Review* (London), 1969, Nr. 56 (Juli–August), S. 27–34.

78
»The Paris Rebellion«, in: *The Peace News* (Los Angeles) vom 28. Juni 1968, S. 6–7.

79
»On the New Left«, in: Massimo Teodori (Ed.): *The New Left. A Documentary History*. Indianapolis: Bobbs-Merrill Comp. 1969, S. 468–473. Deutsch u.d.T.: »Über die Neue Linke«, in: *Dinge der Zeit*, H. 35, 1970, S. 108–113 (hier auch ein Kommentar von F. Lohenbill, S. 114–117).

80
»Student Protest is Nonviolent next to the Society itself«, in: *New York Times Magazine* vom 4. Mai 1969, S. 137.

81
»Nicht einfach zerstören. Über die Strategie der Linken«, in: *Neues Forum* (Wien), 16. Jg. 1969, H. 188–189, (Aug.–Sept.), S. 485–486 und S. 488.

82
»Revolutionary Subject and Self-Government«, in: *Praxis* (Zagreb), Vol. 5, 1969, Nr. 1–2, S. 326–329.

83
»The Relevance of Reality«, in: *American Philosophical Association: Proceedings and Addresses 1968-1969* (College Park), 1969, S. 39–50.

84
»Art as a Form of Reality«, in: Edward F. Fry (Ed.): *On the Future of Art. Conference sponsored by The Solomon R. Guggenheim Museum.* New York: Viking Press 1970, S. 123–134. Wiederabdr. in: *New Left Review*, Nr. 74, 1972, S. 51–59.

85
»Marxism and the New Humanity: An Unfinished Revolution«, in: John C. Raines, Thomas Dean (Eds.): *Marxism and Radical Religion: Essays toward a Revolutionary Humanism.* Philadelphia: Temple University Press 1970, S. 3–10.

86
»Helft Angela«, [Brief von Marcuse], in: *Neues Forum*, 17. Jg. 1970, H. 203, (Nov.), S. 1020.

87
»Only a Free Arab World Can Co-exist with a Free Israel«, in: *Israel Horizons* (New York), Vol. 18, 1970, Nr. 6 (Juni–Juli), S. 17 (= Vorwort zu d. hebräische Ausgabe von *One-Dimensional Man* und *Essay on Liberation*).

88
Foreword, zu: Leo Löwenthal, Norman Guterman: Prophets of Deceit. Introd. by Max Horkheimer. Palo Alto: Pacific Books 1970, 2. Aufl., S. V–VII.

89
[Leserbrief], in: *Der Spiegel* vom 21. September 1970, Nr. 39, S. 10.

90
»Charles Reich – A negative View«, in: *New York Times* vom 6. November 1970, S. 41. Wiederabdr. in: Philip Nobile (Ed.): *The Con III Controversy*. New York: Pocket Books 1971, S. 15–17.

91
»A Reply to Lucien Goldmann«, in: *Partisan Review*, Vol. 38, 1971, Nr. 4, S. 397–400.

92
»Reflexion zu Theodor W. Adorno – Aus einem Gespräch mit Michaela Seiffe«, (Titel, Thesen, Temperamente. Ein Kulturmagazin; Hessischer Rundfunk – Abt. Fernsehen. Kunst und Literatur, Sendung am 24. August 1969), in: Hermann Schweppenhäuser (Hg.): *Theodor W. Adorno zum Gedächtnis. Eine Sammlung.* Frankfurt/M.: Suhrkamp 1971, S. 47–51.

93
»The Movement in a New Era of Repression: An Assessment«, in: *Berkeley Journal of Sociology*, Vol. 16, 1971–1972, S. 1–14.

94
»Art and Revolution«, in: *Partisan Review*, Vol. 39, 1972, Nr. 2 (Spring), S. 174–187.

95
»Ecology et Revolution«. (Débat de L'OBS, Club du ›Nouvel Observateur‹ Juni 1972), in: *Le nouvelle Observateur* vom 19.–25. Juni, Nr. 397, S. I–VIII (Marcuses Beitrag: S. VII–VIII). Engl.: »Ecology and Revolution: A Symposium«, in: *Liberation* (New York), Vol. 17, 1972, Nr. 6, S. 10–12.

96
Über [William] Calley, in: *Tintenfisch* 5, 1972, S. 18–21. Wiederabdr. in: *Süddeutsche Zeitung* vom 3./4. Juni 1972, Nr. 125.

97
»When Law and Morality stand in the Way«, in: *New York Times* vom 23. Juni 1973, S. 39. Wiederabdr. in: *Society* (New Brunswick) Vol. 10, 1973, Nr. 6, S. 23–24, und in: Trans-Action, Vol. 10, 1973, Nr. 6, S. 19 ff.

98
»Demokratischer Kommunismus. Utopie oder Realität«. Ein Streitgespräch zwischen Herbert Marcuse und Raymond Aron. Gesprächsleitung: Bryan Magee, in: *Die Weltwoche* (Schweiz) vom 11. Juli 1973, Nr. 28, S. 34, 35 und 37.

99
»A Revolution in Values«, in: James Adam Gould, Willis Truitt (Eds.): *Political Ideologies*. New York: Macmillan 1973, S. 331–336.

100
»Un nouvel ordre«, in: *Le Monde diplomatique* (Paris), 23. Jg. Juli 1976, Nr. 268, S. 1. Deutsch u.d.T.: »Faschismus in den USA? Die Konturen einer neuen Ordnung«, in: *Neues Forum* (Wien), 23. Jg. 1976, H. 273/274 (Sept./Okt.), S. 44–45.

101
»Ist eine Welt ohne Angst möglich?« Aus einem Streitgespräch mit Kurt Biedenkopf und Alexander Mitscherlich, in: *Der Spiegel* vom 6. September 1976, Nr. 37, S. 199 (= Auszüge aus dem Protokoll einer Podiumsdiskussion).

102
»Mord darf keine Waffe der Politik sein«, in: *Die Zeit* vom 16. September 1977, Nr. 39, S. 41–42.

103
»Enttäuschung«, in: Günther Neske (Hg.): *Erinnerung an Martin Heidegger.* Mit Beiträgen von C. F. v. Weizsäcker, W. Schulz u.a. Pfullingen: Neske 1977, S. 161–162.

104
»Protosozialismus und Spätkapitalismus. Versuch einer revolutionstheoretischen Synthese von Bahros Ansatz«, in: *Kritik.* Zeitschrift für sozialistische Diskussion, 6. Jg. 1978, H. 19, S. 5–27 (Wiederabdr. in Nr. 141).

105
»Zum 75. Geburtstag von Theodor W. Adorno. Nach seinem Tode ist die Welt ärmer«, in: *Die Zeit* vom 7. September 1979.

106
»Die Revolte der Lebenstriebe«, in: *Psychologie heute,* 6. Jg. 1979, H. 9, S. 40–41.

107
»The Reification of the Proletariat«, in: *Canadian Journal of Philosophy and Social Theory,* Vol. 3, 1979, Nr. 1, S. 20–23.

c. Interviews, Gespräche

108
»Emanzipation der Frau in der repressiven Gesellschaft«. Ein Gespräch mit Herbert Marcuse und Peter Furth, in: *Das Argument,* 4. Jg. 1962, H. 4, S. 2–11.

109
»Ist die Idee der Revolution eine Mystifikation?« Marcuse antwortet auf vier Fragen von G. Busch, in: *Kursbuch,* 1967, Nr. 9, S. 1–6.

110
»Professoren als Staats-Regenten?« Spiegel-Gespräch mit dem Philosophen Professor Herbert Marcuse, in: *Der Spiegel* vom 21. August 1967, Nr. 35, S. 112–118.

111
»Marcuse defines his new Left Line«, in: *New York Times Magazine* vom 27. Oktober 1968, S. 29–31.

112
Ein Gespräch von Herbert Marcuse mit Peter Merseburger (am 24. Oktober 1967 von NDR gesendet), in: Hans-Eckehard Bahr (Hg.): *Weltfrieden und Revolution. Politisch-theologische Analysen.* Reinbek bei Hamburg: Rowohlt 1968, S. 291-297.

113
»Gibt es noch Christen?« Ein Gespräch mit Harvey Wheeler, in: *Neues Forum,* 15. Jg. 1968, H. 176–177 (August–September), S. 533–535.

114
»Destruktiver und Konstruktiver Hass«. Interviewer: Alfred A. Häsler, in: *Die Tat* vom 14. Dezember 1968, Nr. 50, Wochenendausgabe.

115
Über Revolte, Anarchismus und Einsamkeit. Ein Gespräch. Zürich: Arche, 1969, 48 S.

116
»Revolution 1969«. Gespräch mit Henrich von Nussbaum, in: *Neues Forum,* 16. Jg. 1969, H. 181 (Januar), S. 26–29.

117
»Der Zwang, ein freier Mensch zu sein«, in: *Twen,* 1969, Nr. 6 (Juni), S. 105, 107–109.

118
»Revolution aus Ekel.« Spiegelgespräch mit den Redakteuren Georg Wolff und Dieter Brumm, in: *Der Spiegel* vom 28. Juli 1969, Nr. 31, S. 103–106.

119
»USA: Organisationsfrage und revolutionäres Subjekt«. Gespräch mit Hans Magnus Enzensberger, in: *Kursbuch,* 1970, Nr. 22, S. 45–60 (cf. Nr. 18).

120
Revolution oder Reform? Herbert Marcuse und Karl Popper. Eine Konfrontation. Hg. von Franz Stark. München: Kösel 1971, 48 S.

121
»Reflexion zu Theodor W. Adorno.« Aus einem Gespräch mit Michaela Seiffe, in: H. Schweppenhäuser (Hg.): *Theodor W. Adorno zum Gedächtnis. Eine Sammlung.* Frankfurt/M.: Suhrkamp 1971, S. 47–51.

122
»Zeit für Disziplin«. Gespräch mit Dieter Straubert, in: *Neues Forum,* 18. Jg. 1971, H. 213–214 (Aug.–Sept.), S. 39–40.

123
»Sie hat sich nicht verändert.« Spiegel-Interview mit Herbert Marcuse über Angela Davis, in: *Der Spiegel* vom 8. November 1971, Nr. 46, S. 148 und 150.

124
»Dezentralisierung und kommunale Aktivität.« Ein Gespräch mit Herbert Marcuse, in: Hans-Eckehard Bahr (Hg.): *Politisierung des Alltags – gesellschaftliche Bedingungen des Friedens. Berichte und Analyse.* Neuwied und Berlin: Luchterhand 1972, S. 149–155.

125
Conversation with Sam Keen and John Raser, in: *Psychology Today,* Vol. 4, 1971, Nr. 9, S. 35–66.

126
»Für Einheitsfront der Linken.« Gespräch mit Rolf Grössner und Paul Hasse in Freiburg, in: *Neues Forum,* 19. Jg. 1972, H. 225 (Nov.), S. 19–23.

127
»Voraussetzungen der Revolution«. Gespräch mit Jean Daniel und Michel Bosquet, in: *Neues Forum*, 20. Jg. 1973, H. 232 (April), S. 13–16.

128
»Heidegger's Politics«. An Interview with Herbert Marcuse by Frederick Olafson in May 1974 in San Diego, Cal., in: *Graduate Faculty Philosophy Journal*, Vol. 6, 1977, Nr. 1, S. 28–40.

129
Gespräche mit Herbert Marcuse. Gesprächsteilnehmer: Herbert Marcuse, Jürgen Habermas u.a. Frankfurt/M.: Suhrkamp 1978, 154 S.

130
»Herbert Marcuse in 1978«. An Interview with Myriam Miedzian Malinovich, in: *Social Research*, Vol. 48, 1981, Nr. 2, S. 362–394.

131
»Marcuse and the Frankfurt School.« Dialogue with Herbert Marcuse. Interviewer Bryan Magee [gehalten zwischen 1975–1977 und 1978 durch BBC-Fernsehen ausgestrahlt], in: Bryan Magee, *Men of Ideas. Some Creators of Contemporary Philosophy*. Oxford, New York: Oxford University Press 1982, S. 43–55.

132
»Revolte aus Liebe zur Welt«. Ein Gespräch mit Herbert Marcuse, in: *Vorwärts* vom 16. August 1979, Nr. 34, S. 10 (= Gespräch mit Jean Marabini, einige Tage vor Marcuses Tod).

Schriften über Marcuse

d. Bücher, Sammelbände

133
Alford, Fred C.: *Science and the Revenge of Nature: Marcuse and Habermas*. Gainesville: University Press of South Florida 1985, 226 S.

134
Apel, Hartmut: *Die Gesellschaftstheorie der Frankfurter Schule*. Materialien zur Kritischen Theorie von Adorno, Horkheimer und Marcuse. Frankfurt/M.: Diesterweg 1980, 80 S.

135
Arnason, Jóhann Páll: *Von Marcuse zu Marx*. Prolegomena zu einer dialektischen Anthropologie. Neuwied und Berlin: Luchterhand 1971, 268 S.

136
Bahr, Hans-Dieter: *Kritik der ›Politischen Technologie‹*. Eine Auseinandersetzung mit Herbert Marcuse und Jürgen Habermas. Frankfurt/M.: Europäische Verlagsanstalt, Wien: Europa Verlag 1970, 107 S.

137
Bleich, Harold: *The Philosophy of Herbert Marcuse*. Washington: University Press of America 1977, 305 S.

138
Bonß, Wolfgang und Axel Honneth (Hg.): *Sozialforschung als Kritik*. Zum sozialwissenschaftlichen Potential der Kritischen Theorie. Frankfurt/M.: Suhrkamp 1982, 518 S. (Hier u.a.: Seyla Benhabib: Die Moderne und die Aporien der Kritischen Theorie, S. 127–175; Douglas Kellner: Kulturindustrie und Massenkommunikation. Die Kritische Theorie und ihre Folgen, S. 482–515).

139
Breines, Paul (Ed.): *Critical Interruptions*. New Left Perspectives on Herbert Marcuse. New York: Herder and Herder 1970, 188 S.

140
Breuer, Stefan: *Die Krise der Revolutionstheorie*. Negative Vergesellschaftung und Arbeitsmetaphysik bei Herbert Marcuse. Frankfurt/M.: Syndikat 1977, 308 S.

141
Claussen, Detlev (Hg.): *Spuren der Befreiung – Herbert Marcuse*. Ein Materialienbuch zur Einführung in sein politisches Denken. Darmstadt und Neuwied: Luchterhand 1981, 276 S. [Inhalt: Detlev Claussen: Spuren der Befreiung, S. 11; Bruno Schoch: Auf der Suche nach der verlorenen Wahrheit, S. 47; Herbert Marcuse: Die Marxsche Dialektik (aus: Nr. 4), S. 66; Detlev Claussen: Die versäumte Befreiung – Kritik des Sowjetmarxismus, S. 77; Herbert Marcuse: Protosozialismus und Spätkapitalismus (cf. Nr. 104), S. 89; Johann Schülein: Jenseits des Leistungsprinzips – Marcuse und Freud, S. 117; Herbert Marcuse: Trieblehre und Freiheit (aus Nr. 10), S. 137; Detlev Claussen: Im Universum der totalen Verdinglichung – Technik- und Vernunftkritik, S. 152; Herbert Marcuse: Die Paralyse der Kritik: eine Gesellschaft ohne Opposition (aus Nr. 7), S. 168; Lothar Baier: Das Unbehagen in der

affirmativen Kultur, S. 179; Herbert Marcuse: Der Sieg über das unglückliche Bewußtsein: repressive Entsublimierung (aus Nr. 7), S. 190; Detlev Claussen: Die Gewalt der Überwältigten, S. 207; Herbert Marcuse: Repressive Toleranz (cf. Nr. 51), S. 220; Xenia Rajewsky: Die zweite Natur – Feminismus als weibliche Negation? S. 250; Herbert Marcuse: Marxismus und Feminismus (cf. Nr. 18), S. 261.

142
Demo, Pedro: *Herrschaft und Geschichte.* Zur politischen Gesellschaftstheorie Freyers und Marcuses. Meisenheim am Glan: Anton Hain 1973, 229 S.

143
Dubiel, Helmut: *Wissenschaftsorganisation und politische Erfahrung.* Studien zur frühen Kritischen Theorie. Frankfurt/M.: Suhrkamp 1978, 223 S.

144
Fry, John: *Marcuse: Dilemma and Liberation.* A Critical Analysis. Stockholm: Almqvist & Wiksell International, 1974, 184 S. Reprint: New Jersey etc.: Humanities Press 1978, 184 S.

145
Geoghegan, Vincent: *Reason and Eros.* The Social Theory of Herbert Marcuse. London: Pluto Press 1981, 122 S.

146
Gmünder, Ulrich: *Ästhetik – Wunsch – Alltäglichkeit.* Das Alltagsästhetische als Fluchtpunkt der Ästhetik Herbert Marcuses. München: Fink 1984, 134 S.

147
Habermas, Jürgen (Hg.): *Antworten auf Herbert Marcuse.* Frankfurt/M.: Suhrkamp 1968, 161 S. (Inhalt: Jürgen Habermas: Zum Geleit, S. 9; Alfred Schmidt: Existential-Ontologie und historischer Materialismus bei Herbert Marcuse, S. 17; Wolfgang Fritz Haug: Das Ganze und das ganz Andere. Zur Kritik der reinen revolutionären Transzendenz, S. 50; Claus Offe: Technik und Eindimensionalität. Eine Version der Technokratiethese?, S. 73; Joachim Bergmann: Technologische Rationalität und spätkapitalistische Ökonomie, S. 89; Heide Berndt / Reimut Reiche: Die geschichtliche Dimension des Realitätsprinzips, S. 104; Paul Breines: Marcuse and the New Left in America, S. 134; Anhang: Ausgewählte Bibliographie der Schriften Herbert Marcuses, S. 155).

148
Habermas, Jürgen: *Philosophisch-politische Profile.* Frankfurt/M.: Suhrkamp 1981, dritte, erweiterte Auflage, 479 S. (Hier: Einleitung zu einer Antifestschrift (cf. Nr. 147), S. 253; Über Kunst und Revolution, S. 259; Gespräch mit Herbert Marcuse (cf. Nr. 129), S. 265; Psychischer Thermidor und die Wiedergeburt einer Rebellischen Subjektivität, S. 319–335).

149
Held, David: *Introduction to Critical Theory.* Horkheimer to Habermas. London etc.: Hutchinson 1980, 511 S. (Hier u.a.: Marcuse's Notions of Theory and Practice: Epistemology and Method, S. 223 ff.).

150
Herion, Horst: *Utopische Intention und eschatologische Perspektive.* Marcuses Herausforderung an die christliche Sozialethik. Mit einem Vorwort von Wilhelm Dreier. Frankfurt/M., Bern etc.: Lang 1979, 278 S.

151
Herlyn, Heinrich: *Heinrich Böll und Herbert Marcuse.* Literatur als Utopie. Lampertheim: Kübler Verlag 1979, 148 S.

152
Hoefnagels, Harry: *Frankfurter Soziologie.* Einführung in das soziologische Denken der Frankfurter Schule. Essen: Verlag der Scharioth'schen Buchhandlung 1972, 103 S.

153
Holz, Hans Heinz: *Utopie und Anarchismus.* Zur Kritik der kritischen Theorie Herbert Marcuses. Köln: Pahl-Rugenstein 1968, 134 S.

154
Jansohn, Heinz: *Herbert Marcuse – Philosophische Grundlagen seiner Gesellschaftskritik.* Bonn: Bouvier 1971; 2. durchges. Auflage 1974, 251 S.

155
Jay, Martin: *The Dialectical Imagination.* A History of the Frankfurt School and the Institute of Social Research 1923–1950. Boston, Toronto: Little, Brown and Company 1973, 382 S. Deutsch: *Dialektische Phantasie.* Die Geschichte der Frankfurter Schule und des Instituts für Sozialforschung, 1923–1950. Frankfurt/M.: Fischer 1976, 435 S.

156
Katz, Barry: *Herbert Marcuse and the Art of Liberation.* An Intellectual Biography. London: Verso Editions and NLB 1982, 234 S.

157
Kellner, Douglas: *Herbert Marcuse and the Crisis of Marxism.* Hampshire, London: Macmillan 1984, 505 S.

158
Koch, Erhard: *Eros und Gewalt.* Untersuchungen zum Freiheitsbegriff bei Herbert Marcuse. Würzburg: Königshausen und Neumann 1985, 247 S.

159
Kofler, Leo: *Haut den Lukács.* Realismus und Subjektivismus. Marcuses ästhetische Gegenrevolution. Lollar: Achenbach 1977, 75 S.

160
Korf, Gertraud: *Ausbruch aus dem ›Gehäuse der Hörigkeit‹?* Kritik der Kulturtheorien Max Webers und Herbert Marcuses. Frankfurt/M.: Verlag Marxistische Blätter 1971, 82 S.

161
Kritik und Interpretation der Kritischen Theorie. Aufsätze über Adorno, Horkheimer, Marcuse, Benjamin, Habermas. Gießen: Achenbach 1975, 383 S. (Über Marcuse: Gerd-Klaus Kaltenbrunner: Der Denker Herbert Marcuse. Revolutionärer Eros, S. 154; Manfred Riedel: Der Denker Herbert Marcuse. Die Philosophie der Weigerung, S. 158; Lothar Zahn; Herbert Marcuses Apotheose der Negation, S. 165; Michael Hereth: Die totale Befreiung. Bemerkungen zur Spekulation H. Marcuses, S. 185; Lucien Goldmann: Das Denken Herbert Marcuses, S. 193; Wolfgang Lipp: Apparat und Gewalt. Über Herbert Marcuse, S. 210; Franz Marek: Perspektiven der Industriegesellschaft. Herbert Marcuses politisches Weltbild, S. 240; Helmut Holzhey: Psychoanalyse und Gesellschaft. Der Beitrag Herbert Marcuses, S. 250–268).

162
Langerbein, Berthold: *Roman und Revolte.* Zur Grundlegung der ästhetischen Theorie Herbert Marcuses und ihrer Stellung in seinem politisch-anthropologischen Denken. Pfaffenweiler: Centaurus-Verlagsgesellschaft 1985, 115 S.

163
Li, Zhongshang: *Die Marx-Rezeption des frühen Marcuse.* Aachen: W. Rader 1984, 281 S.

164
Lind, Peter: *Marcuse and Freedom.* London: Croom Helm 1985, 305 S.

165
Lipshires, Sidney: *Herbert Marcuse: From Marx to Freud and Beyond.* Cambridge, Mass.: Schenkman 1974, 133 S.

166
Lukes, Timothy J.: *The Flight into Inwardness.* An Exposition and Critique of Herbert Marcuse's Theory of Liberative Aesthetics. Selingsgove, Penn.: Susquehanna University Press 1985, 178 S.

167
MacIntyre, Alasdair: *Marcuse.* New York: Viking Press, und Glasgow: Collins 1970, 95 S. Deutsch: *Herbert Marcuse,* München: Deutscher Taschenbuch Verlag 1971, 126 S.

168
Mansilla, H.C.F.: *Faschismus und eindimensionale Gesellschaft.* Neuwied und Berlin: Luchterhand 1971, 238 S.

169
Mattick, Paul: *Critique of Marcuse. One–dimensional Man in Class Society.* London: The Merlin Press 1972, 110 S. Deutsch: *Kritik an Herbert Marcuse.* Der eindimensionale Mensch in der Klassengesellschaft. Frankfurt/M.: Europäische Verlagsanstalt 1969, 68 S.

170
Mitchell, Arthur: *The Major Works of Herbert Marcuse.* A Critical Commentary. New York: Monarch Press 1975, 122 S.

171
Prechtl, Peter: *Bedürfnisstruktur und Gesellschaft.* Die Problematik der Vermittlung von Bedürfnis des Menschen und gesellschaftlicher Versagung bei Gehlen, Fromm und Marcuse. Würzburg: Königshausen und Neumann 1983, 195 S.
(Hier: Der Gegensatz von Triebsphäre und gesellschaftlichen Prozessen – Triebstruktur und Gesellschaft bei Herbert Marcuse, S. 141–171).

172
Reijen, Willem van: *Philosophie als Kritik.* Einführung in die Kritische Theorie. Königstein/Ts.: Anton Hain 1984, 202 S.
(Hier u.a.: Die erste Generation: Marcuse, S. 125–142).

173
Rohrmoser, Günter: *Das Elend der kritischen Theorie.* Theodor W. Adorno – Herbert Marcuse – Jürgen Habermas. Freiburg i.Br.: Rombach 1970, 107 S.

174
Roth, Roland: *Rebellische Subjektivität.* Her-

bert Marcuse und die neuen Protestbewegungen. Frankfurt/M., New York: Campus 1985, 338 S.

175
Sahmel, Karl-Heinz: *Vernunft und Sinnlichkeit*. Eine kritische Einführung in das philosophische und politische Denken Herbert Marcuses. Königstein/Ts.: Forum Academicum in der Verlagsgruppe Athenäum-Hain-Scriptor-Hanstein 1979, 260 S.

176
Schoolman, Morton: *The Imaginary Witness*. The Critical Theory of Herbert Marcuse. New York: The Free Press / London: Macmillan 1980, 399 S.

177
Steigerwald, Robert: *Herbert Marcuses ›dritter Weg‹*. Berlin: Akademie-Verlag, 1969, 366 S. Liz. Ausgabe: Köln: Pahl-Rugenstein 1969, 366 S.

178
Slater, Phil: *Origin and Significance of the Frankfurt School*. A Marxist Perspective. London: Routledge & Kegan Paul 1977, 185 S.

179
Staudinger, Hugo: *Die Frankfurter Schule*. Menetekel der Gegenwart und Herausforderung an die christliche Theologie. Würzburg: Naumann 1982, 147 S.

180
Steuernagel, Gertrude A.: *Political Philosophy as Therapy*. Marcuse Reconsidered. Westport, Conn. and London: Greenwood Press 1979, 147 S.

181
Trautmann, Wolfgang: *Gegenwart und Zukunft der Industriegesellschaft*. Ein Vergleich der soziologischen Theorien Hans Freyers und Herbert Marcuses. Bochum: Studienverlag Brockmeyer 1976, 120 S.

182
Vellilamthadam, Thomas: *Tomorrow's Society*. Marcuse and Freud on Civilization. Kottayam (Kerala, Ind.): St. Thomas Apost. Seminary 1978, 212 S.

183
Vivas, Eliseo: *Contra Marcuse*. New York: Delta Publishing 1971, 236 S.

184
Wiggershaus, Rolf: *Die Frankfurter Schule*. Geschichte – Theoretische Entwicklung – Politische Bedeutung. München, Wien: Carl Hanser 1986, 795 S.

185
Willms, Bernard: *Revolution und Protest oder Glanz und Elend des bürgerlichen Subjekts*. Stuttgart etc.: W. Kohlhammer 1969 (hier: Marcuse oder der Protest des privaten bürgerlichen Subjekts, S. 74–89).

186
Woddis, Jack: *New Theories of Revolution*. A Commentary on the Views of Frantz Fanon, Régis Debray and Herbert Marcuse. New York: International Publishers 1972, 415 S. (Hier: Marcuse and the Western World, S. 279–394).

187
Zilbersheid, Uri: *Die Marxsche Idee der Aufhebung der Arbeit und ihre Rezeption bei Fromm und Marcuse*. Frankfurt/M.: Lang 1986, 155 S. (Zugl. Diss. Frankfurt/M.).

e. Unveröffentlichte Dissertationen

188
Alford, Fred C.: *The Relationship between the Philosophy of Science and the Critique of ›Technocracy‹ in Marcuse and Habermas*. Diss. Phil. University of Texas at Austin 1979 (cf. Nr. 133).

189
Aune, James Arnt: *Dialectical Dilemmas: Herbert Marcuse's Philosophy of Communication*. Diss. Phil. Northwestern University 1980, 222 S.

190
Dahl, Leif Nelson: *Marcuse on the Individual in the Advanced Industrial Society*. Diss. Phil. Southern Illinois University 1974.

191
Delfini, Alexander F.M.: *Genesis and Structure of H. Marcuse's Social Philosophy*. Diss. Phil. State University of New York at Buffalo 1974.

192
DeVitis, Joseph L.: *The Concept of Repression in the Social and Educational Thought of Erich Fromm and Herbert Marcuse*. Diss. Phil. University of Illinois at Urbana-Champaign 1972.

193
Gabriel, Oscar W.: *Herbert Marcuses Thesen zur Universalität der Herrschaft in der industriellen Gesellschaft: Anmerkungen zu einer Schlüsselkategorie der Gesellschaftsanalyse Herbert Marcuses*. Diss. Wirtschaftswissenschaften Hamburg 1975, 609 S.

194
Gibson, H.C.: *Herbert Marcuse: From Logos to Eros*. Diss. Phil. Hull 1976.

195
Gorbauch, Horst: »Negativ-dialektische Sprachphilosophie: Adorno, Marcuse, Benjamin«, in: Ders.: *Formallogische und hermeneutisch-dialektische Semantik. Ein Vergleich.* Diss. Phil. Tübingen 1981, S. 359–507.
196
Lang, Eva Maria: *Herbert Marcuses kritischer Beitrag zur Psychoanalyse.* Diss. Phil. Salzburg 1975, 164 S. (Masch.).
197
Leitzgen, Harald: *Die Freiheitsproblematik in der Kritischen Theorie.* Diss. Phil. Bochum 1979, 185 S. (Hier u.a.: Die kritisch-theoretische Ethik, S. 104–148).
198
Schneider-Liedtke, Ingeborg und Ingrid Schuchardt: *Zu Problemen der Autorität als notwendiges sich wandelndes gesellschaftliches Verhältnis: eine Auseinandersetzung mit den anarchistischen Posititonen von Jürgen Habermas und Herbert Marcuse.* Diss. Jena 1975, 269 S.
199
Spiro, L.M.: *The Freudo-Marxism of Herbert Marcuse.* Diss. Phil. Columbia University 1973.
200
Varner, Iris Ingrid: *The Educational Thought of Herbert Marcuse.* Diss. Phil. The University of Oklahoma 1975.
201
Viesel, Egon: *Gesellschaftstheorie, Sprachanalyse und Ideologiekritik.* Die Funktion der Sprache in der Kritischen Theorie bei H. Marcuse. Diss. Tübingen 1983, 327 S.

f. Geburtstage, Nachrufe

202
Brunkhorst, Hauke und Gertrud Koch: »Nüchterne Trunkenheit. Zur Aktualität Herbert Marcuses, der am 19. Juli achtzig Jahre alt wird«, in: *Frankfurter Rundschau* vom 15. Juli 1978, Nr. 151, S. III.
203
Dubiel, Helmut: »Herbert Marcuse † (19.7.1898 – 29.7.1979)«, in: *Kölner Zeitschrift für Soziologie und Sozialpsychologie,* 32. Jg. 1980, H. 1, S. 189–195.
204
Fetscher, Iring: »Ein undogmatischer Denker. Zum Tode des Philosophen Herbert Marcuse«, in: *Die Zeit* vom 3. August 1979, Nr. 32, S. 40.
205
Frenzel, Ivo: »Der unbequeme Philosoph. Zum 70. Geburtstag von Herbert Marcuse«, in: *Süddeutsche Zeitung* vom 19. Juli 1968, Nr. 173.
206
Frenzel, Ivo: »Revolution und Moral. Zum 75. Geburtstag von Herbert Marcuse«, in: *Süddeutsche Zeitung* vom 19. Juli 1973, Nr. 164.
207
Frenzel, Ivo: »Der Meister der dialektischen Phantasie. Herbert Marcuse zum 80. Geburtstag«, in: *Süddeutsche Zeitung* vom 19. Juli 1978, Nr. 163, S. 20.
208
Holz, Hans Heinz: »Jubiläum einer gescheiterten Theorie. Zum 80. Geburtstag von Herbert Marcuse«, in: *Deutsche Volkszeitung* vom 27. Juli 1978, Nr. 30.
209
Kaltenbrunner, Gerd-Klaus: »Ungebärdiger Prophet. 19. Juli: Herbert Marcuse wird 70«, in: *Vorwärts* vom 18. Juli 1968, Nr. 29.
210
Kudszus, Hans: »Nachfolger von Marx und Jesajas. Zum 70. Geburtstag Herbert Marcuse«, in: *Der Tagesspiegel* (Berlin) vom 19. Juli 1968, Nr. 6947.
211
Lewy, Hermann: »Der Philosoph der großen Weigerung. Zum 80. Geburtstag von Prof. Herbert Marcuse«, in: *Allgemeine jüdische Wochenzeitung* vom 21. Juli 1978, Nr. 29.
212
Post, Werner: »Denkspiele gegen eindimensionale Lebenswelt. Zum Tod von Herbert Marcuse«, in: *Herder-Korrespondenz,* 33. Jg. 1979, Nr. 9, S. 475–478.
213
Raddatz, Fritz J.: »Herbert Marcuse, Philosoph der Revolte wird 80«, in: *Die Zeit* vom 21. Juli 1978, Nr. 30.
214
Salvatore, Gaston: »Träumen entsprang ein Augenblick Geschichte. Zum Tod von Herbert Marcuse«, in: *Der Spiegel* vom 6. August 1979, Nr. 32, S. 148–149.
215
Schmidt, Alfred: »Der erste Heidegger-Marxist. Zum 80. Geburtstag von Herbert Marcuse«, in: *Frankfurter Allgemeine Zeitung* vom 19. Juli 1978, Nr. 152, S. 19.
216
Schmidt, Alfred: »Marxismus im Zeichen von Heidegger und Freud. Zum Tode von Herbert Marcuse«, in: *Frankfurter*

Allgemeine Zeitung vom 31. Juli 1979, Nr. 175, S. 17.

217
Schnädelbach, Herbert: »Betrachtung eines Unzeitgemäßen. Zum Gedenken an Herbert Marcuse«, in: *Zeitschrift für philosophische Forschung*, 34. Jg. 1980, H. 4, S. 621–624.

218
Steigerwald, Robert: »Zum Tode von Herbert Marcuse«, in: *Marxistische Blätter*, Bd. 17, 1979, H. 5, S. 96–101.

219
Weiss, Peter u.a.: »Es ist gut, daß es Sie gibt! Herbert Marcuse zum 80. Geburtstag«, in: *Akzente*, 25. Jg. 1978, H. 3, S. 225–286.

220
Wolff, Kurt H., Barrington Moore (Eds.): *The Critical Spirit. Essays in Honor of Herbert Marcuse.* Boston: Beacon Press 1967, 436 S.

221
Wolff, Robert Paul: »Herbert Marcuse: 1898–1979. A Personal Reminsicence«, in: *Political Theory*, Vol. 8, 1980, Nr. 1, S. 5–8.

g. Ästhetische Theorie, Literaturwissenschaft

222
Bronner, Stephen Eric: »Art and Utopia: The Marcusean Perspective«, in: *Politics and Society*, Vol. 3, 1972–73, Nr. 2, S. 129–161.

223
Bürger, Peter: »Für eine kritische Literaturwissenschaft«, in: *Neue Rundschau*, 85. Jg. 1974, H. 3, S. 410–419.

224
Enzensberger, Christian: »Brief über das Wirkungsvermögen der Kunst und der politischen Theorie«, in: *Akzente*, 25. Jg. 1978, H. 3, S. 230–237.

225
Faber, Richard: »Subversive Ästhetik. Zur Rekonstruktion kritischer Kultur-Theorie«, in: *Kursbuch*, 1977, Nr. 49 (Okt.), S. 159–173.

226
Hein, Hilde: »Aesthetic Consciousness: The Ground of Political Experience«, in: *Journal of Aesthetics and Art Criticism*, Vol. 35, 1976, Nr. 2, S. 143–152.

227
Jameson, Frederic: »Marcuse and Schiller«, in: Ders.: *Marxism and Form. Twentieth Century Dialectical Theories of Literature.* New Jersey: Princeton University Press 1971, S. 83–116.

228
Katz, Barry M.: »New Sources of Marcuse's Aesthetics«, in: *New German Critique*, 1979, Nr. 17, S. 176–188.

229
Kofler, Leo: »Absurde Literatur als spätbürgerliche Ideologie«, in: Ders.: *Abstrakte Kunst und absurde Literatur. Aesthetische Marginalien.* Wien usw.: Europa Verlag, 1970, S. 113–126.

230
Löwy, Michael: »Marcuse and Benjamin: The Romantic Dimension«, in: *Telos*, 1980, Nr. 44, S. 25–33.

231
Paetzold, Heinz: »Theorie der Aufhebung des Ästhetischen in der materialistischen Kulturtheorie H. Marcuses und das Problem einer nicht am Werk orientierten Ästhetik«, in: Ders.: *Neomarxistische Ästhetik.* Bd. II: *Adorno - Marcuse.* Düsseldorf: Schwann, 1974, S. 102–139.

232
Schoolman, Morton: »Marcuse's Aesthetics and the Displacement of Critical Theory«, in: *New German Critique*, 1976, Nr. 8, S. 54–79.

233
Schubert, Bernhard: »Der Roman als Statthalter der neu zu gewinnenden Lebenstotalität. Zum Verhältnis von Desillusionismus und Ästhetik in den Romantheorien Hegels, des jungen Lukács, sowie des jungen Marcuse«, in: *Einundzwanzig. Randgänge der Pädagogik* (Marburg), 1979, H. 10 (März), S. 74–95.

234
Thurn, Hans Peter: »Theorie der Kunst bei Herbert Marcuse«, in: *Kölner Zeitschrift für Soziologie und Sozialpsychologie*, 26. Jg. 1974, H. 2, S. 388–399.

235
Thurn, Hans Peter: »Ästhetik der Verweigerung: Herbert Marcuse«, in: Ders: *Kritik der marxistischen Kunsttheorie.* Stuttgart: F. Enke 1976, S. 145–161.

236
Ulle, Dieter: »›Kulturrevolution‹ und Kunst. Bemerkungen zur Kulturauffassung Herbert Marcuses«, in: *Weimarer Beiträge*, 19. Jg. 1973, H. 12, S. 93–104.

237
Voges, Rosemarie: »Befreiungsgeschichte, Kunst, ästhetisches Handeln: Zu einigen

Schriften Herbert Marcuses« und: »Die Aufgaben ästhetischer Erziehung bei Friedrich Schiller und Herbert Marcuse«, in: Dies.: *Das Ästhetische und die Erziehung. Werdegang einer Idee*. München: Fink 1979, S. 39–61.

238
Werckmeister, Otto Karl: »Das gelbe Unterseeboot und der eindimensionale Mensch. Zur Utopie der Kunst in der Kulturindustrie und in der Kritischen Theorie«, in: *Neue Rundschau*, 81. Jg. 1970, S. 475–509.

239
Werckmeister, Otto Karl: »Ideologie und Kunst bei Marx«, in: *Neue Rundschau*, 84. Jg. 1973, H. 4, S. 604–627 (Hier besonders S. 616–621 über Marcuse).

h. Feminismus

240
Bruns-Weingartz, Karin: »Genese und Logik der Feminismustheorie von H. Marcuse. H. Marcuse zum 80. Geburtstag«, in: *Die Eule. Diskussionsforum für feministische Theorie*, 1. Jg. 1978, S. 68–77.

241
Cerullo, Margaret: »Marcuse and Feminism«, in: *Telos*, 1979, Nr. 41, S. 185–186.

242
Landes, Joan B.: »Marcuse's Feminist Dimension«, in: *Telos*, 1979, Nr. 41, S. 158–165.

243
Winter, Michael F., Ellen R. Robert: »Male Dominance, Late Capitalism, and the Growth of Instrumental Reason«, in: *Berkeley Journal of Sociology*, Vol. 24, 1980, S. 250–280.

i. Gesellschaftstheorie (allgemein)

244
Castner, Thilo: »Zur Kritik Herbert Marcuses am Kapitalismus fortgeschrittener Industriestaaten«, in: *Gegenwartskunde*, 18. Jg. 1969, H. 4, S. 403–410.

245
Dubiel, Helmut: »Liberalismus und Liberalität in der ›eindimensionalen Gesellschaft‹«, in: Klaus Hansen (Hg.): *Frankfurter Schule und Liberalismus. Beiträge zum Dialog zwischen kritischer Gesellschaftstheorie und politischem Liberalismus*. Baden-Baden: Nomos Verlagsgesellschaft 1981, S. 103–114.

246
Enden, Hugo van den: »Kultur- und Ideologiekritik bei den Neodialektikern Adorno und Marcuse«, in: *Philosophica Gandensia*, 1972, H. 9, S. 4–34 (= Adorno-Heft).

247
Freund, Julien: »Anarchie führt zur Diktatur – Was von Herbert Marcuses Philosophie übriggeblieben ist«, in: *Die Politische Meinung*, 18. Jg. 1973, H. 148, S. 16–24.

248
Fuhrmann, Helmut: »Eindimensionales und zweidimensionales Denken. Herbert Marcuse und die Tradition«, in: *Neue Sammlung*, 11. Jg. 1971, H. 3, S. 273–290.

249
Geisler, Ulrich und Helmut Seidel: »Die romantische Kapitalismuskritik und der utopische Sozialismusbegriff H. Marcuses«, in: *Deutsche Zeitschrift für Philosophie*, 17. Jg. 1969, H. 4, S. 409–421.

250
Goldmann, Lucien: »Das Denken Herbert Marcuses«, in: *Soziale Welt*, 20. Jg. 1970, H. 3, S. 257–273.

251
Hadrossek, Paul: »Zur Analyse unserer gegenwärtigen Gesellschaft. Herbert Marcuses Kritische Theorie«, in: *Königsteiner Studien*, 15. Jg. 1969, H. 1–2, S. 71–96.

252
Hall, John A.: »Herbert Marcuse«, in: Ders.: *Diagnoses of Our Time. Six Views on Our Social Condition*. London: Heinemann 1981, S. 10–44.

253
Hanak, Tibor: »Marcuse gegen die Eindimensionalität«, in: Ders.: *Die Entwicklung der marxistischen Philosophie*. Basel, Stuttgart: Schwabe 1976, S. 202–212.

254
Hearn, Francis: »The Implications of Critical Theory for Critical Sociology«, in: *Berkeley Journal of Sociology*, Vol. 18, 1973–1974, S. 127–158.

255
Hefele, Gabriele: »Die Subjektivitätsauffassung in der ›Kritischen Theorie‹. Die historische Ontologie des Menschen bei Herbert Marcuse«, in: Dies.: *Studien zu einer nichtsubjektivistischen Theorie des Subjekts. Kritische Rekonstruktion und Neubestimmung*. Weinheim, Basel: Beltz 1982, S. 143–179.

256
Hochhuth, Rolf: »Der alte Mythos vom ›neuen‹ Menschen. Eine Kritik an Herbert Marcuse«, in: *Club Voltaire* IV, 1970, S. 112–144 (= erweiterte Fassung von: »Hört nicht auf Marcuse«, cf. Nr. 327).

257
Hochkeppel, Willy: »Radikaler Kritizismus. Das eindimensionale Bewußtsein: Herbert Marcuse«, in: Ders.: *Modelle des gegenwärtigen Zeitalters*. Thesen der Kulturphilosophie im Zwanzigsten Jahrhundert. München: Nymphenburger Verlagshandlung 1973, S. 138–156.

258
Hoffmann, Robert: »Marcuse's One-Dimensional Vision«, in: *Philosophy of the Social Sciences*, Vol. 2, 1972, Nr. 3, S. 43–59.

259
Holz, Hans Heinz: »Der Irrtum der ›Großen Weigerung‹. Zu Herbert Marcuses Kritischer Theorie der Industriegesellschaft«, in: *Blätter für deutsche und internationale Politik*, 13. Jg. 1968, H. 1, S. 46–61 (Wiederabdr. in: H.H. Holz, *Utopie und Anarchismus*, cf. Nr. 153).

260
Holz, Hans Heinz: »Herbert Marcuse – Utopie und Anarchismus«, in: Ders.: *Die abenteuerliche Rebellion*. Bürgerliche Protestbewegungen in der Philosophie. Darmstadt, Neuwied: Luchterhand 1976, S. 189–247.

261
Hülst, Dirk: »Kritische Theorie und Ideologiekritik«, in: Fr. Neumann (Hg.): *Handbuch Politischer Theorien und Ideologien*. Baden-Baden: Signal-Verlag Hans Frevert 1974/75; erw. Fassung: Reinbek bei Hamburg: Rowohlt 1977, S. 529–546.

262
Israel, Joachim: »Herbert Marcuse und der eindimensionale Mensch«, in: Ders.: *Der Begriff Entfremdung*. Makrosoziologische Untersuchungen von Marx bis zur Soziologie der Gegenwart. Reinbek bei Hamburg: Rowohlt 1972, S. 201–228.

263
Kaltenbrunner, Gerd-Klaus: »Vorbild oder Verführer? Über den politischen Einfluß der Philosophie Herbert Marcuses«, in: *Wort und Wahrheit*, 25. Jg. 1970, H. 1, S. 46–50.

264
Kofler, Leo: *Technologische Rationalität im Spätkapitalismus*. Frankfurt/M.: Makol 1971 (Hier u.a. S. 123–134 über Marcuse).

265
Kolakowski, Leszek: »Herbert Marcuse – der Marxismus als Utopie der Neuen Linken«, in: Ders.: *Die Hauptströmungen des Marxismus*. Entstehung – Entwicklung – Zerfall. München, Zürich: Piper & Co. 1979, Bd. III, S. 431–457. (Englisch: Ders.: *Main Current of Marxism*. Oxford: Clarendon Press 1978, Bd. III, S. 396–420).

266
Krahl, Hans-Jürgen: *Konstitution und Klassenkampf*. Zur historischen Dialektik von bürgerlicher Emanzipation und proletarischer Revolution. Schriften, Reden und Entwürfe aus den Jahren 1966–1970. Frankfurt/M.: Verlag Neue Kritik 1971, 406 S. (Hier u.a.: Zu Herbert Marcuse, S. 122–135; Fünf Thesen zu Herbert Marcuse als kritischer Theoretiker der Emanzipation, S. 298–302).

267
Maurer, Reinhart: »Der angewandte Heidegger – Herbert Marcuse und das akademische Proletariat«, in: *Philosophisches Jahrbuch*, 77. Jg. 1970, Halbbd. 2, S. 238–259. (Umgearbeitete Fassung in: Ders.: *Revolution und ›Kehre‹*. Studien zum Problem gesellschaftlicher Naturbeherrschung. Frankfurt/M.: Suhrkamp 1975, S. 58–89).

268
O'Neill, John: *Kritik und Erinnerung*. Studien zur politischen und sinnlichen Emanzipation. Frankfurt/M.: Suhrkamp 1979 (Hier: Die Verantwortung der Vernunft und die Kritik der politischen Ökonomie, S. 104–139; Kritik und Erinnerung, S. 273–286).

269
Rohrmoser, Günter,: »Toleranz und Terror in der politischen Theorie H. Marcuses«, in: *Universitas*, 27. Jg. 1972, H. 3, S. 269–274.

270
Schiwy, Günther: »›Der eindimensionale Mensch‹. Anmerkungen zu einer ›revolutionären‹ Gesellschaftstheorie«, in: *Stimmen der Zeit*, 182. Jg. 1968, S. 228–237.

271
Schneider, Michael: »Von der alten Radikalität zur neuen Sensibilität«, in: *Kursbuch*, 1977, H. 49, S. 174–187.

272
Schulte, Ludwig: »Marcuses Kritik an der Gesellschaft«, in: *Politische Studien*, 20. Jg. 1969, H. 186, S. 408–414.

273
Sing, Horst: »Herbert Marcuse und die Freiheit«, in: *Politische Studien*, 25. Jg. 1974, H. 213, S. 65–77.

274
Theunissen, Michael: »Revolution, Akkommodation und immanente Kritik der bürgerlichen Gesellschaft (H. Marcuse)«, in: Ders.: *Die Verwirklichung der Vernunft*. Zur Theorie-Praxis-Diskussion im Anschluss an Hegel. Tübingen: Mohr 1970, S. 28–41 (= *Philosophische Rundschau, Beiheft 6*).

275
Ullrich, Otto: »Marcuse: Kapitalistische Herrschaft als Technologie«, in: Ders.: *Technik und Herrschaft*. Vom Handwerk zur verdinglichten Blockstruktur industrieller Produktion. Frankfurt/M.: Suhrkamp 1979, S. 41–48.

276
Underberg, Irenäus K.: »Absolute Verweigerung und absolute Utopie. Zur Gesellschaftskritik und Gesellschaftstheorie von Herbert Marcuse«, in: *Die neue Ordnung*, 22. Jg. 1968, H. 4, S. 253–268.

277
Vonessen, Franz: »Revolution und Konformismus bei Herbert Marcuse«, in: *Was treibt die Revolutionäre? Motive, Aktionen, Ziele*. Mit Beiträgen von B. Goldenberg u.a. Freiburg i.Br.: Herder 1969, S. 53–89.

278
Zahn, Lothar: »Marcuses Kritik an der totalitären Reduktion der Kultur auf technologische Rationalität« in: Ders.: *Die letzte Epoche der Philosophie. Von Hegel bis Marx*. Stuttgart: E. Klett 1976, S. 434–459.

279
Zahn, Lothar: » H. Marcuse: Die Utopie der glücklichen Vernunft«, in: Josef Speck (Hg.): *Grundprobleme der großen Philosophen*. Philosophie der Gegenwart IV. Göttingen: Vandenhoeck & Ruprecht 1981, S. 186–222.

j. Marx, Marxismus

280
Gläser, Bernhard: »Arbeit und Freiheit bei Herbert Marcuse«, in: *Zeitschrift für philosophische Forschung*, 24. Jg. 1970, H. 4, S. 589–596.

281
Günther, Henning, Clemens Willeke und Rudolf Willeke: »Herbert Marcuse. Marcuse, Marxismus und Psychoanalyse«, in: Diesn.: *Die Gewalt der Verneinung. Die Kritische Theorie und ihre Folgen*. Stuttgart: Seewald 1978, S. 65–107.

282
Jay, Martin: »The Frankurt School's Critique of Marxist Humanism«, in: *Social Research*, Vol. 39, 1972, Nr. 2, S. 285–305.

283
Kupsch, Wolfgang: *Marx, Mao, Marcuse*. Hamburg: Reich 1974, 52 S.

284
Lee, Donald C.: »The Concept of ›Necessity‹: Marx and Marcuse«, in: *The Southwestern Journal of Philosophy*. Vol. 6, 1975, Nr. 1, S. 47–56.

285
Leiss, William: »Technological Rationality: Notes on Work and Freedom in Marcuse and Marx«, in: *Canadian Journal of Political Science*, Vol. 4, 1971, Nr. 3, S. 398–400.

286
Levy, David: »Marcuse, Metaphysics and Marxism«, in: *Philosophy Today*, Vol. 23, 1979, Nr. 2, S. 128–137.

287
Marramao, Giacomo: »Zum Verhältnis von politischer Ökonomie und kritischer Theorie«, in: *Ästhetik und Kommunikation*, 4. Jg. 1973, H. 11, S. 79–93.

288
Ruprecht, Anthony Mark: »Marx and Marcuse. A Comparative Analysis of their Revolutionary Theories«, in: *Dialogue*, Vol. 17, 1975, Nr. 2–3, S. 51–57.

289
Scharf, Henny: »Marx, Lenin, Marcuse und der Sozialismus«, in: *Wissenschaftliche Zeitschrift der Humboldt-Universität* (Gesellschafts- und sprachwissenschaftliche Reihe), 17. Jg. 1968, H. 4, S. 485–493.

290
Schoolman, Morton: »Further Reflections on Work, Alienation, and Freedom in Marx and Marcuse«, in: *Canadian Journal of Political Science*, Vol. 6, 1973, Nr. 2, S. 295–302.

291
Walton Paul A.: »Marx and Marcuse«, in: *Human Context*, Vol. 3, 1971, Nr. 1, S. 159–175. (Hier auch ein Rejoinder von Ray Holland, S. 176–181).

k. (Orthodox-) Marxistische Kritik

292
Bauermann, Rolf und Hans-Jochen Rötscher: »Zur Marxverfälschung der ›kritischen Theorie‹ der Frankfurter Schule«, in: *Deutsche Zeitschrift für Philosophie*, 19. Jg, 1971, H. 12, S. 1440–1459.

293
Bauermann, Rolf und Hans-Jochen Rötscher: *Dialektik der Anpassung. Die Aussöhnung der ›Kritischen Theorie‹ mit den imperialistischen Herrschaftsverhältnissen*. Frankfurt/M.: Verlag Marxistische Blätter 1972, 77 S.

294
Beyer, Wilhelm R.: *Die Sünden der Frankfurter Schule. Ein Beitrag zur Kritik der ›Kritischen Theorie‹*. Berlin: Akademie-Verlag 1971, 165 S.

295
Kossolapow, Richard und Wadim Petschenjow: »Wohin führt Marcuse die Jugend?«, in: *Sowjetunion Heute*, 14. Jg. 1969, Juni, S. 20–21.

296
Motroschilowa, N. W. und J. Samoschkin: *Marcuses Utopie der Antigesellschaft*. Berlin: Akademie-Verlag 1971, 55 S. und: Frankfurt/M.: Verlag Marxistische Blätter 1971, 57 S. (= Lizenz-Ausgabe).

297
Samoschkin, J. A. und N. W. Motroschilowa: »Ist die ›kritische Theorie‹ Herbert Marcuses wirklich kritisch?« in: *Sowjetwissenschaft. Gesellschaftswissenschaftliche Beiträge* (Berlin) 1969, H. 2, S. 127–140.

298
Schuchardt, Ingrid: »Der Antikommunismus der ›Revolte‹ des Herbert Marcuse«, in: *Wissenschaftliche Zeitschrift der Friedrich Schiller-Universität Jena/Thüringen. Gesellschafts- und Sprachwissenschaftliche Reihe*, 28. Jg. 1979, H. 2, S. 269–278.

299
Seidel, Helmut und Ulrich Geisler: »Die romantische Kapitalismuskritik und der utopische Sozialismusbegriff H. Marcuses«, in: *Deutsche Zeitschrift für Philosophie*, 17. Jg. 1969, H.4, S. 409 ff.

300
Steigerwald, Robert: »Wie kritisch ist Herbert Marcuses ›kritische Theorie‹?«, in: Johannes Henrich von Heiseler, Robert Steigerwald und Josef Schleifstein (Hg.): *Die Frankfurter Schule im Lichte des Marxismus. Zur Kritik der Philosophie und Soziologie von Horkheimer, Adorno, Marcuse, Habermas*. Frankfurt/M.: Verlag Marxistische Blätter 1970, S. 90–102.

301
Steigerwald, Robert: »›Revolte der Natur‹: Herbert Marcuse«, in: Ders: *Bürgerliche Philosophie und Revisionismus im imperialistischen Deutschland*. Frankfurt/M.: Verlag Marxistische Blätter 1980, S. 236–243.

302
Tadic, Ljubomir: »Herbert Marcuse: Zwischen Wissenschaft und Utopie«, in: *Praxis*, Vol. 8, 1972, H. 1–2, S. 141–168.

303
Ulle, Dieter: »Notwendige Kritik der ›Kritischen Theorie‹. H. Marcuse, ›Der eindimensionale Mensch‹«, in: *Deutsche Zeitschrift für Philosophie*, 16. Jg. 1968, H. 4, S. 483–489.

l. Psychoanalyse, Sozialpsychologie

304
Axelrod, Sidney: »On some Uses of Psychoanalysis«, in: *Journal of the American Psychoanalytic Association*, Vol. 8, 1960, Nr. 1, S. 175–218.

305
Beck, Heinrich und Arnulf Rieber: »Sexualtheorie und Ideologie. Zur Synthese der Psychoanalyse Sigmund Freuds und der Gesellschaftskritik des Marxismus bei Herbert Marcuse«, in: *Salzburger Jahrbuch für Philosophie*, 21–22. Jg. 1976–1977, S. 195–232.

306
Chodorow, Nancy: »Beyond Drive Theory. Object Relations and the Limits of Radical Individualism«, in: *Theory and Society*, Vol. 14, 1985, Nr. 3, S. 271–319.

307
Decke, Gerd: »Die theoretische Basis von Marcuses Geschichtsphilosophie und Gesellschaftstheorie. Freuds psychoanalytische Anthropologie als Marxismus-Ersatz?«, in: *Zeitschrift für Evangelische Ethik*, 12. Jg. 1968, H. 6, S. 372–377.

308
Eickhoff, Friedrich-Wilhelm: »Über Herbert Marcuses Freudrezeption«, in: *Wege zum Menschen*, 24. Jg. 1972, H. 8–9, S. 281–289.

309
Fromm, Erich: »Die Krise der Psychoanalyse« in: Ders.: *Analytische Sozialpsychologie und Gesellschaftstheorie*. Frankfurt/M.: Suhrkamp 1970, S. 193–228.

310
Guggenberger, Bernd: »Psychoanalyse und Weltflucht. Die Selbstzerstörung des marcuseschen Revolutionsgedankens«, in: *Frankfurter Hefte*, 28. Jg. 1973, H. 9, S. 615–621.

311
Holzhey, Helmut: »Psychoanalyse und Gesellschaft – Der Beitrag Herbert Marcuses«, in: *Psyche*, 24. Jg. 1970, H. 3, S. 188–207 (cf. Nr. 161).

312
Horowitz, Gad: *Repression. Basic and Surplus Repression in Psychoanalytic Theory. Freud, Reich, and Marcuse*. Toronto: University Press of Toronto 1977, 227 S.

313
Laplanche, Jean: *Über Marcuse und die Psychoanalyse*. Berlin: Merve Verlag 1970, 44 S.

314
Malinovich, Myriam Miedzian: »On Herbert Marcuse and the Concept of Psychologilytical Freedom«, in: *Social Research*, Vol. 49, 1982, Nr. 1, S. 158–180.

315
Nichols, Christopher: »On the Several Sources of Freuds Conservatism: Some Comments on the Work of Horowitz and Marcuse«, in: *Human Studies*, Vol. 5, 1982, S. 69–75 (cf. Horowitz, Nr. 312).

316
Nyssen, Friedhelm: »Aspekte des Ideologieproblems in den psychoanalytischen Theorien von Freud, Erikson und H. Marcuse«, in: Dietrich Hoffmann und Hans Tütken (Hg.): *Realistische Erziehungswissenschaft. Beiträge zu einer Konzeption*. Hannover etc: Schroedel 1972, S. 259–274.

317
Reimann, Bruno W.: »Gesellschaft und Psyche in der Kritischen Theorie; H. Marcuse«, in: Ders.: *Psychoanalyse und Gesellschaftstheorie*. Darmstadt und Neuwied: Luchterhand 1973, S. 126–134.

318
Robinson, Paul A.: *The Freudian Left. Wilhelm Reich, Geza Roheim, Herbert Marcuse*. New York etc.: Harper & Row 1969, 253 S.

319
Rohrmoser, Günter: »Revolution, Philosophie und Psychoanalyse bei Herbert Marcuse«, in: *Universitas*, 28. Jg. 1973, H. 4, S. 405–410.

320
Schoolman, Morton: »Marcuse's ›Second Dimension‹«, in: *Telos*, 1975, Nr. 23 (Spring), S. 89–115.

321
Wilden, Anthony: »Marcuse and the Freudian Model: Energy, Information, and ›Phantasie‹«, in: *Salmagundi*, 1969–1970, Fall-Winter, S. 196–245.

m. Studentenbewegung, Neue Linke

322
Abendroth, Wolfgang: »Zum Problem der Rolle der Studenten und der Intellektuellen in den Klassenauseinandersetzungen der spätkapitalistischen Gesellschaft. Kritische Bemerkungen zur Analyse Herbert Marcuses«, in: *Das Argument*, 7. Jg. 1967, H. 5–6, S. 408–413.

323
Abosch, Heinz: »Das Altern der Neuen Linken«, in: *Neue Rundschau*, 85. Jg. 1974, H. 2, S. 193–213.

324
Dutschke, Rudi: *Die Revolte*. Wurzeln und Spuren eines Aufbruchs. Hg. von Gretchen Dutschke-Klotz, Jürgen Miermeister und Jürgen Treulieb, Reinbek bei Hamburg: Rowohlt 1983, 333 S. (Hier: S. 132–220 über Marcuse).

325
Fleischer, H.: »Zur Debatte über Revolutionsmodelle«, in: *Kritik*, 7. Jg. 1979, H. 20, S. 163–175.

326
Heckelmann, Günther und Lucas Heumann: »Herbert Marcuse und die Szene 1978. Studentenrevolte und Terror-Eskalation«, in: *Die politische Meinung*, 23. Jg. 1978, H. 181, S. 55–69.

327
Hochhuth, Rolf: »Hört nicht auf Marcuse«, in: *Konkret* vom 18. September 1969 (Nr. 20), S. 38–43 (cf. Nr. 256).

328
Hommes, Ulrich: »Provokation der Vernunft? Herbert Marcuse und die Neue Linke«, in: *Aus Politik und Zeitgeschichte* vom 1. November 1969 (Nr. 44), S. 3–27.

329
Kessler, Herbert: »Die Aktionen des SDS und der Toleranzbegriff Marcuses«, in: *Der Convent* (Mannheim), 19. Jg. 1968, H. 1, S. 1–7.

330
Knötzsch, Dieter: »Marcuse und die Neue Linke in der sowjetischen Presse«, in: *Gegenwartskunde*, 20. Jg. 1971, H. 1, S. 53–60.

331
Moltschanow, N. u.a.: *Moskau, Marcuse und die rebellierenden Studenten*. Hg. und aus d. Russ. übersetzt von Robert Hotz. Zürich: Die Arche 1969, 44 S.

332
Plack, Arno: »Die Moral der Neuen Linken«, in: *Club Voltaire* IV 1970, S. 51–64.

333
Schmidt-Häuer, Christian: »Marcuses zweite Dimension. Die SED fälscht den Propheten«, in: *Gewerkschaftliche Monatshefte*, 18. Jg. 1967, H. 12, S. 752–754.

334
Schweitzer, Wolfgang: »Die ›Theologie der Revolution‹. H. Marcuse und die Studenten«, in: *Zeitschrift für Evangelische Ethik*, 12. Jg. 1968, H. 3, S. 174–181.

335
Topitsch, Ernst: »Die reaktionäre Ideologie der ›studentischen Revolution‹«, in: *Club Voltaire* IV, 1970, S. 28–38.

n. Revolution, Utopie

336
Améry, Jean: »Der Neinsager. Aber ist Herbert Marcuse auch die revolutionäre geistige Führergestalt«, in: *Die Zeit* vom 23. Februar 1968 (Nr. 8), S. 14.

337
Bartig, Hans-Friedrich: *Herbert Marcuses utopische Wirkung*. Hannover: Niedersächsische Landeszentrale für politische Bildung 1971, 59 S.

338
Dennert, Jürgen: »Bemerkungen zum Revolutionsbegriff bei Marx und Marcuse«, in: *Hamburger Jahrbuch für Wirtschafts- und Gesellschaftspolitik*, 14. Jg. 1969, S. 19–31.

339
Eickelschulte, Dietmar: »Revolution und Ethik bei Herbert Marcuse«, in: *Lebendiges Zeugnis*, 1972, H: 1–2, S. 83–100.

340
Fuhrmann, Helmut: »Zum Problem der revolutionären Gewalt. Ein Plädoyer gegen und für Herbert Marcuse«, in: *Neue Sammlung*, 9. Jg. 1969, H. 2, S. 139–146.

341
Jay, Martin: »How Utopian is Marcuse?«, in: G. Fischer (Ed.): *The Revival of American Socialism. Selected Papers of the Socialist Scholars Conference*. New York: Oxford University Press 1971, S. 244–256.

342
Parekh, Bhikhu: »Utopianism and Manicheism: A Critique of Marcuse's Theory of Revolution«, in: *Social Research*, Vol. 39, 1972, Nr. 4, S. 622–651.

343
Schneider, Carl: »Utopia and History. Marcuse and the Logic of Revolution«, in: *Philosophy Today*, Vol 12, 1968, Nr. 4, S. 236–245.

o. Theologie

344
Bayer, Oswald: »Marcuses Kritik an Luthers Freiheitsbegriff«, in: *Zeitschrift für Theologie und Kirche*, 67. Jg. 1970, H. 4, S. 453–478.

345
Bettis, Joseph: »Theology and Critical Theory in Marcuse and Barth«, in: *Studies in Religion*, Vol. 7, 1978, Nr. 2, S. 193–205.

346
Hammer, Felix: »Menschenbild und Gottesbild. Zur Wechselwirkung von Anthropologie und Theologie«, in: *Wissenschaft und Weltbild*, 25. Jg. 1972, S. 123–138.

347
Hammer, Felix: »Wie atheistisch ist die Kritische Theorie?«, in: *Internationale Dialog Zeitschrift*, 6. Jg. 1973, S. 325–332.

348
Marsch, Wolf-Dieter: »Utopie der Befreiung und christliche Freiheit. Theologischer Versuch über Herbert Marcuse«, in: *Pastoraltheologie*, 58. Jg. 1969, H. 1, S. 17–34.

349
Maurer, Wilhelm: *Autorität in Freiheit. Zu Marcuses Angriff auf Luthers Freiheitslehre*. Stuttgart: Calwer 1970, 32 S.

350
Pohier, Jacques: »Eindimensionalität des Christentums: Zum Thema Marcuse und der eindimensionale Mensch«, in: *Concilium*, 7. Jg. 1971, H. 5, S. 324–330.

351
Rendtorff, Trutz: »Herbert Marcuse«, in: W. Schmidt (Hg.): *Die Religion der Religionskritik*. Mit Beiträgen von J. Scharfenberg u.a. München: Claudius 1972, S. 38–48.

352
Rohrmoser, Günter: »Marcuse«, in: K.-H. Weger (Hg.): *Religionskritik von der Auf-*

klärung bis zur Gegenwart. Autorenlexikon von Adorno bis Wittgenstein. Freiburg i.Br. etc.: Herder 1979, S. 214–219.

353
Scholl, Hans: »Marxistische Kritik an der Reformation. 2. H. Marcuse zu Martin Luther«, in: *Kirchenblatt für die reformierte Schweiz* (Basel), 127. Jg. 1971, Nr. 14, S. 211–214.

354
Spülbeck, Volker: »Die ›Große Weigerung‹ gegen die Eindimensionalität: Herbert Marcuse«, in: Ders.: *Neomarxismus und Theologie. Gesellschaftskritik in Kritischer Theorie und Politischer Theologie.* Freiburg i.Br. etc.: Herder 1977, S. 95–108.

p. Wissenschaft, Technologie, Wissenssoziologie

355
Agger, Ben: »Marcuse and Habermas on New Science«, in: *Polity*, Vol. 9, 1976, Nr. 2, S. 158–181.

356
Ahlers, Rolf: »Technologie und Wissenschaft bei Heidegger und Marcuse«, in: *Zeitschrift für philosophische Forschung*, 25. Jg. 1971, H. 4, S. 575–590.

357
Albert, Hans: *Plädoyer für kritischen Rationalismus.* München: Piper 1971, 150 S. (Hier: Anklage contra Analyse: Der Angriff gegen die moderne Wissenschaft, S. 76–84).

358
Domin, G., R. Mocek und D. Pälike: »Zu den Wissenschaftsauffassungen der sogenannten kritischen Theorie«, in: G. Domin, H.-H. Lanfermann, R. Mocek, D. Pälike: *Bürgerliche Wissenschaftsauffassungen in der Krise.* Frankfurt/M.: Verlag Marxistische Blätter 1976, Bd. I, S. 72–146 (Hier: Marcuses Bild von Gesellschaft und Wissenschaft, S. 137–146).

359
Dubiel, Helmut: »Ideologiekritik versus Wissenssoziologie. Die Kritik der Mannheimschen Wissenssoziologie in der Kritischen Theorie«, in: *Archiv für Rechts- und Sozialphilosophie*, 61. Jg. 1975, H. 2, S. 223–238.

360
Jay, Martin: »The Frankfurt School's Critique of Karl Mannheim and the Sociology of Knowledge«, in: *Telos*, 1974, Nr. 20, S. 72–89.

361
Leiss, William: »Technological Rationality: Marcuse and His Critics«, in: *Philosophy of the Social Sciences*, Vol. 2, 1972, S. 31–42.

362
Lenk, Hans,: »Technokratie – Ideologie – Philosophie«, in: Ders.: *Philosophie im technologischen Zeitalter.* Stuttgart etc.: W. Kohlhammer 1971, S. 108–132.

363
Lenk, Hans: »Technokratie und Technologie. Notizen zu einer ideologischen Diskussion«, in: Ders. (Hg.): *Technokratie als Ideologie. Sozialphilosophische Beiträge zu einem politischen Dilemma.* Stuttgart etc.: W. Kohlhammer 1973, S. 105–124.

364
Lipshires, Sidney: »Philosophy and Empiricism: Herbert Marcuse Encounters Behavioral Science«, in: *Sociologia*, Vol. 6, 1972, Nr. 2, S. 7–24.

365
Sachsse, Hans: »Herbert Marcuses Kritik der Technik«, in: *Chemie in unserer Zeit*, 6. Jg. 1971, H. 4, S. 107–113. Wiederabgedruckt in: Ders.: *Technik und Verantwortung. Probleme der Ethik im technischen Zeitalter.* Freiburg i.Br.: Rombach 1972, S. 75–94.

366
Sachsse, Hans: »Die Technik in der Sicht Herbert Marcuses und Martin Heideggers«, in: *Proceedings of the XVth World Congress of Philosophy* (Sept. 1973 in Varna, Bulgaria). Sofia: Sofia Press Production Centre 1973, S. 371–375).

367
Schacht, Konrad und Wolfgang Streeck: »Technokratie und Emanzipation«, in: *Futurum*, 3. Jg. 1970, S. 251–267.

368
Shapiro, Jeremy J.: »The Dialectic of Theory and Practice in the Age of Technological Rationality: Herbert Marcuse and Jürgen Habermas«, in: Dick Howard, Karl E. Klare (Eds.): *The Unknown Dimension. European Marxism since Lenin.* New York. Basic Books 1972, S. 276–303.

369
Stockman, Norman: »Habermas, Marcuse, and the *Aufhebung* of Science and Technology«, in: *Philosophy of the Social Sciences*, Vol. 8, 1978, Nr. 1, S. 15–35.

370
Zimmerman, Michael: »Heidegger and Marcuse – Technology as Ideology«, in: *Research in Philosophy & Technology*, Vol. 2, 1979, S. 245–261.

q. Nachtrag

371
Herbert Marcuse: *Hegel's Ontology and the Theory of Historicity.* Übersetzt von Seyla Benhabib. Cambridge, Mass. / London: The MIT Press 1987, 353 S. (cf. Nr. 3).

372
Brunkhorst, Hauke und Gertrud Koch: *Herbert Marcuse zur Einführung.* Hamburg: Ed. SOAK im Junius Verlag 1987, 139 S.

373
Pippin, Pippin u.a. (Eds.): *Marcuse: Critical Theory and the Promise of Utopia.* Basingstoke etc.: Cambridge University Press [erscheint Ende 1988].

374
Rickert, John: »The Fromm-Marcuse Debate revisited«, in: *Theory and Society*, Vol. 15, 1986, Nr. 3, S. 351–400.

Notizen

Stefan Breuer, Jahrgang 1948, Studium der Geschichte, der Politischen Wissenschaft und Philosophie in Mainz, München und Berlin; Promotion 1976; Habilitation 1982; Professor für Soziologie an der Hochschule für Wirtschaft und Politik Hamburg; Arbeitsgebiete: Politische Theorie, Gesellschaftstheorie, Herrschaftssoziologie; Veröffentlichungen: »Die Krise der Revolutionstheorie« (1977); »Sozialgeschichte des Naturrechts« (1983); »Aspekte totaler Vergesellschaftung« (1985); »Imperien der Alten Welt« (1987):

Bernard Görlich, Jahrgang 1949, Studium der Gesellschaftswissenschaften, Literatur, Philosophie und Pädagogik an der Johann Wolfgang Goethe-Universität in Frankfurt/M.; Promotion über den Versuch der Synthese von Freud und Marx im Werk Erich Fromms. Von 1981 bis 1986 wissenschaftlicher Mitarbeiter an der Abteilung Sozialisation-Sozialpsychologie innerhalb des Fachbereichs Gesellschaftswissenschaften der Frankfurter Universität. Von 1987 an Akademischer Rat an der WiSo-Fakultät der Universität Augsburg. Wichtige Publikationen: Herausgeber und Mitautor von »Der Stachel Freud« (1980); Mitherausgeber und Mitautor von: »Zur Idee psychoanalytischer Sozialforschung« (1987); Aufsätze zur Sozialisationstheorie, zum Verhältnis von Psychoanalyse und Gesellschaftstheorie, zu Fragen der Freud-Interpretation.

René Görtzen, Jahrgang 1948, ist seit 1974 als Philosoph und Pädagoge an der Vrije Universiteit Amsterdam tätig; seit 1987 Direktionsmitglied der Universitätsbibliothek. Veröffentlichungen u.a.: »Jürgen Habermas: Eine Bibliographie seiner Schriften und der Sekundärliteratur 1952–1981« (1982); »Weg met de opvoeding« (1984); Vollendet z.Zt. eine Adorno-Bibliographie (Suhrkamp 1988/89) und ein Buch über Janusz Korczak.

Heinz Jansohn, Jahrgang 1940, Studium der Philosophie, Pädagogik und Politologie; Dr. phil. 1968, Professor für Philosophie an der Erziehungswissenschaftlichen Hochschule Rheinland-Pfalz. Hauptarbeitsgebiete: Grundprobleme der philosophischen Anthropologie, der Ethik, der Philosophie der Erziehung, der evolutionären Erkenntnistheorie und der Kritischen Theorie. Wichtige Publikationen: »Kants Lehre von der Subjektivität. Eine systematische Analyse des Verhältnisses von transzendentaler und empirischer Subjektivität in seiner theoretischen Philosophie« (1969); »Herbert Marcuse. Philosophische Grundlagen seiner Gesellschaftskritik« (1971, [2]1974); »Sachlichkeit. Ein pädagogisches Grundproblem sozialphilosophisch betrachtet«, in: »Zeitschrift für philosophische Forschung«, Bd. 25 (1971); »Utopische Hoffnung in der Immanenz – kritische Hoffnung in der Transzendenz. Ein Vergleich zwischen Bloch und Kant«, in: »Trierer theologische Zeitschrift«, 81. Jg. (1972); »Anthropologie als aktivistische Utopie.

Zum Menschenbild Teilhard de Chardins«, in: »Trierer theologische Zeitschrift«, 82. Jg. (1973); »Widerspruch und Konsequenz in der Theorie-Praxis der ›Neuen Linken‹«, in: »bewußt sein. Gerhard Funke zu eigen« (1975); »Zur Kritik der unkritischen Kritik. Ein Vergleich zwischen T. W. Adorno und K. R. Popper«, in: »Zeitschrift für philosophische Forschung«, Bd. 29 (1975); »Philosophische Erkenntnistheorie und Darwinismus. Ein Beitrag zur Diskussion um Konrad Lorenz«, in: »Alte Fragen und neue Wege des Denkens«, Festschrift für Josef Stallmach, (1977); »Verursachung und Verantwortung. Ein Beitrag zur Theorie der Aggression«, in: »Zeitschrift für philosophische Forschung«, Bd. 34 (1980).

Helmut König, Jahrgang 1950, Studium der Geschichte, der Politischen Wissenschaft und Philosophie in München und Berlin; Promotion 1979; zur Zeit Hochschulassistent am Fachbereich Politische Wissenschaft der FU Berlin; Arbeitsgebiete: Politische Theorie und Politische Psychologie; Veröffentlichungen: »Geist und Revolution. Studien zu Kant, Hegel und Marx« (1981), Zeitschriftenaufsätze.

Volker Lilienthal, Jahrgang 1959, Studium der Journalistik und Deutschen Sprache und Literatur an der Universität Dortmund; 1983 Dipl.- Journalist; Promotion in Germanistik an der Universität-Gesamthochschule Siegen, Dr. phil. 1987; freier Journalist, Literatur- und Fernsehkritiker; Veröffentlichungen: »Literaturkritik als politische Lektüre.« Am Beispiel der Rezeption der »Ästhetik des Widerstands« von Peter Weiss (1988); Beiträge in Zeitungen, Zeitschriften und im Hörfunk.

Karl-Heinz Sahmel, Jahrgang 1952, Studium der Pädagogik, Philosophie, Soziologie, Psychologie und Politikwissenschaft an der Universität Duisburg – GH – ; Diplom-Pädagoge 1977, Dr. paed. 1979, Habilitation 1987; Assistent im Fach Pädagogik an der Universität Duisburg 1978–1987; Arbeitsgebiete: Sozialphilosophie / Kritische Theorie, Grundfragen erziehungswissenschaftlicher Theoriebildung, Schulgeschichtsforschung, Ästhetische Erziehung, Hochschuldidaktik; wichtige Publikationen: »Vernunft und Sinnlichkeit. Eine kritische Einführung in das philosophische und politische Denken Herbert Marcuses« (1979); »Ausgewählte Bibliographie der Schriften von und über Herbert Marcuse«, in: »Jahrbuch Arbeiterbewegung« 6 (1979); »Gesellschaftstheorie – Philosophie – Ästhetische Theorie. Zu neueren Arbeiten über Theodor W. Adorno«, in: »Philosophischer Literaturanzeiger«, 36. Jg. 1983; (zusammen mit H. Gripp) »Das Subjekt und die Rettung des Wahren. Annäherungen an Theodor W. Adornos ›Minima Moralia‹«, in: »Vierteljahresschrift für wissenschaftliche Pädagogik«, 59. Jg. 1983; »Die Frankfurter Schule zwischen Veralten und Aktualität«, 3 Teile, in: »Philosophischer Literaturanzeiger«, 38. Jg. 1985 und 40. Jg. 1987; (zusammen mit H. Heiland) »Praxis Schulleben in der Weimarer Republik 1918–1933. Die reformpädagogische Idee des Schullebens im Spiegel schulpädagogischer Zeitschriften der Zwanziger Jahre« (1985); »Kritische Theorie zwischen Praxis und Negation. Bruchstücke«, Habilitationsschrift (1986); daneben zahlreiche Aufsätze und Rezensionen in verschiedenen Zeitschriften. *Gastredakteur dieses Heftes.*

Gunzelin Schmid Noerr, Jahrgang 1947, Studium der Philosophie, Soziologie und Politikwissenschaft; M.A. und Dr. phil.; Leiter des Max-Horkheimer-Archivs der Stadt- und Universitätsbibliothek Frankfurt/M.; Hauptarbeitsgebiete: Probleme der Kritischen Theorie, der Hermeneutik, des Verhältnisses von Psychoanalyse und Philosophie; Mitherausgeber der Gesammelten Schriften Horkheimers (18 Bände, Frankfurt/M. 1985 ff., zusammen mit Alfred Schmidt).

Exilforschung
Ein internationales Jahrbuch

Herausgegeben von
Thomas Koebner, Wulf Köpke,
Claus-Dieter Krohn und Sigrid
Schneider unter Mitwirkung
von Lieselotte Maas

Band 1/1983
**Stalin und die Intellektuellen
und andere Themen**
391 Seiten, DM 34,--

Band 2/1984
**Erinnerungen ans Exil –
kritische Lektüre der
Autobiographien nach 1933
und andere Themen**
415 Seiten, DM 36,--

Band 3/1985
**Gedanken an
Deutschland im Exil
und andere Themen**
400 Seiten, DM 38,--

Band 4/1986
**Das jüdische Exil
und andere Themen**
310 Seiten, DM 38,--

Band 5/1987
**Fluchtpunkte des Exils
und andere Themen**
260 Seiten, DM 37,--

Albrecht Betz

Exil und Engagement
Deutsche Schriftsteller im
Frankreich der Dreißiger Jahre

340 Seiten, DM 48,--

Frankreich als Exilland und Ort
antifaschistischer Aufklärung,
aber auch die deutsch-französische Annäherung und intellektuelle Kollaboration rechter
Strömungen analysiert Betz in
seiner Studie, die auf einer
breiten empirischen Grundlage
und einer detaillierten Chronik
des französischen Exils aufbaut.
Von der Polarisierung der deutschen Intelligenz schon während der Krise von 1930 ausgehend, untersucht er deutsch-französische Diskussionszusammenhänge sowie solche
zwischen den Autoren des
Exils und des Dritten Reichs —
ein literarisch-politisches Kraftfeld, das auch die aktuelle Diskussion um Aufklärung und
Mythos beleuchtet.
Die bis 1940 in französischen
Verlagen erschienenen Bücher
deutschsprachiger Exilschriftsteller und die über 1200 publizistischen Beiträge werden dokumentiert.

Deutsche Literatur der Gegenwart

Katja Lange-Müller
Kasper Mauser –
Die Feigheit vorm Freund
Erzählung

Kiepenheuer&Witsch

Kiepenheuer &Witsch

Kommt ein Vogel gelaufen, mit ein Strauß Zettel in der Hand, von Deutschland nach Deutschland, durch die Klapp-Klapperstorchtür Wechsel der Welten ohne Stadt zu verlassen, verlassen...
Ingeborg-Bachmann-Preis
Gebunden DM 19,80

Hansjörg Schertenleib
Roman **Die Geschwister**
Kiepenheuer & Witsch

Luise Schmidt
Die Finsternis
die freie Existenz

Gedichte
Kiepenheuer & Witsch

Ein Roman voller Spannung und Atmosphäre, der den Leser in die heutige Schweiz, nach Wien, Mexiko und auf die Insel Formentera führt.
Die Geschichte zweier Geschwister, die sich nach dramatischen Ereignissen in ihrem Leben plötzlich aneinander erinnern.
Gebunden DM 34,–

»Ein Vergleich ist ein Vergleich ist ein Betrug«
Luise Schmidts Gedichte sind eine Absage an die Gewißheiten der Lyrik.
Englische Broschur DM 19,80

Die wichtigsten Essays und Reden
über Kunst und Wissenschaft,
Philosophie und Politik, Literatur und
Theater aus den 70er und 80er Jahren

Dürrenmatt
Versuche

Diogenes

208 Seiten, Leinen, 26.80

Diogenes

Verlangen Sie unseren kompletten Katalog bei Ihrem Buchhändler

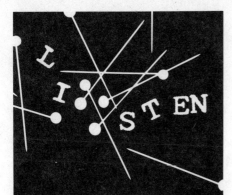

"Während vergleichbare Organe (...) dieselben Titel besprechen, die auch in den Literaturbeilagen der großen Zeitungen vorgestellt werden, bringt LISTEN vor allem kleinere Verlage und Bücher von Außenseitern ins Gespräch: ein äußerst spannender Versuch, den linken Buchhandel über inhaltlich-politische Diskurse zu reorganisieren und den (alternativen) Leser intellektuell ernst zu nehmen."

Michael Buselmeier
Frankfurter Rundschau

LISTEN.
Die Rezensionszeitschrift des engagierten Buchhandels.

In guten Buchhandlungen kostenlos. Abo: 4 Hefte im Jahr 16.00 DM gg. Vorkasse.
Postscheckkonto:
Frankfurt (BLZ 500 100 60)
Nr. 185 982-601
LISTEN Hamburger Allee 45
6 Ffm 90, Tel. 069/775592

ERICH FRIED
Von der Nachfolge dieses jungen Mensch der nie mehr alt wird

Das Buch dokumentiert eine Diskussion mit Erich Fried anläßlich der Verleihung des Georg Büchner Preises 1987. Die Rede Erich Frieds ist ebenso enthalten, wie die Laudatio von Herbert Heckmann auf den Büchnerpreisträger. In einem ausführlichen Beitrag setzt sich Volker Kaukoreit mit den Reaktionen der Presse und Öffentlichkeit auf die skandalösen Umstände nach der Preisverleihung, auseinander.

Broschur, fadengeheftet, Frontispiz-Foto, ca. 120 Seiten, Format 23 × 14 cm, ca. 20 DM
ISBN 3-925376-21-6

ODER BÜCHNER
Eine Anthologie
Die Barbe / Folge I
Herausgegeben von Jan-Chr. Hauschild

Jan-Christoph Hauschild versammelt in diesem Band Gedichte über Georg Büchner und konfrontiert die Poesie in seinen beigegebenen Kommentaren mit dem realen Büchner und zeichnet so Bilder vom Leben und Werk der jeweiligen Autor(inn)en. Enthalten sind Gedichte u. a. von: F. C. Delius, Heiner Müller, Erich Fried, Peter Hacks, Karl Krolow, Paul Celan, Kurt Tucholsky, Luise Büchner.

Das Buch erscheint zum 175. Geburtstag von Georg Büchner.

Broschur, fadengeheftet, Frontispiz-Foto, ca. 120 Seiten, Format 23 × 14 cm, ca. 20 DM
ISBN 3-925376-22-4

Verlag der
Georg Büchner Buchhandlung
Lauteschlägerstr. 18, D-6100 Darmstadt

Überarbeitete Studienausgabe

384 Seiten, ca. 200 Abb.,
DM 25,–

„*So ist ein Meisterstück an Zeit- und Philosopiegeschichtsschreibung entstanden, das sich an ein großes Publikum wendet, doch niemals ungenau wird.*"

Peter Ueding (FAZ)

Die leinengebundene Ausgabe ist weiterhin lieferbar!

Bitte fordern Sie unser Gesamtverzeichnis an!

Lange Str. 33 · 7570 Baden-Baden
Telefon 07221/29590

iudicium

Christoph Braun

Carl Einstein

Zwischen Ästhetik und
Anarchismus:
Zu Leben und Werk eines
expressionistischen
Schriftstellers

iudicium verlag
München 1987
ISBN 3-89129-018-7
306 Seiten
DM 56,—

Christoph Braun charakterisiert Leben und Werk von Carl Einstein durch den historischen Zusammenhang, der durch den Epochenbegriff »Expressionismus« annähernd bestimmbar ist. Aus ihm geht hervor, daß auch die scheinbar selbstgenügsame Ästhetik von Literatur und Kunst Antworten auf politische und gesellschaftliche Fragen in sich birgt, umgekehrt jedoch auch, daß politische Aussagen und Aktionen der meisten Vertreter der expressionistischen Generation zugleich auf kulturelle Zielsetzungen gerichtet sind. Die vibrierende Spannung zwischen Ästhetik und Politik kann demnach als herausragendes Merkmal der Epoche des Expressionismus gelten.

Carl Einsteins Lebenswerk beginnt scheinbar unpolitisch unter dem Vorzeichen einer idealistischen Ästhetik. In Brauns detaillierter Betrachtung jedoch wird deutlich, daß sich bereits in Einsteins früher Ästhetik eine politisch und gesellschaftlich bedeutungsvolle Kritik der zeitgenössischen wilhelminischen Kultur entfaltet. Das zu Lebzeiten veröffentlichte Werk Carl Einsteins endet mit einem ausgesprochen politischen Bekenntnis zum syndikalistischen Anarchismus, einem Bekenntnis, dem die vehemente Absage an alle »Fiktionen« bürgerlicher Kultur vorausgegangen war. Einsteins intellektuelle Biographie entfaltet somit in exemplarischer Weise das Spannungsfeld zwischen Ästhetik und Politik, das für den Expressionismus kennzeichnend ist. Christoph Brauns aus den Quellen gearbeitete, überzeugend argumentierende und verständlich geschriebene Studie enthüllt in der Werkbiographie eines noch immer unterschätzten Poeten ein faszinierendes Stück deutscher Geistes- und Sozialgeschichte.

Bestellungen über Ihre Buchhandlung oder direkt an den Verlag.

Waldfriedhofstr. 60 • Postfach 70 10 67 • 8000 München 70 • Tel. 089 / 71 87 47

iudicium

„ Adolf Muschg "

In meiner Post muß Platz sein für das Unvorhergesehene, das man nicht sieht, weil's auf der Hand liegt oder die eigene Nase davor war.

DER ALLTAG
Die Sensationen des Gewöhnlichen

Kulturzeitschrift. Herausgeber: Walter Keller. Redakteur in Berlin: Michael Rutschky. // mind. 168 S. // Format A4, mit vielen s/w Abbildungen. // Erhältlich im Buchhandel. // Preis: DM 17,– (inkl. Porto und Verpackung). // Verlag Der Alltag, Quellenstr. 27, CH-8005 Zürich. // Büro Frankfurt: Der Alltag, Schweizer Str. 77, D-6000 Frankfurt/M. 70, Tel.: 069/61 64 22. Unsere Themen: Geschmack/Moral/Tiere/Klatsch/Arbeit/Herzblut (populäre Gestaltung)/ Amerika in Europa.

KÖPFE, DIE DENKEN, SOLLTEN AUCH VERSTANDEN WERDEN

10 Jahre Einführungen

Alfred Adler · Adorno · Althusser · Bakunin · Benjamin ·
Bloch · Brecht · Derrida · Freud · Friedlaender (Mynona) ·
Habermas · Horkheimer · Kant · Alexandra Kollontai ·
Landauer · Karl Liebknecht · Rosa Luxemburg · Lyotard ·
Machiavelli · Herbert Marcuse · Montaigne · Franz Neumann ·
Nietzsche · Wilhelm Reich · Otto Rühle · Sartre ·
Sohn-Rethel · Sorel · Manès Sperber

Edition SOAK
im Junius Verlag
Stresemannstraße 375 · 2000 Hamburg 50

TEXT+KRITIK

Die Reihe über Autoren

Günter Grass
(1/1a) 5. Aufl.,
201 S., DM 21,-

Hans Henny Jahnn
(2/3) 3. Aufl.,
160 S., DM 15,-

Georg Trakl
(4/4a) 4. Aufl.,
123 S., DM 17,50

Günter Eich
(5) 3. Aufl.,
48 S., DM 8,-

Ingeborg Bachmann
z. Zt. vergriffen

Andreas Gryphius
(7/8) 2. Aufl.,
130 S., DM 15,-

Politische Lyrik
(9/9a) 3. Aufl.,
111 S., DM 14,50

Hermann Hesse
(10/11) 2. Aufl.,
132 S., DM 17,50

Robert Walser
(12/12a) 3 Aufl.,
85 S., DM 12,-

Alfred Döblin
(13/14) 2. Aufl.,
80 S., DM 8,80

Henry James
(15/16) vergriffen

Cesare Pavese
(17) vergriffen

Heinrich Heine
(18/19) 4. Aufl.,
203 S., DM 21,50

Arno Schmidt
(20/20a) 4. Aufl.,
221 S., DM 34,-

Robert Musil
(21/22) 3. Aufl.,
179 S., DM 22,-

Nelly Sachs
(23) 2. Aufl.,
60 S., DM 8,-

Peter Handke
(24/24a) 4. Aufl.,
151 S., DM 14,50

Konkrete Poesie I
(25) 3. Aufl.
47 S., DM 6,50

Lessing contra Goeze
(26/27) 2. Aufl.
81 S., DM 7,80

Elias Canetti
(28) 3. Aufl.
88 S., DM 13,50

Kurt Tucholsky
(29) 3. Aufl.
103 S., DM 16,-